MANESSE BIBLIOTHEK DER WELTGESCHICHTE

PIERRE DES VAUX-DE-CERNAY

Kreuzzug
gegen die Albigenser

Die «Historia Albigensis» (1212–1218)
erstmals aus dem Lateinischen ins
Deutsche übertragen, herausgegeben und
mit einem Nachwort versehen
von Gerhard E. Sollbach

MANESSE VERLAG
ZÜRICH

Historia Albigensis

Die Geschichte des Kreuzzugs
gegen die Albigenser

Die Häretiker

Im Namen unseres Herrn Jesu Christi und zu seinem Ruhm und seiner Ehre beginnt hier die Geschichte der Albigenser.

In der Provinz Narbonne, wo einst der Glaube geblüht hatte, begann der Feind des Glaubens Unkraut darüber zu säen: Das Volk verlor den Verstand und schändete die Sakramente Christi, die der Sinn und die Weisheit Gottes sind. Es wurde unvernünftig, verlor den Geschmack an der wahren Weisheit [*theosebia*], wurde unstet und wanderte durch unwegsame Gebiete des Irrtums, geriet auf unwegsame Bahnen und kam vom rechten Weg ab.

Zwei vom Glaubenseifer entbrannte Zisterziensermönche, Pater Pierre de Castelnau und Pater Radulphus, die von dem Papst als Legaten gegen die Häresie eingesetzt worden waren, begaben sich in die Stadt Toulouse. Von dieser Stadt ging vor allem das Gift der Treulosigkeit aus, die das Volk ansteckte und bewirkte, daß es sich von der Erkenntnis Gottes abwandte, von der wahren Helligkeit, von dem heiligen Glanz. Die Wurzel der Bitterkeit, die hervorgesprossen war, hatte sich so tief in die Herzen der Menschen eingegraben, daß sie nur mit großer Mühe wieder ausgerissen werden konnte. Oft und vielmals ist den

Tolosanern[1] zugeredet worden, der Häresie abzuschwören und die Häretiker davonzujagen. Das wurde
ihnen von Männern des Papstes angeraten. Doch sie
konnten überhaupt nicht dazu gebracht werden: So
sehr hingen diese dem Tod an, die sich von dem Leben
losgesagt hatten, und waren von einer unnützen, tieri-
schen und teuflischen Denkungsart ergriffen, daß sie
jener Weisheit entbehrten, die von oben kommt, über-
redend ist und mit dem Guten in Einklang steht.

Am Ende jagen jene zwei Ölbäume, jene zwei strah-
lenden Leuchter vor dem Herrn[2], den niedrigen Krea-
turen Furcht ein. Indem sie diese mit dem Verlust ihrer
Güter bedrohen und sie den Unmut der Könige und
Fürsten hören lassen, suchen sie diese zu veranlassen,
die Häretiker von sich zu jagen. Auf diese Weise also,
nämlich nicht aus Liebe zur Tugendhaftigkeit, sondern, wie der Dichter sagt[3], aus Furcht vor Strafe,
hörten sie auf zu sündigen. Das bewiesen sie durch
offenkundige Anzeichen, denn sie wurden sofort
meineidig, fielen in ihr Unglück zurück und verbargen
bei ihren mitternächtlichen Zusammenkünften häretische Prediger.

Ach, wie schwer ist es doch, sich von einer Gewohnheit zu trennen! Dieses Toulouse, voll von Hinterhältigkeit und Betrug[4], war von seiner Gründung
an, wie versichert wird, selten oder nie frei von dieser
Seuche, dieser scheußlichen Pest, dieser häretischen
Verkehrtheit: Von den Vätern wurde das Gift des

abergläubischen Unglaubens an die Söhne weitergegeben. Deshalb erfuhr diese Stadt durch die Strafe für
ein so großes Verbrechen, wie man sagt, die Faust der
Rächerin und eine verdiente Verwüstung, so daß sich
bis mitten in die Stadt die von den Pflugscharen durch-
furchte Fläche der Äcker ausbreiten würde. Bereits
einer ihrer berühmten Könige, wie man glaubt, Alarich mit Namen, der damals in ihr herrschte, wurde
vor den Toren dieser Stadt zur größten Schande mit
einem Halsblock wie ein Sklave oder Verbrecher aufgehängt.[5]

Die mit diesem alten, klebrigen Schmutz behaftete
Brut der genannten Stadt, eine Schlangenbrut, konnte
selbst in unseren Tagen nicht von der Wurzel ihrer
Verderbtheit losgerissen werden. Fürwahr, wenn ihm
seine häretische Natur und seine natureigene Häresie
mit einem als Strafmittel geeigneten Zweizack[6] ausge-
trieben wurde, kehrte es in seinem Verlangen, den Vätern nachzueifern, wieder zu sich zurück und leugnete,
von der rechten Art abzugehen. So wie eine verderbte
Traube das Verderbnis an eine andere weitergibt und
eine ganze Schweineherde auf dem Saatland durch die
Krätze und den Grind eines einzigen Schweins befallen
wird, so wurden durch das Beispiel der Nachbarschaft
auch die benachbarten Städte und Orte, wo die Häre-
siarchen Wurzeln geschlagen hatten, durch die her-
vorsprießenden Schößlinge dieses Unglaubens auf
erstaunliche und elende Weise von dieser Pest ange-

steck. Die großen Herren des provenzalischen Landes
– fast alle aktive Beschützer und Förderer der Häretiker – waren ihnen noch eifriger zugetan und verteidigten sie gegen Gott und die Kirche.

Von den Sekten der Häretiker

Da sich an dieser Stelle die Gelegenheit sozusagen auf-
drängt, habe ich es für angebracht gehalten, in knapper
Form die Häretiker und die Sekten der Häretiker zu
beschreiben. Als erstes muß man wissen, daß die Häretiker die Existenz von zwei Schöpfern behaupten,
einem unsichtbaren, den sie den «guten» Gott nennen,
und einem sichtbaren, den sie den «bösen» Gott heißen. Das Neue Testament schreiben sie dem guten
Gott zu, das Alte Testament aber dem bösen Gott. Das
Alte Testament verwerfen sie gänzlich, mit Ausnahme
von einigen Aussagen, die aus dem Alten in das Neue
Testament eingefügt worden sind und die sie aufgrund
ihrer Hochschätzung des Neuen Testaments anerkennen.

Den Verfasser des Alten Testaments betrachten sie
als einen «Lügner», weil er den ersten Menschen gesagt hat: «An dem Tag, an dem ihr von dem Baum der
Erkenntnis des Guten und des Bösen eßt, werdet ihr
durch den Tod enden»; denn sie sind nicht, wie er gesagt hat, nach dem Verzehr gestorben (obwohl sie in
Wahrheit sofort nach dem Genuß der verbotenen

Baumfrucht dem Elend des Todes unterworfen waren). Sie nennen ihn auch den «Menschenmörder», weil er Sodom und Gomorra niedergebrannt hat, mit den Wassern der Sintflut die Erde vernichtet und weil er den Pharao und die Ägypter durch die Meeresfluten ertränkt hat. Von den Patriarchen des Alten Testaments behaupten sie, daß diese alle verdammt seien.

Von dem heiligen Johannes dem Täufer sagen sie, daß er einer der obersten Teufel sei. Sie sagen bei ihren geheimen Zusammenkünften auch, daß jener Christus, der in dem irdischen und sichtbaren Bethlehem geboren und in Jerusalem gekreuzigt worden ist, der «böse» Christus war, und daß Maria Magdalena seine Konkubine und jene Frau gewesen ist, die beim Ehebruch ertappt wurde, von der man in dem Evangelium liest.[7] Der «gute» Christus, so sagen sie, habe nämlich niemals wirklich gegessen oder getrunken noch habe er wirklich Fleisch angenommen. Er sei auch nicht wirklich in dieser Welt gewesen, sondern nur geistig in dem Körper des Paulus. Deswegen haben wir gesagt «in dem irdischen und sichtbaren Bethlehem», weil die Häretiker meinen, daß es noch eine andere, neue und unsichtbare Erde gebe, und auf jener Erde ist nach der Meinung einiger von ihnen der gute Christus geboren und gekreuzigt worden. Weiter sagen die Häretiker, daß der gute Gott zwei Ehefrauen gehabt habe, Ohola und Oholiba[8], und mit ihnen Söhne und Töchter zeugte.

Andere Häretiker sagen, daß es nur einen Schöpfer gebe, der aber zwei Söhne gehabt habe, nämlich Christus und den Teufel. Diese sagen auch, daß alles Geschaffene ursprünglich gut war, aber durch die Schalen, von denen wir in der Offenbarung des Johannes lesen[9], alles verderbt worden sei. Sie alle, Gesellen des Antichristen, Erstgeborene des Satans, unnützer Samen, verruchte Söhne, die heuchelnd lügen und die Herzen der Arglosen verführen, hatten fast die ganze Provinz Narbonne mit dem Gift ihres Unglaubens verseucht. Sie sagen, die Römische Kirche sei eine Räuberhöhle und jene Hure, von der wir in der Offenbarung des Johannes lesen.[10]

Die Sakramente der Kirche halten sie für derart wertlos, daß sie öffentlich lehren, das Wasser der Taufe unterscheide sich in nichts von dem fließenden Wasser und es bestehe kein Unterschied zwischen der Hostie des heiligen Leibes Christi und dem gewöhnlichen Brot.

In die Ohren der Arglosen träufeln sie die Lästerung, daß der Leib Christi, selbst wenn er die Größe der Alpen gehabt hätte, schon längst von den Speisenden aufgegessen sein würde. Die Firmung, die letzte Ölung und die Beichte lehnen sie als wertlose und wirkungslose Dinge gänzlich ab. Sie predigen, die heilige Ehe sei Hurerei und niemand könne in diesem Stand und wenn er Söhne und Töchter zeugt, gerettet werden.

Auch die Wiederauferstehung des Fleisches leugnen sie und erfinden merkwürdige Fabeln, indem sie sagen, unsere Seelen seien die Geister von Engeln, die aufgrund ihres durch ihren Hochmut hervorgerufenen Abfalls [von Gott] aus dem Himmel gestürzt seien und in der Luft ihre herrlichen Körper zurückgelassen hätten. Deren Seelen würden, nachdem sie in sieben irdischen Körpern, gleich welchen, nacheinander gewohnt hätten, gleichsam als ob jetzt ihre Buße vollbracht sei, zu jenen zurückgelassenen Körpern zurückkehren.

Man muß auch wissen, daß unter den Häretikern einige «Vollkommene» [*perfecti*] oder «gute Leute» [*boni homines*], andere «Gläubige der Häretiker» [*credentes hereticorum*] genannt werden. Die «Vollkommene» genannt werden, tragen ein schwarzes Gewand und geben fälschlich vor, sich keusch zu verhalten. Den Verzehr von Fleisch, Eiern und von Käse lehnen sie gänzlich ab. Sie wollen als Leute gelten, die nur die Wahrheit sagen, obwohl sie vor allem in den Gott betreffenden Dingen sozusagen ständig lügen. Sie sagen auch, daß sie unter keinen Umständen einen Eid leisten dürften.

«Gläubige der Häretiker» werden dagegen diejenigen genannt, die weltlich leben und nicht danach streben, das Leben der Vollkommenen nachzuahmen, aber doch hoffen, in dem Glauben jener Vollkommenen gerettet zu werden. Wenn sie auch in ihrer Lebensweise verschieden sind, so sind sie doch im Glauben (oder vielmehr in dem Unglauben) eins. Die «Gläubige der Häretiker» genannt werden, widmen sich dem Wucher, Raub, Mord und den fleischlichen Verlockungen, dem Meineid und allen Verderbtheiten. Sie sündigen aber mit noch größerer Sicherheit und Zügellosigkeit, weil sie glauben, ohne die Rückgabe des Geraubten und ohne Beichte und Buße gerettet zu werden, sofern sie in der Todesstunde das «Vater unser» sagen und die Handauflegung durch einen ihrer Lehrer erhalten können.

Aus den häretischen Vollkommenen bilden sie Kollegien von Beamten, die sie «Diakone» oder «Bischöfe» nennen. Ohne die Handauflegung durch diese, so glauben sie, könne keiner der Gläubigen, der dem Tod nahe ist, gerettet werden. Wenn aber einem Sterbenden, wie sündig er auch sein mag, die Hände aufgelegt werden und er das «Vater unser» hersagen kann, so gilt er als gerettet oder in ihrer Sprache als «getröstet», so daß er ohne jegliche Buße und ohne weitere Sühne sofort in den Himmel zurückfliegt. Darüber haben wir diese Lächerlichkeit gehört, die wir einfügen wollen: Ein gewisser Gläubiger der Häretiker erhielt in seiner Todesstunde durch die Handauflegung eines ihrer Lehrer das *Consolamentum*, konnte aber das «Vater unser» nicht mehr hersagen und verschied so. Sein «Tröster» wußte nicht, was er dazu sagen sollte: Der Betreffende schien durch die erhaltene

Handauflegung gerettet, aber verdammt, weil er das Gebet des Herrn nicht gesprochen hatte. Was soll ich mehr sagen? Die Häretiker fragten einen gewissen Ritter namens Bertrand de Saissac [Aude], der ein Häretiker war, um Rat, wie sie in dieser Sache entscheiden sollten. Dieser Ritter gab ihnen jedoch folgenden Rat und diese Antwort: «Wir halten dafür und meinen, daß dieser Mann gerettet ist. Alle anderen aber, die in ihrer Todesstunde das ‹Vater unser› nicht hergesagt haben, halten wir für verdammt.»

Noch eine Lächerlichkeit: Ein gewisser Gläubiger der Häretiker vermachte in seiner Todesstunde den Häretikern 300 Schillinge und befahl seinem Sohn, ihnen dieses Geld zu geben. Als die Häretiker nach dem Tod des Vaters das Geld von dem Sohn forderten, sagte der zu ihnen: «Sagt mir zuerst, wenn es beliebt, in welchem Zustand sich mein Vater befindet.» Diese antworteten: «Du kannst dessen ganz sicher sein, daß er gerettet ist und einen Platz im Himmel bekommen hat.» Darauf sagte jener mit einem Lächeln: «Dank sei Gott und euch! Da mein Vater nun schon in der Herrlichkeit ist, bedarf seine Seele keines Almosengebens mehr, und euch kenne ich als derart gütig, daß ihr meinen Vater nicht aus der Herrlichkeit zurückrufen werdet. Wisset also, daß ich euch nichts von dem Geld geben werde.»

Wir glauben auch, nicht verschweigen zu sollen, daß einige Häretiker sagen, vom Nabel an abwärts könne niemand sündigen. Die Bilder, die man in den Kirchen anbringt, halten sie für Götzendienerei; von den Glockentürmen der Kirchen behaupten sie, daß sie die «Trompeten der Teufel» seien. Auch sagen sie, daß jemand, der mit seiner Mutter oder Schwester schläft, nicht schlimmer sündigt als jemand, der mit einer anderen schläft. Das sagen sie auch unter all den ungeheuerlichen Albernheiten ihrer Häresie, daß, wenn einer von den Vollkommenen eine Todsünde begehe (indem er nur ein klein wenig Fleisch oder Käse oder von einem Ei oder einer anderen ihnen verbotenen Speise ißt), würden alle, die von ihm das *Consolamentum* erhalten haben, den Heiligen Geist verlieren und müßten es von neuem erlangen; die bereits Geretteten aber würden infolge der Sünde des «Tröstenden» wieder aus dem Himmel fallen.

Es gibt noch andere Häretiker, die nach einem gewissen Waldo, einem Bürger von Lyon, «Waldenser» genannt werden. Diese sind zwar schlecht, aber im Vergleich zu den anderen Häretikern bei weitem nicht so verderbt: In vielen Dingen stimmen sie nämlich mit uns überein, in einigen weichen sie von uns ab. Vor allem in vier Punkten, um nicht zu weitläufig über ihren Unglauben zu berichten, besteht ihr Irrtum: in dem Tragen von Sandalen nach der Art der Apostel und darin, daß sie sagen, unter keinen Umständen einen Eid leisten oder töten zu dürfen, und außerdem darin, daß sie behaupten, jeder von ihnen könne im

Notfall, sofern er Sandalen trage, den Leib Christi spenden, ohne vom Bischof zum Priester geweiht sein zu müssen. Diese ausgewählten, knappen Bemerkungen über die Sekten der Häretiker sollen genügen.

Die Art der Bekehrung oder vielmehr
der Verkehrung der Häretiker

Wenn jemand der Sekte der Häretiker beitreten will, so sagt derjenige, der ihn aufnimmt, zu ihm: «Freund, wenn du einer von uns werden willst, so mußt du gänzlich dem Glauben der Römischen Kirche entsagen.» Darauf antwortet jener: «Ich entsage» – «Empfange somit den Geist von den guten Leuten»; und darauf haucht er ihm siebenmal auf den Mund. Darauf sagt er zu jenem: «Entsagst du jenem Kreuz, das der Priester dir bei der Taufe mit dem Öl und dem Chrisam auf die Brust, die Schultern und auf das Haupt gemacht hat?» Der antwortet: «Ich entsage.» – «Glaubst du, daß jenes Wasser [der Taufe] dir das Heil erwirkt?» Er antwortet: «Ich glaube das nicht.» – «Entsagst du jenem Schleier, den der Priester dir bei der Taufe auf den Kopf gelegt hat?» Er antwortet: «Ich entsage.» Auf diese Weise empfängt er die Taufe der Häretiker und entsagt der Taufe der Kirche. Darauf legen alle ihre Hände auf seinen Kopf und küssen ihn und bekleiden ihn mit dem schwarzen Gewand. Und von dieser Stunde an ist er einer von ihnen.

Das Martyrium des Paters
Pierre de Castelnau

Kommen wir nun mit Gottes Hilfe zu dem Martyrium des ehrwürdigen Mannes, des überaus tapferen Helden, nämlich des Pierre de Castelnau. Wir glauben, darüber nicht besser und wirklichkeitsgetreuer berichten zu können, als dadurch, daß wir das Schreiben des Herrn Papstes, das er an die Christgläubigen gerichtet hat und das ausführlich von diesem Martyrium berichtet, unserer Erzählung einfügen. Der Text des Schreibens ist folgender:

Innozenz, Bischof, Diener der Diener Christi, unseren geliebten Söhnen und den edlen Herren, den Grafen, Baronen und dem ganzen Volk der Provinzen Narbonne, Arles, Embrun, Aix und Vienne Heil und apostolischen Segen.

Eine grausame und die ganze Kirche in allgemeine Trauer versetzende Tat haben wir erfahren: Pater Pierre de Castelnau heiligen Angedenkens, Mönch und Priester, ein Mann, der unter tugendhaften Männern noch durch seine Lebensführung, seine Klugheit und seinen guten Ruf hervorstach, wurde von uns zusammen mit anderen in die Provence entsandt, um dort den Frieden zu predigen und den Glauben wieder zu befestigen. Seine ihm übertragene Aufgabe führte er in lobenswerter Weise und ohne Rast aus.

[...]

Gegen ihn stachelte der Teufel seinen Diener, den Grafen von Toulouse, auf. Dieser hatte sich wegen vieler und schwerer Vergehen, die er gegen die Kirche und gegen Gott begangen hatte, oft die Strafe der Kirche zugezogen und ebenso oft war er, ein verschlagener und gerissener, betrügerischer und unbeständiger Mensch, aufgrund seiner geheuchelten Reue wieder von dem Bann der Kirche gelöst worden. Schließlich vermochte er aber den Haß nicht mehr zurückzuhalten, den er gegen Pierre de Castelnau entwickelt hatte, weil dieser, um unter dem Volk die Rettung zu betreiben und unter den Leuten die Warnung zu verbreiten, das Wort Gottes nicht in seinem Mund verschlossen hielt. Und darin ist er noch heftiger und noch mehr für seine Untaten zu tadeln, daß er Pierre de Castelnau ebenso wie seinen Gefährten, beide Legaten des päpstlichen Stuhls, nach dem Ort Saint-Gilles bestellte und versprach, in allen ihm vorgeworfenen Punkten vollkommene Genugtuung und Buße zu leisten. Als jene aber in dem besagten Ort zusammenkamen, versprach der genannte Graf wie ein ehrlicher und bereitwilliger Mann, die ihm erteilten heilbringenden Aufforderungen zu erfullen, weigerte sich aber wie ein Heuchler und Verhärteter, diesen geradewegs nachzukommen. Als jene schließlich den Ort verlassen wollten, bedrohte er sie öffentlich mit Mord, indem er sagte, er würde ihren Weggang, wohin sie sich auch zu Land oder zu Wasser begäben, sorgfältig beobachten. Daraufhin schickte er, um die Worte durch Taten zu ersetzen, seine Verbündeten zu einem sorgfältig ausgekundschafteten Hinterhalt.

Da das Rasen seiner Wut weder durch die Bitten unseres geliebten Sohns, des Abtes von Saint-Gilles, noch durch das Drängen der Konsuln und Bürger besänftigt werden konnte, haben sie jene gegen den Willen des Grafen, den das sehr schmerzte, unter dem Schutz einer bewaffneten Begleitung zum Ufer der Rhône geführt. Dort machten sie, als die Nacht hereinbrach, halt. Bei ihnen waren auch einige Gefolgsleute des besagten Grafen (was jene aber überhaupt nicht wußten), die, wie das weitere Geschehen bezeugt, das Blut des Legaten vergießen wollten. Am anderen Morgen in der Frühe, nachdem die Messe, so wie es Brauch ist, gefeiert worden war, und als sich die unschuldigen Soldaten Christi bereit machten, über den Fluß zu setzen, schleuderte einer der Gefolgsleute des genannten Satans seine Lanze und verletzte hinten zwischen den Rippen den zuvor erwähnten Pierre, der mit unerschütterlicher Festigkeit auf den Felsen Christus baute und deshalb vor einer so großen Verräterei nicht auf der Hut war.

Als dieser heilige Mann den gottlosen Mörder seiner selbst und seines Herrn Christus erblickte, sagte er, dem Beispiel des heiligen Stephan folgend, zu ihm: «Gott möge dir verzeihen, da ich dir verzeihe», und wiederholte diese Worte der Frömmigkeit und Duldsamkeit mehrere Male. Dann ließ ihn, der so durchbohrt war, die Hoffnung auf den Himmel den bitteren Schmerz der ihm zugefügten Wunde vergessen. Und während der Zeitpunkt seines kostbaren Todes herannahte, fuhr er fort, den Gefährten seiner Mission Anweisungen zur Beförderung des Glaubens und des Friedens zu geben. Nach vielen Gebeten ist er schließlich selig in Gott entschlafen. Dieser strahlt wahrhaftig, so glauben wir, da er für den Glauben und den Frieden – es gibt keinen lobenswerteren Beweggrund für ein Martyrium – sein Blut vergossen hat, durch helle Wunder.

[...]

Unsere ehrwürdigen Brüder, die Erzbischöfe von Narbonne, Arles, Embrun, Aix und Vienne, sowie ihre Suffragane haben wir nachdrücklich angewiesen und aufgefordert und ihnen durch den Heiligen Geist und aufgrund des unbedingten Gehorsams, den sie unseren Befehlen schulden, aufgetragen, die Worte des Friedens und Glaubens, die von dem Ermordeten gesät wurden, durch die Bewässerung ihrer Predigten emporwachsen zu lassen. Außerdem sollen sie mit unermüdlichem Eifer die häretische Verderbtheit vernichten und den katholischen Glauben befestigen, indem sie die Lasterhaftigkeit ausrotten und die Tugendhaftigkeit pflanzen.

Den genannten Mörder des Dieners Gottes und alle diejenigen, mit deren Hilfe, Rat und Förderung er dieses ungeheuerliche Verbrechen begangen hat, auch diejenigen, die ihm Zuflucht gewähren und ihn schützen, sollen sie von dem Allmächtigen Gott, dem Vater und dem Sohn und dem Heiligen Geist, und kraft der Machtvollkommenheit der heiligen Apostel Petrus und Paulus sowie unserer eigenen überall in ihren Diözesen als exkommuniziert und von der Kirche gebannt verkünden lassen. Über alle Orte, wohin diese Gebannten selbst hinkommen oder einer von ihnen, sollen sie persönlich ausnahmslos das kirchliche Interdikt[11] verhängen. Diesen Bannfluch sollen sie an jedem Sonntag und an jedem Festtag mit Glockengeläut und brennenden Kerzen feierlich erneuern, und zwar so lange, bis die Gebannten zu dem Apostolischen Stuhl kommen und sich durch entsprechende Genugtuung die Lösung vom Bann erwerben.

Jenen aber, die vom Eifer für den rechten Glauben entbrannt, das Blut des Gerechten rächen wollen, das unablässig von der Erde zum Himmel ruft, bis der Gott der Rache vom Himmel zur Erde herabsteigt, um die Gestürzten und die Umstürzenden zu vernichten, und allen denen, die sich mit männlicher Tapferkeit gegen diese Pestträger gürten, die zugleich gegen den Frieden und die Wahrheit kämpfen, sollen die genannten Erzbischöfe und Bischöfe von Gott und seinem Stellvertreter ganz sicher eine Vergebung ihrer Sünden gewähren. Für diese Personen genügt die Erfüllung dieses mühevollen Werkes, um für jene Sünden Vergebung zu erlangen, für die sie dem wahren Gott die Zerknirschtheit des Herzens und das wahre Bekenntnis des Mundes dargebracht haben.

[…]

Voran, Ritter Christi! Voran, ihr kräftigen Soldaten des Heeres Christi! Möge das allgemeine Wehklagen der heiligen Kirche euch aufrütteln, möge ein frommer Eifer, die Eurem Gott angetane ungeheure Gewalttat zu rächen, euch entflammen! Denkt daran, daß Euer Schöpfer euer nicht bedurfte, als Er euch erschuf. Obwohl Er eures Dienstes nicht bedarf, bietet Er euch in diesem kritischen Zeitpunkt, gleichsam damit Er in dem, was Er tun will, weniger ermüdet und Seine Allmacht durch eure Hilfe weniger in Anspruch genommen wird, aber eine Gelegenheit, Ihm in einer Ihm wohlgefälligen Weise zu dienen. Denn seit der Ermordung des genannten Gerechten hat die Kirche in jenen Landstrichen niemand, der sie in ihrer Betrübnis tröstet, und sie sitzt da in ihrer Trauer. Wie man sagt, sei der Glaube entschwunden, der Friede dahingegangen, die Pest der Ketzer und die Raserei des Krieges aber hätten gewaltig zugenommen. Wenn dem Schiff der Kirche in diesem, so bisher noch nie dagewesenen Sturm nicht kraftvolle Hilfe geleistet wird, wird es dort wohl fast völlig untergehen.

Wir ermahnen euch alle noch eindringlicher und fordern euch noch gütiger auf und befehlen euch im Vertrauen auf die Macht Gottes in dieser Zeit großer

Not. Auch gewähren wir euch Vergebung eurer Sünden, damit ihr nicht länger zögert, gegen dieses große Übel vorzugehen und zur Befriedung jener Völker im Namen Dessen eilen wollt, der ein Gott des Friedens und der Liebe ist. Ihr sollt danach trachten, den ketzerischen Unglauben auf jede Art und Weise und mit allen Mitteln, die Gott euch offenbaren wird, zu vernichten. Und ihre Anhänger sollt ihr mit kraftvoller Hand und mit starkem Arm und auch mit noch größerer Unbesorgtheit bekämpfen als die Sarazenen, denn sie sind noch schlimmer als die Sarazenen.

[...]

Den genannten Grafen, der sozusagen ein Bündnis mit dem Tod geschlossen hat, aber an seinen eigenen Tod nicht denkt, sollt ihr nicht aufhören zu bedrükken. Diesen wolle vielleicht doch seine Bedrängnis zur Einsicht bringen und seine schändliche äußere Gestalt nach dem Namen Gottes zu verlangen beginnen. Und ihr sollt an unsere und der Kirche oder vielmehr Gottes Genugtuung denken. Dies geschieht dadurch, daß ihr ihn und seine Helfer aus den Burgen des Herrn treibt und ihnen das Land wegnehmt, auf dem die verklagten Häretiker durch katholische Bewohner ersetzt werden sollen, die nach der Lehre des rechten Glaubens, der auch der eure ist, in Heiligkeit und Gerechtigkeit öffentlich dienen mögen.

Gegeben im Lateran an dem VI. Tag der Iden des März im elften Jahr unseres Ponifikats [10. März 1208].

Nach diesen vorweggenommenen Ausführungen über den Tod des allerheiligsten Mannes wollen wir zu dem Fortgang unserer Erzählung zurückkehren.

Es starben die heiligen Männer, nämlich der Bischof von Osma, Bruder Pierre de Castelnau und Bruder Radulphus, die in dem genannten Land die Predigtmission begründet und hauptsächlich durchgeführt hatten. Als die Kirchenfürsten der Provinz Narbonne und auch die anderen, die sich um die Sache des Friedens und des Glaubens bekümmerten, sahen, daß diese Männer gestorben waren, und als sie weiter erkannten, daß die Predigtmission ihre Aufgabe zum größten Teil erfüllt hatte und doch nicht viel erreicht hatte, oder vielmehr fast gänzlich um die erwünschten Früchte betrogen worden war, hielten sie es für ratsam, dieses dem Papst zu Füßen zu legen. Darauf machten sich die ehrwürdigen Männer, Foulques, Bischof von Toulouse, und Navarre, Bischof von Couserans, auf und eilten nach Rom, um den Papst zu bitten, daß er der gefährdeten und dem Untergang nahen Kirche in der Provinz Narbonne (und in einem Teil der Provinzen Bourges und Bordeaux) seine helfende Hand reiche.

Der Herr Papst Innozenz, der sich mit allen Kräften der Verteidigung des Glaubens widmete, kam in dieser schweren Krankheit mit seiner heilenden Hand zu Hilfe und sandte in dieser Angelegenheit an die Allgemeinheit gerichtete, nachdrückliche Schreiben nach

Frankreich, wie wir unten noch ausführlicher berichten werden.

Als der Graf von Toulouse, oder wir sollten vielmehr sagen, der Graf des Trugs[12], dies hörte, daß die beiden zuvor genannten Bischöfe zur Römischen Kurie gereist waren, da fürchtete er, die verdiente Strafe zu erhalten. Weil er sah, daß seine Taten nicht ungestraft bleiben konnten, heuchelte er Reue und traf, so gut er konnte, Vorbereitungen für das Kommende. Zuvor hatte er schon zusammen mit einer Reihe anderer einige verfluchenswerte und üble Personen, den Erzbischof von Auch[13] und Raymond de Rabastens, den früheren Bischof von Toulouse, der aber wegen seiner Vergehen abgesetzt worden war[14], nach Rom gesandt. Durch diese Abgesandten beklagte sich der Graf bei dem Herrn Papst über den Abt von Cîteaux, dem das Amt des päpstlichen Legaten in dieser Sache übertragen worden war, und behauptete, daß dieser ihn allzu hart und mehr als gerechtfertigt sei, peinige. Auch versprach der Graf, daß er, wenn der Herr Papst ihm jemand anderen namens des Apostolischen Stuhls schicken würde, sich in allem nach dessen Wünschen richten wolle. Das sagte er aber nicht, weil er sich etwa bessern wollte, sondern weil er glaubte, daß er, wenn der Herr Papst einen seiner Kardinäle schicken würde, gerissen wie er war, diesen umgehen könnte.

Doch der Allmächtige, der die Herzen der Menschen erforscht und ihre Geheimnisse kennt, wollte es nicht zulassen, daß die päpstliche Arglosigkeit getäuscht würde. Er wollte auch nicht, daß die Ruchlosigkeit des genannten Grafen länger verborgen blieb. Daher sorgte der Gerechte Richter voller Gerechtigkeit und Güte dafür, daß der Herr Papst dem Grafen die Bitte erfüllte, so als ob diese gerechtfertigt und die Falschheit des Grafen nicht schon längst offenkundig sei. Der Herr Papst schickte nämlich einen seiner Vertrauten unter den Klerikern, den Magister Milon, einen Mann von besonders ehrenhafter Lebensführung, von hervorragender Gelehrsamkeit und von großer Redegewandtheit, in die Provence. Dieser konnte, um seinen untadeligen Charakter kurz anzudeuten, weder durch Einschüchterungen zermürbt noch durch Geschenke erweicht werden. Als der vorgenannte Graf hörte, daß der Magister Milon komme, empfand er große Freude, denn er glaubte, daß sich der mehrfach genannte Magister in allem nach seinem, des Grafen, Willen verhalten würde. Der Graf begann daraufhin, durch das ganze Land zu eilen und prahlerisch zu verkünden: «Jetzt geht es mir gut, denn ich habe einen Legaten nach meinem Sinn, oder vielmehr, ich werde selbst der Legat sein.» Doch genau das Gegenteil seiner Erwartungen trat ein, wie weiter unten deutlich gemacht wird.

Zusammen mit dem genannten Magister Milon wurde nämlich ein gewisser Kleriker namens Magister Thédise geschickt, ein Kanoniker an der Kathedralkirche zu Genua, der dem mehrfach genannten Magister Milon beistehen und ihn in der Betreibung der Sache des Glaubens unterstützen sollte. Dieser Magister Thédise war ein Mann von großer Gelehrsamkeit, von wunderbarer Standhaftigkeit und äußerster Güte; und er handelte so vortrefflich in der Sache Jesu Christi, daß er für diese Sache große Gefahren und Mühen auf sich nahm, wie der Ausgang der Angelegenheit bezeugt und wir später noch schildern werden.

Der Herr Papst hatte nämlich dem Magister Milon durch schriftliche Anweisungen befohlen, in allem, was die Sache des Glaubens betreffe, und vor allem in den Angelegenheiten, die den Grafen von Toulouse berührten, dem Rat des Abtes von Cîteaux zu folgen. Der Abt von Cîteaux wisse nämlich vollständig über den Stand der Angelegenheit und die Verschlagenheit des Grafen Bescheid. Deshalb hatte der Herr Papst dem Magister Milon ausdrücklich die folgende Anweisung erteilt: «Der Abt von Cîteaux soll alles bestimmen, und du sollst sein ausführendes Organ sein. Der Graf von Toulouse mißtraut ihm nämlich, aber dir mißtraut er nicht.»

Daraufhin begaben sich der Magister Milon und der Magister Thédise nach Frankreich und suchten den Abt von Cîteaux in Auxerre auf. Der Magister Milon fragte den Abt in den meisten, die Sache des Glaubens betreffenden und feststehenden Dingen um Rat. Der Abt seinerseits gab ihm in allem genaue Anweisungen und händigte ihm seinen Rat auch in schriftlicher Form und besiegelt aus. Überdies ermahnte er ihn und riet ihm eindringlich, bevor er sich zu dem Grafen von Toulouse begebe, die Erzbischöfe, Bischöfe und andere Kirchenführer zusammenzurufen, die nach seiner Meinung helfen könnten, um sich mit ihnen zu beratschlagen. Einige von diesen Kirchenführern, deren Rat er vor allem folgen sollte, nannte der Abt dem Magister Milon ausdrücklich.

Danach begaben sich der Abt von Cîteaux und der Magister Milon zu dem König Philipp [II. Augustus] von Frankreich, der bei Villeneuve im Senonnais eine feierliche Versammlung mit vielen seiner Barone abhielt. Dort waren nämlich anwesend der Herzog von Burgund, Eudes [III.], die Grafen von Nevers [Hervé IV.] und von Saint-Pol [Gaucher de Châtillon] und viele andere edle und mächtige Herren. Der Herr Papst seinerseits sandte dem König an diesen persönlich gerichtete Schreiben, in denen er ihn ersuchte und aufforderte, entweder selbst oder wenigstens durch seinen Sohn Ludwig der gefährdeten Kirche in der Provinz Narbonne die notwendige Hilfe zu bringen. Der König gab dem Abgesandten des Papstes jedoch folgendes zur Antwort: Weil er zu beiden Seiten zwei große und starke Löwen habe, nämlich Otto [15], der sich Kaiser nenne, und den König von England, Johann, die mit allen Kräften sich bemühten, das Königreich Frankreich zu beunruhigen, deshalb wolle er unter kei-

nen Umständen selbst aus Frankreich weggehen noch
seinen Sohn schicken. Vielmehr scheine es ihm gegen-
wärtig hinreichend, wenn er seinen Baronen erlaube,
in die Provinz Narbonne zu ziehen, um die Störer des
Friedens und des Glaubens zu bekämpfen.

Um die gläubigen Völker williger zur Ausrottung
der häretischen Pest zu machen, sandte der Herr Papst
für die Allgemeinheit bestimmte Schreiben an alle Kirchenfürsten, Grafen, Barone und das ganze Volk in
Frankreich. Darin ermahnte er sie nachdrücklich und
forderte sie auf herbeizueilen, um das Unrecht, das
dem Gekreuzigten in der Provinz Narbonne zugefügt
worden war, zu rächen. Er ließ sie wissen, daß allen,
die sich aus Eifer für den rechten Glauben für dieses
Werk der Frömmigkeit gürteten, alle ihre Sünden, sofern sie diese bereuten und beichteten, von Gott und
seinem Stellvertreter vergeben würden. Was soll ich
mehr sagen? Sobald dieser Ablaß in Frankreich verkündet worden war, bewaffnete sich eine große
Menge Gläubiger mit dem Kreuz [16].

Der Legat reist weiter in die Provence

Nachdem die bei Villeneuve abgehaltene, oben erwähnte Versammlung beendet war, reiste der Magister Milon mit seinem Amtsbruder, dem Magister
Thédise, in die Provence weiter. Als er zu dem befestigten Ort Montélimar kam, rief er eine große Zahl

von Erzbischöfen und Bischöfen zu sich. Sobald diese
zu ihm gekommen waren, befragte er sie eingehend
darüber, wie man in der Sache des Friedens und des
Glaubens und vor allem in der Angelegenheit des Grafen von Toulouse weiter vorgehen solle. Er verlangte
auch, daß die einzelnen Kirchenfürsten ihm zu den
Punkten, über die ihm der Abt von Cîteaux Anweisungen gegeben hatte, ihre Meinung schriftlich und
besiegelt geben sollten. Es geschah, wie er verlangt
hatte, und (was etwas Unerhörtes und ein Wunder ist)
die Meinungen der Prälaten stimmten untereinander
wie auch mit derjenigen des Abtes von Cîteaux ohne
den geringsten Unterschied überein. Das hatte Gott
bewirkt.

Danach sandte der Magister Milon eine Nachricht
an den Grafen von Toulouse und befahl ihm, an einem
festgesetzten Tag zu ihm in den Ort Valence zu kommen. Der Graf kam auch an jenem Tag und heuchle-
risch und boshaft, betrügerisch und meineidig wie er
war, versprach er in betrügerischer Absicht dem Legaten, dem Magister Milon, in allem seinem Willen zu
folgen. Doch der Legat, der ein vorsichtiger und klu-
ger Mann war und dem Rat der Kirchenfürsten folgte,
wollte und verlangte, daß der Graf ihm als Sicherheit
sieben von seinen Burgen in der Provence übergebe.
Außerdem verlangte er von den Konsuln der Städte
Avignon und Nîmes sowie auch des Ortes Saint-Gilles
folgenden Eid zu schwören: Wenn der Graf sich anma-

ßen sollte, den Befehlen des Legaten zuwider zu handeln, würden sie sich diesem gegenüber nicht mehr zur Gefolgschaft und zum Gehorsam verpflichtet fühlen. Darüber hinaus sollte die Grafschaft Melgueil der Heiligen Römischen Kirche anheimfallen.

Der Graf von Toulouse aber versprach unter dem Zwang der Umstände, wenn auch sehr ungern und widerwillig, alles zu erfüllen, was der Legat von ihm verlangt hatte. So kam es, daß der Graf, der den Abt von Cîteaux als «hart» bezeichnet hatte, den Legaten als «noch viel härter» bezeichnete. Wir glauben auch, daß Gott es so eingerichtet und es ganz gerecht so gemacht hat, weil der Tyrann, wo er auf Hilfe hoffte, Strafe und Züchtigung fand. Danach ging der vortreffliche Mann, der Magister Thédise, auf den Befehl des Legaten hin in die Provence, um die sieben Burgen, von denen wir oben gesprochen haben, namens der Heiligen Römischen Kirche in Besitz zu nehmen und zu besetzen.

Die Lösung des Grafen von Toulouse
vom Kirchenbann

Nachdem dies alles in gehöriger Weise vollbracht worden war, begab sich der Legat hinunter zu dem Ort Saint-Gilles, um dort den Grafen von Toulouse vom Kirchenbann zu lösen. Die Lösung und Befreiung von der Exkommunikation geschah auf folgende Weise:

Der nur mit einem Hemd bekleidete Graf wurde vor das Portal der Kirche des heiligen Ägidius [Saint-Gilles] geführt. Dort schwor er vor dem Legaten und den mehr als 20 Erzbischöfen und Bischöfen, die aus diesem Anlaß zusammengekommen waren, auf den Leib Christi und die Heiligenreliquien, die in großer Zahl und mit großer Ehrfurcht von den Kirchenfürsten in den Händen gehalten wurden, den Befehlen der Heiligen Römischen Kirche in allem zu gehorchen. Darauf ließ der Legat dem Grafen die Stola um den Hals legen, ergriff ihn mit der Stola und führte den vom Kirchenbann Gelösten unter Rutenhieben in die Kirche.

Wir wollen auch nicht verschweigen, daß Gott es fügte, daß der Graf, nachdem er, wie wir zuvor gesagt haben, unter Rutenhieben in die Kirche des heiligen Ägidius geführt worden war, wegen der großen Volksmenge unmöglich auf demselben Weg, auf dem er hineingekommen war, wieder hinausgelangen konnte. Vielmehr mußte er in die Krypta der Kirche hinabsteigen und dort nackt vorne an dem Grab des heiligen Märtyrers Pierre de Castelnau vorbeigehen, den er hatte töten lassen. Oh, was für eine gerechte Strafe Gottes! Den er nämlich als Lebenden verachtet hatte, dem mußte er als Totem seine Verehrung erweisen.

Ein Wunder

Ich meine, auch das noch anmerken zu müssen: Als der Leichnam des vorgenannten Märtyrers, der zuerst in dem Kloster der Mönche von Saint-Gilles bestattet worden war, lange Zeit danach in die Kirche umgebettet wurde, fand man ihn so völlig unversehrt vor, als ob er erst an demselben Tag bestattet worden wäre. Es ging auch ein wunderbarer Duft von dem Körper und den Gewändern des Heiligen aus.[17]

Der Graf von Toulouse nimmt das Kreuz

Nach all diesem bat der überaus verschlagene Graf [von Toulouse] aus Angst vor dem Erscheinen der Kreuzfahrer, die sich bereit machten, schon bald zur Vertreibung der Häretiker und ihrer Beschützer aus Frankreich in die Provence zu ziehen, den Legaten, ihm das Kreuz zu geben. Auf diese Weise wollte er sein Land vor dem Einfall der Kreuzfahrer schützen. Der Legat gewährte dem Grafen die Bitte und gab ihm und zweien seiner Ritter das Kreuz. Oh, was für ein falscher und durch und durch unehrlicher Kreuzfahrer, ich meine den Grafen, der das Kreuz nahm, nicht um das dem Gekreuzigten angetane Unrecht zu rächen, sondern um eine Zeitlang seine Verderbtheit verbergen und verheimlichen zu können!

Nachdem dies alles geschehen war, kehrten der

Legat und der Magister Thédise nach Lyon zurück, um dort die Kreuzfahrer zu erwarten, die sich bereit machten, um in Kürze gegen die provenzalischen Häretiker zu ziehen. In ganz Frankreich war nämlich der Ablaß verkündet worden, der von dem Herrn Papst allen gewährt wurde, die gegen die erwähnten Häretiker ziehen würden. Daraufhin hatte sich eine große Menge von Adligen und Nichtadligen mit dem Zeichen des Kreuzes auf der Brust bewaffnet. Als sich in Frankreich die Gläubigen zu Tausenden mit dem Kreuz gekennzeichnet hatten oder kennzeichneten, um das unserem Gott angetane Unrecht zu rächen, da war alles, was noch zu tun blieb, daß der Herr der himmlischen Heerscharen die überaus grausamen Mörder durch seine ausgesandten Heerscharen vernichtete. Er hatte aus reiner Güte und übermäßiger Milde und aus Mitleid gegenüber seinen Feinden den Häretikern und ihren Beschützern viele seiner Prediger gesandt. Jene aber waren in ihrer Verderbtheit verblieben und in ihrer Schlechtigkeit verharrt und hatten einen Teil der Prediger verhöhnt, andere sogar getötet.

Die Ankunft der Kreuzfahrer

Daraufhin versammelten sich im Jahre 1209 nach der Fleischwerdung des Herrn, im zwölften Jahr des Pontifikates des Herrn Papstes Innozenz und während der Regentschaft des Königs Philipp von Frankreich, um das Fest des heiligen Johannes des Täufers [24. Juni] herum, alle Kreuzfahrer, die sich von den verschiedenen Regionen Frankreichs aus auf den Weg gemacht hatten, nach einem einheitlichen und zuvor festgelegten Plan bei der Stadt Lyon in dem alten Gallien. Von denen, die dort zusammenkamen, waren folgende die bedeutendsten: der Erzbischof von Sens, der Bischof von Autun, der Bischof von Clermont, der Bischof von Nevers, der Herzog von Burgund, der Graf von Nevers, der Graf von Saint-Pol, der Graf von Montfort, der Graf von Bar-sur-Seine, Guichard de Beaujeu, Guillaume des Roches, Seneschall von Anjou, Gaucher de Joigny und viele andere vornehme und mächtige Herren, deren Namen im einzelnen aufzuführen lange dauern würde.

Der Graf von Toulouse
geht den Kreuzfahrern entgegen

Als der Graf Raymond [VI.] hörte, daß eine große Zahl von Kreuzfahrern im Anmarsch war, fürchtete er, daß diese in sein Land einfallen würden, denn sein Gewissen erinnerte ihn anklagend an die begangenen Missetaten. Deshalb zog er los und ging den Kreuzfahrern bis in die Nähe von Valence entgegen. Doch jene waren schon in der Hand des Herrn aus der Stadt gegangen. Als der genannte Graf in der Nähe der erwähnten Stadt auf sie traf, heuchelte er Friedensabsichten, ver-

sprach betrügerisch Gehorsam und versicherte ganz
fest, daß er den Befehlen der Heiligen Römischen Kirche wie auch dem Willen der Kreuzfahrer folgen
wolle. Als Sicherheit für die Einhaltung dieser Versprechen übergab er den Baronen gewisse Burgen und
wollte überdies seinen Sohn oder seine eigene Person
als Geisel stellen. Was soll ich noch sagen? Der Feind
Christi schloß sich den Rittern Christi an. So gelangten sie zusammen und auf geradem Weg zu der Stadt
Béziers.

Die Belagerung und Zerstörung von Béziers

Béziers war eine sehr berühmte Stadt, doch völlig von
dem Gift der häretischen Verderbtheit angesteckt. Die
Bürger von Béziers waren aber nicht nur Häretiker,
sondern auch die schlimmsten Räuber, Rechtsbrecher,
Betrüger und Diebe und voll von jeglicher Lasterhaftigkeit. Doch wäre es für den Leser ermüdend, wenn
wir alle Schlechtigkeiten der genannten Bürger im einzelnen schildern würden.

Eine gräßliche Tat

Es geschah einmal in einer Nacht bei Tagesanbruch,
daß der Priester jener Stadt einen Meßkelch in seinen
Händen zur Kirche trug, um dort die heilige Messe zu
feiern. Doch einige Bürger von Béziers, die ihm aufge-

lauert hatten, ergriffen ihn, schlugen heftig auf ihn ein und brachen ihm den Arm. Dann entrissen sie ihm den Kelch, den er hielt, wickelten ihn aus und urinierten in ihn aus Verachtung für den Leib und das Blut Jesu Christi.

Eine weitere gräßliche Tat

Zu einer anderen Zeit [15. Oktober 1167] töteten die mehrfach genannten Bürger, diese ganz niederträchtigen Verräter, in der Kirche der heiligen Maria Magdalena, die sich in der erwähnten Stadt befindet, ihren Herrn, den Vizegrafen von Béziers [Raymond-Trencavel I.]. Außerdem schlugen sie ihrem Bischof[18], der den Vizegrafen vor ihren Händen beschützen wollte, die Zähne aus.

Ein Wunder

Eines Tages ging ein Kanoniker von Béziers nach der Meßfeier aus der Hauptkirche der Stadt [Saint-Nazaire]. Als er den Lärm von Arbeitern in den Stadtgräben hörte, fragte er, was das sei. Die dabei waren, antworteten ihm: «Der Lärm kommt von denjenigen, die an den Stadtgräben arbeiten, denn wir befestigen die Stadt gegen die Franzosen, die gegen uns ziehen.» Es stand nämlich die Ankunft der Kreuzfahrer unmittelbar bevor. Und während sie so sprachen, erschien

ein Greis von ehrwürdigem Alter, der zu ihnen sagte:
«Ihr befestigt diese Stadt gegen die Kreuzfahrer. Aber
wer wird euch von oben her schützen?» Damit wollte
er andeuten, daß der Herr sie vom Himmel her be-
zwingen würde. Als jene das hörten, wurden sie sehr
erregt und aufgebracht. Doch als sie sich auf den Greis
stürzen wollten, verschwand der plötzlich und konnte
nirgends aufgefunden werden. Jetzt wollen wir mit
unserem Thema fortfahren.

Bevor die Kreuzfahrer zu der Stadt Béziers kamen,
versprach der Vizegraf von Béziers [Raymond-]Roger
mit Namen, ein Mann von vornehmer Abstammung
und Neffe des Grafen von Toulouse, der seinem Onkel
in der Schlechtigkeit nacheiferte und in keiner Weise
die Häresie unterdrückte, den Bürgern von Béziers
ganz fest, daß er unter keinen Umständen die Stadt
verlassen würde. Vielmehr wolle er bei ihnen bis zum
Tod ausharren und in der mehrfach genannten Stadt
die Ankunft der Soldaten Christi abwarten. Doch als
er hörte, daß die Unsrigen herannahten, vergaß er
seine Abmachung, wollte nichts mehr von seinem
Versprechen wissen, beging Vertragsbruch und flüchtete nach Carcassonne, eine andere ihm gehörende berühmte Stadt, wohin er auch mehrere Häretiker aus
Béziers mitnahm.

Als die Unsrigen vor Béziers angelangt waren,
sandten sie den Bischof der Stadt, Magister Renaud
de Montpellier, einen ehrwürdigen Mann an Alter,

Lebensführung und Gelehrsamkeit, der ihnen aus der
Stadt entgegengegangen war, als Unterhändler in die
Stadt zurück. Die Unsrigen erklärten, daß sie gekommen seien, um die Häretiker zu vernichten. Sie verlangten daher von den katholischen Bürgern, wenn
solche da seien, daß sie in ihre Hände diejenigen Häretiker auslieferten, die ihnen der ehrwürdige Bischof,
der sie alle kenne und ihre Namen auch schon schriftlich aufgezeichnet habe, angeben würde. Falls sie das
jedoch nicht tun könnten, sollten sie aus der Stadt
gehen und die Häretiker zurücklassen, damit sie nicht
zusammen mit diesen zugrunde gehen müßten. Als
der mehrfach erwähnte Bischof diese Botschaft der
Unsrigen den genannten Bürgern überbrachte, wiesen
sie die darin enthaltene Forderung zurück. Statt dessen
stellten sie sich gegen Gott und die Kirche, schlossen
ein Bündnis mit dem Tod und wollten lieber als Häretiker sterben, statt als Christen zu leben. Bevor nämlich die Unsrigen mit Kampfhandlungen gegen sie begannen, gingen einige von ihnen aus der Stadt heraus
und fingen an, die Unsrigen heftig mit Pfeilschüssen
zu belästigen. Als das die Helfer des Heeres sahen, die
man in der Volkssprache «Rotten» [ribaldi] nennt [19],
stürmten sie mit großer Wut und ohne Wissen der Adligen des Heeres und ohne vorherige Absprache mit
ihnen gegen die Mauern der Stadt, und, nachdem der
Angriff erfolgt war, nahmen sie noch in derselben
Stunde (was erstaunlich zu berichten ist) die Stadt ein.

Was soll ich mehr sagen? Die unverzüglich Eindrin-
genden töteten fast alle, von den Jüngsten bis zu Ältesten, und steckten anschließend die Stadt in Brand. Die
mehrfach genannte Stadt Béziers wurde an dem Tag
der heiligen Maria Magdalena [22. Juli] eingenommen.
Oh, was für ein überaus gerechtes Maß der göttlichen
Vorsehung! Wie wir zu Beginn dieses Buches ausgeführt haben, behaupten die Häretiker, daß die heilige
Maria Magdalena die Konkubine Christi gewesen sei.
Außerdem hatten die Bürger von Béziers in der Kirche
der heiligen Maria Magdalena, die in jener Stadt ist,
wie wir oben erwähnt haben, ihren Herrn getötet und
ihrem Bischof die Zähne ausgeschlagen. Es geschah
ihnen daher nur recht, daß sie an dem Festtag derjenigen erobert und vernichtet wurden, die sie derart
schmähten und deren Kirche diese überaus frechen
Hunde nicht nur mit dem Blut ihres Herrn, nämlich
des Vizegrafen, sondern auch mit dem ihres Bischofs
besudelt hatten.

In dieser Kirche, in der, wie wir bereits mehrfach
erwähnt haben, die Bürger von Béziers ihren Herrn
erschlagen hatten, wurden an dem Tag der Eroberung
der Stadt an die 7000 Bürger getötet. Es ist auch noch
als bemerkenswert herauszustellen, daß ebenso wie die
Stadt Jerusalem 42 Jahre nach dem Martyrium unseres
Herrn von Titus und Vespasian zerstört wurde,[20] auch
die Stadt Béziers 42 Jahre nach der Ermordung ihres
Herrn von den Franzosen verwüstet worden ist. Wir

wollen auch das nicht übergehen, daß die öfters erwähnte Stadt mehrmals aus dem bereits oben erwähnten Grund und immer an dem Fest der heiligen Maria
Magdalena, in deren Kirche ein so großes Verbrechen
verübt worden war, verwüstet wurde und auf diese
Weise ihre gerechte Strafe für ihre verbrecherische Tat
erhielt.

Die Belagerung von Carcassonne

Nachdem die Stadt Béziers erobert und zerstört worden war, beschlossen die Unsrigen, auf geradem Weg
nach Carcassonne zu ziehen. Die Bürger von Carcassonne waren nämlich die schlimmsten Häretiker und
die größten Sünder vor dem Herrn. Aus Furcht vor
dem Heer waren jedoch die Bewohner der zwischen
Béziers und Carcassonne gelegenen Burgen geflohen
und hatten ihre Burgen geräumt zurückgelassen.
Einige allerdings, die nicht der Häresie verdächtigt
wurden, ergaben sich den Unsrigen. Als der Vizegraf
[von Béziers] hörte, daß die Unsrigen zur Belagerung
von Carcassonne heranrückten, versammelte er so
viele Ritter, wie er konnte, zog sich mit ihnen nach
Carcassonne zurück und traf Vorbereitungen, um die
Stadt gegen die Unsrigen zu verteidigen.

Wir wollen auch nicht verschweigen, daß diese ganz
niederträchtigen und gottlosen Bürger von Carcassonne das Refektorium und den Keller der Kanoniker

der Kathedrale, es waren Regularkanoniker[21], und sogar das Chorgestühl der Kirche (was noch verfluchenswürdiger ist) abbrachen, um damit die Mauern der Stadt zu verstärken. Oh, was für ein frevlerischer Entschluß! Oh, welch ein machtloses Befestigungswerk, das durch die Verletzung der kirchlichen Immunität und die Zerstörung des Hauses Gottes errichtet wurde und deshalb zu Recht wieder zerstört werden sollte! Die Häuser der Bauern blieben unangetastet, die Häuser der Diener Gottes wurden niedergelegt.

Als die Unsrigen vor die Stadt kamen, schlugen sie um sie herum ihre Zelte auf und schlossen die Stadt ein. Die ringsum verteilten Kriegsscharen ließen nämlich an dem ersten und an dem nächsten Tag die Kämpfe ruhen. Die in den Bergen auf einer Anhöhe gelegene Stadt Carcassonne war aber von zwei Vorstädten umgeben, die beide durch Mauern und Gräben geschützt wurden. Am dritten Tag unternahmen die Unsrigen, in der Hoffnung, die erste Vorstadt, die nämlich etwas weniger stark als die zweite befestigt war, im Sturm und ohne die Hilfe von Kriegsmaschinen einnehmen zu können, mit allen Kräften einen Angriff auf dieselbe. Unterdessen sangen die versammelten Bischöfe, Äbte und alle Geistlichen mit größter Hingabe das *Veni Sancte Spiritus* [Komm, Heiliger Geist] und hofften darauf, daß bald göttliche Hilfe gebracht werde.

Tatsächlich konnten die Unsrigen unverzüglich die von den Feinden verlassene erste Vorstadt mit Gewalt nehmen. Wir wollen auch nicht übergehen, daß Simon, der edle Graf von Montfort, sich kühn als erster von allen oder vielmehr als einziger von den Rittern in den Stadtgraben stürzte und heftiger als die anderen für die Eroberung der genannten Vorstadt kämpfte. Als sie erobert war, schütteten die Unsrigen den Graben zu und machten die Vorstadt fast völlig dem Erdboden gleich.

Als die Unsrigen jedoch sahen, wie leicht sie die mehrfach erwähnte Vorstadt eingenommen hatten, glaubten sie, die zweite Vorstadt (die viel stärker und auch besser geschützt war) ebenfalls durch einen Sturmangriff erobern zu können. Am nächsten Tag rückten sie daher an die Mauer dieser zweiten Vorstadt heran. Gegen die unablässig Anstürmenden verteidigte sich der [Vize-]Graf [von Béziers] mit seinen Leuten jedoch so mannhaft, daß die Unsrigen wegen der zahlreichen und dichten Steinwürfe wieder aus dem Graben, in den sie eingedrungen waren, herausspringen mußten. Bei diesem Kampf geschah es, daß einer von unseren Rittern mit gebrochenem Schenkel in dem Graben zurückblieb. Doch wegen der ständigen Steinwürfe wagte sich niemand an ihn heran, um ihn herauszubringen. Da stürzte sich ein Mann von edlem Charakter, ich meine den Grafen von Montfort, in den Graben, und nur unterstützt von einem Knappen rettete er den verwundeten Ritter unter großer Gefahr für sein eigenes Leben.

Nachdem dies geschehen war, bauten die Unsrigen bald Kriegsmaschinen, die man Steinschleudern
nennt, um damit die Mauer der Vorstadt zu zerstören.
Sobald die Mauer durch die Steinwürfe der Steinschleudern oben etwas erschüttert worden war, führten die Unsrigen unter großer Mühe einen «Karren»
[*carrus*] mit vier Rädern, der mit Ochsenhäuten ganz
bedeckt war, an die Mauer heran. Unter dessen Schutz
sollten die Mineure die Mauer untergraben.[22] Doch die
Feinde warfen beständig Feuer, Holz und Steine herab
und zertrümmerten in kurzer Zeit den «Karren». Aber
die Mineure zogen sich in die Aushöhlung zurück, die
sie bereits in die Mauer gegraben hatten, und nichts
konnte sie an der völligen Untergrabung der Mauer
hindern.

Was soll ich mehr sagen? Am nächsten Tag, früh am
Morgen, stürzte die unterwühlte Mauer zusammen.
Als daraufhin die Unsrigen mit großem Lärm durch
die Bresche eindrangen, zogen sich die Feinde in die
Oberstadt zurück. Doch als sie später sahen, daß unsere Ritter die Vorstadt verlassen und sich in ihre Zelte
begeben hatten, machten sie einen Ausfall. Wen sie
von den Unsrigen in der Vorstadt antrafen, vertrieben
sie; eine größere Zahl von den Unsrigen wurde jedoch, weil es ihnen nicht gelang, aus der Vorstadt zu
flüchten, getötet. Danach legten die Feinde Feuer in
der ganzen Vorstadt und kehrten anschließend wieder
in die Oberstadt zurück.

Ein Wunder

Während dieser Belagerung trug sich etwas zu, was
nicht zu übergehen, sondern als ein sehr großes Wunder anzusehen ist. Wie man sagt, zählte das Heer an die
4000 Mann. Doch unsere Feinde hatten in der Umgebung der Stadt alle Mühlen zerstört, so daß die Unsrigen nur in wenigen umliegenden Orten Brot erhalten
konnten. Dennoch gab es da Brot in einer solchen
Überfülle, daß es zu einem sehr niedrigen Preis ver-
kauft wurde. Deshalb sagten auch die Häretiker, daß
der Abt von Cîteaux ein Zauberer sei und Teufel in der
Gestalt von Menschen herangeführt habe, da es ihnen
schien, daß es den Unsrigen an nichts mangelte.

Die Kapitulation von Carcassonne

Nachdem dies so geschehen war, beratschlagten die
Unsrigen, wie sie die Stadt einnehmen könnten. Dabei
bedachten sie aber, daß, wenn sie genauso verfahren
würden wie im Fall von Béziers, die Stadt zerstört und
alle Güter und Vorräte in ihr vernichtet würden. Dann
hätte aber derjenige, dem dieses Gebiet zur Herrschaft
übertragen würde, nichts, um die zum Schutz dieses
Gebiets erforderlichen Ritter und Söldner zu entloh-
nen. In einer Besprechung der bedeutendsten adligen
Kriegsherren in dem Heer faßte man hinsichtlich einer
Friedensvereinbarung folgenden Beschluß: Es wurde

bestimmt, daß alle Bewohner nackt die Stadt verlassen und davonziehen durften; der Vizegraf aber sollte in Gewahrsam gehalten werden. Alle Güter [in der Stadt] sollten jedoch aufgrund der oben genannten Notwendigkeit an denjenigen fallen, der zum zukünftigen Herrn dieses Gebiets bestimmt würde. So geschah es. Alle gingen nackt aus der Stadt heraus und trugen nichts außer ihren Sünden mit sich fort.

Damals ging in Erfüllung, was von dem ehrwürdigen Mann Bérenger [I.], dem einstigen Bischof von Carcassonne, vorhergesagt worden war. Als dieser eines Tages, wie es seine Gewohnheit war, in seiner Stadt zu den Bürgern predigte und sie wegen ihrer Häresie tadelte, wollten sie ihn nicht anhören. Er aber sagte zu ihnen: «Ihr wollt mich nicht anhören? Glaubt mir! Ich werde so laut über euch klagen, daß man von den fernen Gegenden der Erde herankommt, um diese Stadt zu zerstören. Wisset auch das als ganz sicher, daß ihr, auch wenn die Mauern dieser Stadt aus Eisen und von ungeheurer Höhe wären, euch nicht davor schützen könnt, von dem überaus gerechten Richter die gebührende Strafe für euren Unglauben und für eure Schlechtigkeit zu erhalten!» Wegen dieser und ähnlicher Worte, die ihnen der gänzlich unerschütterliche Mann mit Donnerstimme entgegenschleuderte, vertrieben die erwähnten Bürger ihn einige Zeit später aus der Stadt. Überdies ließen sie öffentlich verkünden, daß es jedermann streng und unter schwerer Strafe

verboten sei, in irgendeiner Weise durch Kauf oder
Verkauf mit ihm oder den Seinen Verbindung zu haben. Nun wollen wir mit unserer Erzählung fortfahren.

Nachdem die Stadt übergeben worden war und alle
sie verlassen hatten, wählte man einige Ritter aus dem
Heer aus, denen die getreuliche Bewachung der Güter
in der Stadt anvertraut wurde.

Der Graf von Montfort wird gewählt

Nachdem dies alles in gehöriger Form geschehen war,
beratschlagten die Barone untereinander, wem sie die
Herrschaft des oben genannten Landes[23] übergeben
sollten. Und zuerst wurde die Herrschaft des Landes
dem Grafen von Nevers, danach dem Herzog von
Burgund angetragen; doch keiner von ihnen wollte sie
annehmen. Daraufhin wurden aus dem ganzen Heer
zwei Bischöfe und vier Ritter und der Abt von Cîteaux, der Legat des Apostolischen Stuhls, ausgewählt, die einen neuen Herrn für das Land wählen sollten. Diese versprachen fest, denjenigen zu wählen, den
sie im Hinblick auf Gott und die Zeit für den ge-
eignetsten hielten. Diese Sieben wählten mit Hilfe der
siebenfachen und aus Erbarmen dem ganzen Erdkreis
gewährten Gnade des Heiligen Geistes einen Mann,
der katholisch im Glauben war, ehrbar in seinem Verhalten und tapfer im Kampf, ich meine den Grafen
Simon von Montfort.

Sogleich traten der Abt von Cîteaux, der Legat des Apostolischen Stuhls und Anführer und Leiter dieser heiligen Sache, sowie der Herzog von Burgund und der Graf von Nevers an ihn heran und baten, ersuchten ihn und forderten ihn auf, diese Bürde wie auch Würde zu übernehmen. Doch da dieser sehr bedächtige Mann das unverzüglich ablehnte und erklärte, daß er hierzu ebenso unfähig wie auch unwürdig sei, warfen sich daraufhin der Abt und der Herzog ihm zu Füßen und bedrängten ihn mit unaufhörlichem Bitten. Da der Graf immer noch ablehnte, machte schließlich der Abt von seiner Machtvollkommenheit als Legat Gebrauch und befahl dem Grafen streng, aufgrund seiner Gehorsamspflicht zu tun, worum sie ihn bäten. Daraufhin übernahm dieser hervorragende Mann die Herrschaft über das Land zum Lobe Gottes, zur Ehre der Kirche und zur Unterdrückung der häretischen Verderbtheit.

[...]

Der Graf von Nevers
kehrt nach Frankreich zurück

Nachdem der wiederholt genannte Graf [von Montfort] in der weiter oben geschilderten Weise und Form erwählt worden war, traten der Abt von Cîteaux und der Herzog von Burgund unverzüglich an den Grafen von Nevers heran und ersuchten und baten ihn eindringlich, noch ein wenig länger im Dienste Jesu Christi zu bleiben. Es waren nämlich noch viele und sehr stark befestigte Plätze der Ketzer zu erobern. Ich will nur einige von unzählig vielen erwähnen: In der Umgebung von Carcassonne gab es drei sehr stark befestigte Orte, in denen zu jener Zeit die größten Feinde unseres Glaubens lebten: in der einen Himmelsrichtung war es Minerve, in der anderen die Burg Termes und in der anderen Cabaret.

Der Herzog von Burgund, weil er ein sehr wohlwollend gesinnter Mann war, ließ sich von den Bittenden erweichen und versprach, noch eine Zeitlang bei unserem Grafen zu bleiben. Doch der Graf von Nevers wollte die Bittenden überhaupt nicht anhören, sondern kehrte unverzüglich nach Hause zurück. Nicht nur kamen der Herzog und jener Graf [von Nevers] nicht gut miteinander aus, sondern der Feind alles Friedens, der Teufel, trieb sie derart zu gegenseitiger Feindschaft, daß man täglich fürchtete, sie würden sich gegenseitig umbringen. Von den Unsrigen wurde auch vermutet, daß der Graf von Nevers deshalb eine so große Abneigung gegen unseren Grafen hatte, weil unser Graf ein Vertrauter des Herzogs von Burgund war und zusammen mit ihm aus jenen Gebieten Frankreichs gekommen war.

Oh, alte Bosheit des Alten Feindes[24], der voller Mißgunst den glücklichen Fortgang der Sache Jesu Christi sah und das zu behindern suchte, dessen glückliche Beförderung ihn schmerzte! Das Heer der Kreuzfahrer, das Carcassonne belagerte, war nämlich so groß und stark, daß ihm, wenn es weiter hätte vorrükken und einmütig die Feinde des rechten Glaubens verfolgen wollen, nichts hätte widerstehen und es das ganze Land in kurzer Zeit hätte erobern können.

Aber insoweit das der menschliche Verstand zu begreifen vermag, hatte Gott es in seiner Güte anders bestimmt. Er wollte nämlich aus Fürsorge für das Heil des Menschengeschlechtes die Eroberung des Landes den Sündern vorbehalten. In seiner Güte wollte Gott es nicht zulassen, daß der allerheiligste Krieg völlig und in kurzer Zeit beendet würde. Um den Sündern zur Vergebung ihrer Sünden und den Gerechten zu größerer Gnade zu verhelfen, wollte er, so sage ich, daß seine Feinde allmählich und nach und nach unterworfen würden, damit die Sünder sich allmählich und nach und nach gürten könnten, um das Jesu Christo angetane Unrecht zu rächen, also daß durch die Verlängerung des Krieges die Zeit der Sündenvergebung für die Sünder verlängert würde.

Der Graf verläßt Carcassonne

Nachdem er sich einige Tage in Carcassonne aufgehalten hatte, verließ der Graf [von Montfort] mit dem Herzog von Burgund und einem großen Teil des Heeres die Stadt, um mit Gottes Hilfe weiter vorzurücken. Der größte Teil des Heeres war jedoch mit dem Grafen

von Nevers nach Hause zurückgekehrt. Nach ihrem
Abzug aus Carcassonne schlugen sie noch an demselben Tag ihre Zelte bei einem Ort auf, der Alzonne
heißt. Am anderen Morgen riet der Herzog dem Grafen [von Montfort], nach dem befestigten Ort zu ziehen, der Fanjeaux heißt. Der Ort war nämlich von den
Rittern und ihren Leuten aus Furcht vor den Unsrigen
verlassen und von einigen aragonesischen Rittern, die
bei unserem Grafen waren, besetzt und befestigt worden. Die Mehrzahl auch der bedeutendsten und stärksten Burgen in der Umgebung hatten nämlich die Bewohner aus Furcht vor den Kreuzfahrern geräumt und
verlassen.

Während der Herzog bei dem Heer blieb, nahm der
Graf eine kleine Zahl von Rittern mit sich und begab
sich zu dem vorerwähnten Ort. Er nahm ihn in Besitz
und legte eine Garnison von seinen Leuten hinein. Wir
wollen auch nicht verschweigen, daß der Graf von
Toulouse, der bei der Belagerung von Carcassonne
zugegen war und den Unsrigen das Glück und den Erfolg mißgönnte, unserem Grafen riet, einige Burgen,
die in der Nähe seines, des Grafen von Toulouse,
Herrschaftsgebietes lagen, zerstören zu lassen. Auf
Verlangen des Grafen von Montfort zerstörte und verbrannte er, um sich den Anschein guter Gesinnung zu
geben, einige Burgen mit der vorgeblichen Absicht,
sie daran zu hindern, später einmal gegen die Unsrigen
zu kämpfen. In Wirklichkeit tat das dieser Unaufrich-

tige und übel Gesinnte deshalb, weil er wollte, daß das Land verwüstet würde und niemand ihm Widerstand leisten könnte.

Die Bürger von Castres schicken zu dem Grafen

Während dies geschah, kamen die Bürger einer sehr bedeutenden Stadt in dem Gebiet von Albi, Castres genannt, zu unserem Grafen und erklärten, daß sie ihn als ihren Herrn anerkennen und seinem Befehl folgen wollten. Daraufhin gab der Herzog dem Grafen den Rat, nach Castres zu gehen und die Stadt in Besitz zu nehmen, da sie sozusagen die Hauptstadt des gesamten Gebietes von Albi sei. Also begab sich der Graf mit einigen wenigen dorthin, während der Herzog bei dem Heer zurückblieb.

Als der Graf in der vorerwähnten Stadt war und die Bewohner der Stadt ihm den Treueid schworen, geschah es, daß einige Ritter der nahe bei Albi gelegenen, sehr bedeutenden Stadt namens Lombers zu ihm kamen und erklärten, sie wollten sich dem Grafen unterwerfen und tun, wie die von Castres getan hatten. Doch da der edle Graf die Absicht hatte, zu dem Heer zurückzukehren, wollte er jetzt nicht mit ihnen gehen. Statt dessen nahm er die Stadt so lange in seinen Schutz, bis er zu einer geeigneten Zeit dorthin gehen könnte.

Ein Wunder

Wir wollen ein Wunder nicht übergehen, das in der
Stadt in Gegenwart des Grafen geschah. Vor den Grafen [von Montfort] wurden zwei Häretiker gebracht.
Der eine von ihnen war ein «Vollkommener» in der
Sekte der Häretiker; der andere dagegen war bisher sozusagen ein Novize und Schüler des ersteren gewesen.
Nachdem der Graf Rat gehalten hatte, entschied er,
daß beide verbrannt werden sollten. Doch der zweite
der beiden Häretiker, jener, der sozusagen der Schüler
des ersten war, wurde im Innersten von Herzensbe-
trübnis ergriffen, begann zu bereuen und versprach,
aus freien Stücken der Häresie abzuschwören und der
Heiligen Römischen Kirche in allem zu gehorchen.

Als man das hörte, entstand ein großer Disput unter
den Unsrigen. Die einen sagten nämlich, da er bereit
sei, das zu tun, was wir oben gesagt haben, solle er
nicht zum Tode verurteilt werden. Die anderen erklärten im Gegenteil, daß jener den Tod verdient habe, da
er ein Häretiker sei und man zudem annehmen müsse,
daß er das, was er sage, mehr aus Angst vor dem ihm
drohenden Tod als aus Liebe zu der christlichen Religion versprochen habe. Was soll ich mehr sagen? Der
Graf stimmte zu, daß er verbrannt würde. Das tat er in
folgender Absicht: Wenn er wirklich bereut hatte,
würde er in dem Feuer für seine Sünden Buße tun;
wenn er aber nur zum Schein so gesprochen hatte,

würde er so die gerechte Strafe für seine Unehrlichkeit erhalten.

Die beiden wurden daraufhin mit starken und kräftigen Stricken an den Schenkeln, am Unterleib und am Hals fest gebunden und zudem ihre Hände hinter dem Rücken gefesselt. Nachdem das geschehen war, fragte man denjenigen, der zu bereuen schien, in welchem Glauben er sterben wolle. Dieser antwortete: «Ich schwöre der häretischen Verderbtheit ab. In dem Glauben der Heiligen Römischen Kirche will ich sterben und bete darum, daß dieses Feuer für mich das Fegefeuer sein möge.» Daraufhin wurde ein gewaltiges Feuer um den Pfahl herum angezündet. Innerhalb eines Augenblicks war derjenige, der ein «Vollkommener» in der Häresie war, verbrannt. Bei dem anderen jedoch zerrissen die sehr starken Stricke und er ging unversehrt und ohne daß irgendwelche Brandspuren an ihm sichtbar waren, aus dem Feuer; nicht einmal seine Fingerspitzen waren versengt worden.

Der Graf kehrt nach Castres zurück

Darauf kehrte der Graf [von Montfort] von Castres zurück und begab sich wieder zu dem Heer, das er in die Gegend von Carcassonne entsandt hatte. Danach machten der Herzog von Burgund und die Ritter des Kreuzzugheeres den Vorschlag, nach Cabaret zu ziehen und, sofern man es könnte, die von Cabaret in

Schrecken zu versetzen und durch einen Angriff zur Übergabe der Burg zu zwingen.

Die Unsrigen setzten sich daraufhin in Richtung auf diese Burg in Marsch. Sie kamen auf etwa eine halbe Meile[25] an Cabaret heran und schlugen dort ihre Zelte auf. Am nächsten Morgen rüsteten sich die Ritter und ein großer Teil des Heeres, um die Burg zu erstürmen. Der Angriff wurde auch unternommen; doch da die Unsrigen nicht viel ausrichten konnten, kehrten sie wieder zu den Zelten zurück.

Der Herzog von Burgund
kehrt nach Frankreich zurück

Am nächsten Tag bereiteten der Herzog und fast alle Truppen ihre Abreise vor und am dritten Tag verließen sie unseren Grafen, um in ihre Heimat zurückzukehren.[26] Infolgedessen blieb der Graf [von Montfort] allein und von fast allen verlassen zurück. Er hatte nur ganz wenige Ritter, etwa 30, die mit den anderen Kreuzfahrern aus Frankreich gekommen waren und mehr als die anderen den Dienst Christi und den Grafen liebten.

Nach dem Abzug des Kreuzfahrerheeres ging unser Graf nach Fanjeaux. Als er dort hinkam, sandte ihm der ehrwürdige Abt von Saint-Antonin bei Pamiers in dem Gebiet von Toulouse eine Nachricht, in der er ihn bat, zu ihm zu kommen, damit er ihm die sehr bedeutende Stadt Pamiers übergebe. Auf dem Weg nach Pamiers kam der Graf an einen Ort, der Mirepoix heißt, und eroberte ihn sogleich. Dieser Ort unterstand der Herrschaft des Grafen von Foix und war ein Sammel- und Zufluchtsort der Häretiker und aller Gewalttäter.

Nach der Einnahme des Ortes gelangte der Graf auf geradem Weg nach Pamiers. Der Abt empfing ihn mit großen Ehren und übergab ihm den befestigten Ort Pamiers, den der Graf von ihm in Empfang nahm und dem Abt dafür den Lehnseid leistete, wie es sich gebührt. Der Ort war nämlich das ausschließliche Eigentum des Abtes und der Kanoniker von Saint-Antonin, die Regularkanoniker waren, und niemand durfte in der Stadt etwas besitzen, außer wenn es ihm der Abt verliehen hatte. Aber der gänzlich niederträchtige Graf von Foix, der jenen Ort nur als Lehen besitzen sollte, wollte ihn sich in boshafter Weise gänzlich als Eigentum aneignen [...].

Danach kam unser Graf nach Saverdun, wo sich ihm die Bürger bedingungslos ergaben. Dieser Ort, nämlich Saverdun, unterstand ebenfalls der Herrschaft des Grafen von Foix.

Lombers ergibt sich dem Grafen

Als unser Graf danach von Fanjeaux zurückkehrte, beschloß er, nach Lombers zu gehen, wovon wir bereits oben gesprochen haben, um den Ort in Besitz zu nehmen. In dessen Burg waren jedoch mehr als 40 Ritter. Als der Graf zu dem Ort gelangte, wurde er mit großen Ehren empfangen, und die Ritter erklärten, daß sie sich am anderen Morgen seinem Willen unterwerfen würden.

Am nächsten Morgen berieten die erwähnten Ritter jedoch darüber, wie sie Verrat an dem Grafen begehen könnten. Da sich ihre Beratschlagung jedoch bis zur neunten Stunde [27] hinzog, wurde die Sache dem Grafen bekannt. Dieser verließ sogleich unter einem Vorwand die Burg. Als das die Ritter sahen, folgten sie ihm und von Furcht ergriffen taten sie alles, was er verlangte. Sie übergaben ihm die Burg, leisteten ihm den Lehnseid und schworen ihm Treue.

Daraufhin kam er nach Albi. Die Stadt Albi hatte früher dem Vizegrafen von Béziers gehört. Der Bischof von Albi, Guillaume, der Herr der Stadt war, empfing den Grafen [von Montfort] mit Freude und übergab ihm die Stadt. Was soll ich mehr sagen? Der Graf nahm die ganze Diözese Albi in Besitz, allerdings mit Ausnahme von einigen Orten, die der Graf von Toulouse besetzt hielt. Diese Orte hatte der Graf von Toulouse aber dem Vizegrafen von Béziers abgenommen. Nachdem dies alles geschehen war, kehrte der Graf [von Montfort] nach Carcassonne zurück.

Einige Tage danach ging der Graf zu einem Ort in dem Gebiet von Razès, der Limoux heißt, um ihn zu besetzen. Der Ort hatte sich dem Grafen unmittelbar nach der Eroberung von Carcassonne ergeben. Während dies geschah, eroberte der Graf mehrere befestigte Orte, die sich der Heiligen Kirche widersetzten, und ließ mehrere Bewohner dieser befestigten Orte als verdiente Strafe für ihre Missetaten am Galgen aufhängen.

[...]

Bouchard de Marly wird gefangengenommen

Während der Graf [von Montfort] sich in Montpellier aufhielt, trug sich zu, daß Bouchard de Marly und Gaubert d'Essigny sowie einige andere Ritter, die in Saissac waren (einer in der Diözese Carcassonne gelegenen und stark befestigten Burg, die der Graf dem genannten Bouchard gegeben hatte), eines Tages einige Feinde bis nach Cabaret verfolgten. Cabaret, in der Nähe von Carcassonne, war eine sehr stark befestigte Burg und fast uneinnehmbar. Außerdem wurde sie von vielen Rittern besetzt gehalten. Diese Burg leistete der Christenheit und dem Grafen größeren Widerstand als die anderen und war eine Brutstätte der Häresie. Der Herr dieser Burg, Pierre-Roger, der in Schlechtigkeit alt geworden war, war ein Häretiker und erklärter Feind der Kirche.

Als der erwähnte Bouchard und seine Gefährten sich Cabaret näherten, geschah es, daß einige Ritter von Cabaret, die sich in einen Hinterhalt gelegt hatten,

plötzlich hervorsprangen, sie umzingelten und Bouchard gefangennahmen. Gaubert, der sich unter keinen Umständen ergeben wollte, töteten sie. Der ge-
fangene Bouchard wurde nach Cabaret gebracht und
in einen Turm der Burg gesetzt, wo man ihn 16 Monate in Fesseln gefangen hielt.

Zu dieser Zeit und noch bevor der Graf von Montpellier zurückkehrte, erkrankte plötzlich der Vizegraf
von Béziers, [Raymond-]Roger, und starb. Nun wollen wir wieder zu dem Fortgang unserer Erzählung zurückkehren.

Giraud de Pépieux fällt von dem Grafen ab

Während der Rückreise des Grafen [von Montfort]
von Montpellier nach Carcassonne kündigte Giraud
de Pépieux, ein Ritter der Vizegrafschaft Béziers, den
der Graf sehr schätzte und den er in sein Vertrauen gezogen und dem er seine befestigten Orte in der Nähe
von Minerve in Obhut gegeben hatte, dem Grafen die
Freundschaft und die geschworene Treue auf. Dieser
überaus niederträchtige Verräter und erbarmungslose
Feind des Glaubens verleugnete Gott, schwor dem
Glauben ab und vergaß die Gunstbeweise und die Zuneigung des Grafen. Auch wenn er nicht mehr Gott
und seinen Glauben vor Augen hatte, hätte ihn wenigstens die ihm von dem Grafen erwiesene Güte von
einer solchen grausamen Tat abhalten sollen.

Als jedoch der genannte Bouchard mit einigen weiteren Rittern, alle Feinde des Glaubens, zu einer Burg namens Puissergnier in dem Gebiet der Vizegrafschaft Béziers kam, nahmen sie die zwei Ritter des Grafen, denen die Obhut der Burg anvertraut war, sowie eine große Zahl von Soldaten gefangen. Sie versprachen ihnen jedoch eidlich, daß sie nicht getötet, sondern unversehrt und mitsamt ihrer Ausrüstung nach Narbonne gebracht würden.

Als das der Graf hörte, eilte er, so schnell er konnte, zu jener Burg, in der sich Giraud und seine Gefährten befanden. Als der Graf zu der Burg kam, wollte er sie unverzüglich belagern. Doch Aimery, der Vizegraf und Herr von Narbonne[28], und die Leute von Narbonne, die sich bei dem Grafen befanden, wollten nicht mit dem Grafen an der Belagerung teilnehmen, sondern kehrten unverzüglich nach Narbonne zurück. Als der Graf sah, daß er fast allein war, zog er sich für die Nacht in eine Burg in der Nachbarschaft namens Capestang mit der Absicht zurück, früh am nächsten Morgen wiederzukommen.

Es ereignete sich in der oben erwähnten Burg aber ein Wunder, das wir nicht übergehen sollten. Als Giraud de Pépieux nach Puissergnier gekommen war und die Burg eingenommen hatte, kümmerte er sich nicht um sein Versprechen, die Gefangenen nach Narbonne zu schaffen, sondern warf die Soldaten des Grafen, die er in der Burg gefangengenommen hatte,

50 Tage lang in den Turm der Burg. Als sich der Graf in der betreffenden Nacht von dem Ort zurückzog, floh der mehrfach genannte Giraud aus Furcht, daß der Graf am anderen Morgen zurückkehren könnte, um die Burg zu belagern, mitten in der Nacht aus der Burg. Da es ihm wegen der Eile jedoch nicht möglich war, die in dem Turm Eingekerkerten mitzunehmen, ließ er sie in den Graben des Turms bringen und Stroh, Feuer, Steine und wessen man sonst noch habhaft werden konnte, auf sie werfen, bis man glaubte, daß sie tot seien. Daraufhin verließ er mit den beiden Rittern des Grafen, die er gefangengenommen hatte, die Burg und gelangte nach Minerve.

Oh, was für ein überaus grausamer Verrat! Als der Graf am nächsten Morgen zu der vorerwähnten Burg kam, fand er sie verlassen und zerstörte sie bis auf die Grundmauern. Diejenigen jedoch, die Giraud de Pépieux in den Graben hatte schaffen lassen und denen drei Tage nichts zu essen gegeben worden war, ließ er wieder herausholen. Dabei stellte sich heraus, daß sie keinerlei Verletzungen oder Verbrennungen erlitten hatten. Oh, was für ein großes Wunder, oh, welch ein außergewöhnliches Geschehnis!

Danach rückte der Graf weiter vor und zerstörte eine größere Zahl von Burgen, die dem erwähnten Giraud gehörten, bis auf die Grundmauern. Nach einigen Tagen kehrte er wieder nach Carcassonne zurück.

Nachdem der wiederholt genannte Giraud die Ritter

des Grafen nach Minerve gebracht hatte, hielt er sich jedoch nicht an das Versprechen, das er gegeben hatte, und mißachtete seinen Eid. Zwar tötete er die Ritter nicht, doch ließ er ihnen, was ein noch grausamerer Tod ist, die Augen herausreißen und die Ohren, die Nase sowie die Oberlippe abschneiden. Dann schickte er sie nackt zu dem Grafen zurück. Von den beiden, die er in der Nacht bei Sturm und starkem Frost, denn es war sehr kalter Winter, davongejagt hatte, starb der eine (was man nicht ohne Tränen hören kann) in einer Mistgrube; der andere jedoch wurde, wie ich aus seinem eigenen Mund gehört habe, von einem Armen nach Carcassonne geführt.

Oh, was für ein schändliches Verbrechen, oh, welch eine unerhörte Grausamkeit! Das war nur der Anfang vieler Leiden.

[...]

Die Ermordung eines Abtes

Zu dieser Zeit [November 1209] schickte der Graf von Foix den Abt eines zwischen Toulouse und Foix gelegenen Klosters des Zisterzienserordens, Eaunes genannt, zu dem Legaten in den Ort Saint-Gilles. Bei seiner Rückkehr kam der Abt, der zwei Mönche und einen Laienbruder bei sich hatte, nach Carcassonne. Nachdem er und seine Begleiter Carcassonne wieder verlassen hatten und etwa eine Meile weit gezogen waren, stürzte sich plötzlich dieser überaus grausame Feind Christi und gewalttätige Verfolger der Kirche, nämlich Guillaume de Roquefort, der Bruder des damaligen Bischofs von Carcassonne[29], auf sie. Dieser Mann, der bewaffnet auf Unbewaffnete losging, Gewalt gegen Friedliche gebrauchte und grausam gegen Unschuldige war, dieser grausamste aller Menschen, tötete sie an dem Ort einzig aus dem Grund, daß sie Zisterzienser waren, indem er dem Abt 36 Wunden und seinem Laienbruder 24 Wunden zufügte. Den einen der beiden Mönche, der 16 Wunden zugefügt bekommen hatte, ließ er halbtot liegen; der andere jedoch, der denjenigen, die sich bei dem erwähnten Tyrannen befanden, bekannt und durch persönlichen Umgang vertraut war, entkam mit dem Leben.

Oh, was für ein unrühmlicher Kampf, oh, welch ein schändlicher Sieg! Als der Graf [von Montfort], der in Carcassonne war, hörte, was sich zugetragen hatte, ließ er die Leichen der Getöteten nach Carcassonne bringen und hier ehrenvoll bestatten. Oh, was für ein echt katholischer Mann, oh, welch ein gläubiger Fürst! Den Mönch aber, den man halbtot hatte liegen lassen, ließ er durch Ärzte pflegen und, nachdem er wieder gesund war, in sein Kloster bringen.

Der Graf von Foix, der den Abt und seine Gefährten in seinen Angelegenheiten geschickt hatte, erwies jedoch danach dem Mörder große Freundlichkeit und pflegte vertrauten Umgang mit ihm; er behielt diesen

Schurken sogar bei sich. Außerdem tauchten die zu dem Pferd und zur Reiseausrüstung des Abtes gehörenden Gegenstände, die der oft erwähnte Verräter geraubt hatte, einige Zeit später in der Umgebung des Grafen von Foix auf.

Oh, was für ein überaus ruchloser Mann (ich meine den Grafen von Foix), oh, welch ein ganz übler Verräter! Wir wollen auch nicht verschweigen, daß der oft erwähnte Mörder, gegen den das Blut der Getöteten von der Erde klagend zu Gott hinaufrief, von der göttlichen Strafe Gottes getroffen, den Lohn für seine grausame Tat erhielt: Er, der den frommen Männern zahlreiche Wunden zugefügt hatte, erhielt kurz darauf unzählige Wunden und wurde vor einem Stadttor von Toulouse von christlichen Rittern, wie er es verdient hatte, getötet. Oh, was für ein gerechter Richter, oh, welch ein gerechtes Maß göttlicher Vergeltung! Denn es gibt keine gerechtere Ordnung als die, daß Mörder auf dieselbe Weise, wie sie gehandelt haben, sterben.

Die Bewohner von Castres
fallen von dem Grafen ab

Zu derselben Zeit kündigten die Bürger von Castres dem Grafen [von Montfort] die Freundschaft und die Treue auf und nahmen einen seiner Ritter, den er dort als Besatzung zurückgelassen hatte, sowie eine große Zahl von Soldaten gefangen. Sie wagten jedoch nicht, ihnen ein Leid anzutun, da einige von den führenden Bürgern von Castres in Carcassonne als Geiseln festgehalten wurden.

Der Graf verliert Lombers

Fast an demselben Tag fielen die Ritter von Lombers von Gott und von unserem Grafen ab. Sie nahmen die Soldaten des Grafen, die in der Burg waren, gefangen und sandten sie nach Castres, um sie dort einkerkern zu lassen. Die Bürger von Castres schafften sie (und den oben erwähnten Ritter des Grafen sowie die von ihnen gefangengenommenen Soldaten, von denen wir oben berichtet haben) in einen Turm. Doch diese entkamen mit Gottes Hilfe eines Nachts, nachdem sie mit ihren Kleidungsstücken eine Art von Strick verfertigt hatten, indem sie sich aus einem Fenster hinabließen.

Der Graf von Foix fällt von unserem Grafen ab

Zu dieser Zeit beging der Graf von Foix, der, wie wir oben berichtet haben, Freundschaft mit dem Grafen [von Montfort] geschlossen hatte, Verrat und eroberte den befestigten Ort Preixan, den er unserem Grafen übergeben hatte. Er sagte sich von der Freundschaft mit unserem Grafen los und begann, ihn heftig zu bekämpfen. Nicht lange danach, am Tag des heiligen Michael [29. September], kam dieser Verräter nämlich in der Nacht zu dem befestigten Ort, der Fanjeaux heißt. Die Feinde legten Leitern an, erstiegen die Mauer, drangen ein und begannen, durch den Ort zu eilen.

Als das die Unsrigen, es waren nur wenige von ihnen in dem Ort, gewahr wurden, griffen sie die Feinde an und zwangen sie, sich in großer Verwirrung zurückzuziehen; einige stürzten sich in den Graben, andere wurden getötet.

Der Graf verliert Montréal

In der Nähe von Carcassonne gibt es einen bedeutenden befestigten Ort namens Montréal. Der Herr dieses Ortes war ein Ritter mit Namen Aimery. In dem ganzen Land gab es, nach dem Grafen [von Montfort], niemand, der mächtiger und vornehmer war als dieser Aimery. Als Carcassonne belagert wurde, hatte er aus Furcht vor den Unsrigen Montréal geräumt. Doch später kam er zu unserem Grafen und lebte eine Zeitlang in einem freundschaftlichen Verhältnis mit ihm; doch nach wenigen Tagen fiel dieser überaus schändliche Verräter wieder von Gott und unserem Grafen ab.

Als unser Graf Montréal in Besitz genommen hatte, übergab er den Ort der Obhut eines französischen Klerikers. Doch dieser, schlechter als jeder Heide, beging durch Einflüsterung des Teufels verführt kurze Zeit später grausamsten Verrat. Er übergab dem genannten

Aimery den erwähnten Ort und blieb eine Zeitlang bei unseren Feinden. Doch durch die Bestimmung Gottes, des allergnädigsten göttlichen Richters, nahm unser Graf nicht lange danach in einem Ort, den er in der Nähe von Montréal belagerte und der Bram hieß, den oft erwähnten Kleriker mit den Feinden des Glaubens gefangen. Diesen ließ er, nachdem er durch den Bischof von Carcassonne seiner geistlichen Würde entkleidet worden war, an den Schwanz eines Pferdes gebunden durch die ganze Stadt Carcassonne schleifen und danach als gerechten Lohn für sein Verbrechen aufhängen.

Was sollen wir noch weiter dabei verweilen? Aufgrund derselben üblen Gesinnung fielen fast alle von unserem Grafen ab, der in nur kurzer Zeit mehr als 30 befestigte Plätze verlor, so daß ihm nur noch Carcassonne, Fanjeaux, Saissac und die Burg Limoux (bei der man jedoch Zweifel hatte, ob sie sich würde halten können), Pamiers, Saverdun und die Stadt Albi mit einer einzigen Burg, die Ambialet heißt, verblieben.

Es soll auch nicht verschwiegen werden, daß die Landesverräter mehrere von denen, die der edle Graf als Besatzungen in den Burgen und befestigten Orten zurückgelassen hatte, töteten oder verstümmelten. Was tat nun der christliche Graf? Wer hätte in so großen Widrigkeiten nicht den Mut sinken lassen, wer wäre in dieser gefährlichen Lage nicht verzweifelt? Doch der edle Mann setzte sein ganzes Vertrauen in

Gott: Wie ihn das Glück nicht überheblich machte, so machte ihn das Unglück nicht verzagt.

Das alles geschah um das Fest der Geburt des Herrn [25. Dezember 1209] herum.

[...]

Die Gräfin von Montfort kommt

Etwa um den Beginn der Fastenzeit herum [Ende Februar / Anfang März 1210] wurde dem Grafen dann gemeldet, daß seine Gemahlin, die Gräfin (die er selbst aus Frankreich herbeigerufen hatte), mit mehreren Rittern komme. Auf diese Nachricht hin ging er ihr bis zu einem befestigten Platz namens Pézenas in dem Gebiet von Agde entgegen. Dort traf er mit ihr zusammen und kehrte mit großer Freude nach Carcassonne zurück. Als er jedoch zu dem befestigten Ort kam, der Capendu heißt, wurde ihm gemeldet, daß die Bewohner von Montlaur in der Nähe der Abtei Lagrasse Verrat begangen hätten und seine Soldaten in dem Turm der Burg belagerten.

Daraufhin brachen der Graf und die Ritter, nachdem sie die Gräfin in eine Burg hatten bringen lassen, unverzüglich nach dort auf. Dort fanden sie alles so vor, wie es ihnen berichtet worden war. Viele von diesen Verrätern nahmen sie gefangen und hängten sie am Galgen auf; eine größere Zahl von ihnen war jedoch geflohen, als sie die Unsrigen erblickten.

Danach kamen der Graf und die bei ihm waren, nach Carcassonne. Von dort begaben sie sich zu einem Ort, der Alzonne heißt, und fanden ihn verlassen vor. Von da zogen sie weiter und gelangten zu einem befestigten Ort namens Bram, den sie in Verteidigungsbereitschaft gesetzt fanden. Sie belagerten den Ort drei Tage lang und nahmen ihn ohne die Hilfe von Belagerungsmaschinen im Sturmangriff. Den Verteidigern des Ortes, mehr als 100, rissen sie die Augen heraus und schnitten ihnen die Nase ab. Einem von ihnen ließ man ein einziges Auge, damit er zur Verhöhnung unserer Feinde die übrigen nach Cabaret führe.

Das tat der Graf jedoch nicht deshalb, weil er Freude daran gehabt hätte, Menschen eine solche Verstümmelung zuzufügen, sondern weil seine Gegner damit begonnen hatten und diese überaus grausamen Schinder jeden der Unsrigen, dessen sie habhaft werden konnten, gräßlich verstümmelten. Es war daher nur recht, daß sie in die Grube fielen, die sie gegraben hatten, und hin und wieder aus dem Kelch tranken, den sie sehr oft anderen darreichten. Niemals machte nämlich irgendeine Art von Grausamkeit dem edlen Grafen oder den übrigen Kreuzfahrern Vergnügen. Von allen war der Graf der friedsamste, und auf ihn paßte am augenfälligsten jener Dichtervers: «Ein Fürst, langsam beim Strafen, schnell beim Belohnen. Er empfindet Schmerz, wenn er gezwungen wird, hart zu sein.» [30]

Von dem Zeitpunkt an erhob sich Gott der Herr, der für eine kurze Zeit eingeschlafen zu sein schien, wieder, um seinen Dienern zu Hilfe zu kommen und es noch augenfälliger zu machen, daß er Großes an uns tat. Innerhalb kurzer Zeit eroberten wir das ganze Gebiet von Minerve, mit Ausnahme von Minerve selbst und einer Burg, die Ventajou heißt.

Ein rühmenswertes Wunder

Eines Tages ereignete sich in der Nähe von Cabaret ein Wunder, das wir glauben, nicht übergehen zu dürfen. Unsere Kreuzfahrer, die von Frankreich gekommen waren, rissen auf Befehl des Grafen die Weinstöcke von Cabaret aus. Da schoß einer von den Feinden mit der Armbrust auf einen der Unsrigen, und der Pfeil traf ihn auf der Brust an der Stelle, wo das Kreuz angeheftet war. Alle glaubten, daß er tot sei (er war nämlich völlig ungewappnet). Doch fand man ihn gänzlich unversehrt, da der Pfeil nicht einmal ein winziges Stück in seine Kleidung hatte eindringen können, sondern davon abgeprallt war, als ob er auf einen harten Stein getroffen wäre. Oh, was für eine wunderbare Macht Gottes, oh, welch eine unermeßliche Stärke!

Die Belagerung von Alaric

Um Ostern herum zog der Graf [von Montfort] mit den Seinen zur Belagerung einer zwischen Carcassonne und Narbonne gelegenen Burg, die Alaric heißt. Die Burg befindet sich in den Bergen und ist ringsum von Schnee umgeben. Unter größten Schwierigkeiten und bei schlimmen Witterungsverhältnissen belagerten die Unsrigen die Burg 15 Tage lang. Diejenigen von den Verteidigern, die in der Nacht zu entweichen suchten, wurden gefangengenommen; die Mehrzahl von ihnen, die den Händen der Unsrigen nicht entfliehen konnten, wurde getötet.

Darauf kehrten die Unsrigen nach Carcassonne zurück. Nur kurze Zeit später begaben sie sich nach Pamiers, weil in der Nähe dieses befestigten Ortes der König von Aragon [Peter II.], der Graf von Toulouse und der Graf von Foix zusammentrafen, um einen Frieden zwischen unserem Grafen und dem Grafen von Foix zu vermitteln. Da sie das aber nicht zu tun vermochten, kehrten der König und der Graf von Toulouse nach Toulouse zurück.

Der Graf von Montfort richtete nun seinen Angriff auf Foix und bewies da seine bewundernswerte Tapferkeit. Als er vor der Burg angekommen war, griff er zusammen mit einem einzigen Ritter alle Feinde an, die vor den Toren standen, und trieb (was eine erstaunliche Sache ist) alle sechs in das Innere der Burg zurück. Er wäre ihnen auch dorthin gefolgt, wenn sie nicht vor ihm das Burgtor zugeschlagen hätten. Als der Graf sich zurückzog, überschütteten die Bewohner der Burg, die überall oben auf den Mauern waren, den Ritter mit Steinen; der Weg war nämlich eng und auf allen Seiten von Mauern eingeschlossen. Nachdem er die Felder, Weinberge und Obstbäume in der Nähe von Foix verwüstet hatte, kehrte unser Graf nach Carcassonne zurück.

Die albigensischen Ritter
rufen den König von Aragon

Zu dieser Zeit schickten Pierre-Roger, der Herr von Cabaret, Raymond, der Herr von Termes, Aimery, der Herr von Montréal, und noch andere Ritter, die der Kirche und dem Grafen Widerstand leisteten, zu dem König von Aragon, der sich in dieser Gegend aufhielt, und baten ihn, zu ihnen zu kommen, weil sie ihn zu ihrem Oberherrn machen und ihm das ganze Land übergeben wollten. Als das unser Graf hörte, beriet er mit seinen Rittern, was man tun solle. Da gaben die einzelnen unterschiedlichen Rat. Doch kamen der Graf und die Seinen darin überein, eine in der Nähe von Montréal gelegene Burg zu belagern: In der Nähe von Montréal waren nämlich die oben erwähnten Ritter versammelt, um dort auf die Ankunft des Königs von Aragon zu warten. Das wollte der Graf aber deshalb tun, damit seine Feinde sahen, daß er keine Furcht vor ihnen hatte, obwohl nur wenige Ritter bei ihm waren.

Was soll ich mehr sagen? Die Belagerung der oben erwähnten Burg, die Bellegarde heißt, wurde von den Unsrigen durchgeführt.

Am nächsten Tag kam der König von Aragon in die Nähe von Montréal. Die Ritter, die ihn gerufen und schon seit vielen Tagen umfangreiche Vorräte angesammelt hatten, gingen aus Montréal heraus und begaben sich zu dem König. Sie baten ihn, in Montréal einzuziehen, wo sie ihm, wie es ihr Wunsch sei, den Lehnseid leisten würden. Das wollten sie aber nur deshalb tun, um auf diese Weise den Grafen von Montfort aus dem Land zu vertreiben. Doch als die Ritter an den König herantraten, verlangte dieser, daß sie ihm die Burg von Cabaret übergeben sollten. Außerdem sagte er ihnen, er werde sie nur unter der Bedingung als Lehnsleute annehmen, daß sie ihm, wann immer er es verlange, alle ihre Burgen auslieferten.

Nachdem die erwähnten Ritter sich beraten hatten, baten sie den König erneut, in Montréal einzuziehen, damit sie ihm, wie versprochen, den Lehnseid leisteten. Doch der König wollte auf keinen Fall in Montréal einziehen, wenn sie nicht zuvor taten, was er verlangt hatte. Da die Ritter diese Forderung aber nicht erfüllen wollten, verließen sie alle den Ort der Unterredung in großer Verwirrung. Der König schickte jedoch nach dem Grafen von Montfort und forderte ihn auf, dem

Grafen von Foix einen Waffenstillstand bis Ostern zu
gewähren. Das geschah auch.

Nachdem die oben erwähnte Burg in kurzer Zeit erobert worden war, wurden mehrere andere Burgen
aus Furcht vor unserem Grafen von den Feinden geräumt und verlassen, einige ergaben sich auch dem
Grafen. Als dies alles gehörig geschehen war, kehrte
der Graf nach Carcassonne zurück.

Die Belagerung von Minerve

In dem eintausendzweihundertzehnten Jahr nach der
Fleischwerdung des Herrn, um das Fest des heiligen
Johannes des Täufers [24. Juni], ersuchten die Bürger
von Narbonne unseren Grafen, Minerve zu belagern.
Sie selbst wollten ihm, soweit es ihnen möglich sei,
dabei helfen. Das taten sie aber, weil die Leute von
Minerve sie durch Angriffe ständig beunruhigten.
Deshalb wurden die Bürger von Narbonne hierzu
auch mehr durch das Streben nach ihrem eigenen Vorteil als durch den Eifer für die christliche Religion veranlaßt.

Der Graf ließ aber Aimery de Narbonne, den Herrn
von Narbonne, und alle Bürger wissen, daß er Minerve belagern werde, wenn sie ihm besser helfen
würden, als sie es zuvor getan hatten, und bei ihm auch
bis zur Einnahme dieses befestigten Ortes ausharren
wollten.

Als sie das dem Grafen versprachen, eilte dieser unverzüglich mit seinen Rittern nach Minerve, um den Ort zu belagern.

Als sie dort angekommen waren, schlug der Graf seine Zelte östlich von dem Ort auf; ein gewisser Ritter des Grafen, namens Guy de Lucy, schlug mit seinen Gascognern die Zelte auf der westlichen Seite auf, im Norden lagerten Aimery de Narbonne und seine Bürger und im Süden eine Reihe anderer Kreuzfahrer. In dem ganzen Heer war nämlich niemand von größerer Macht als der Graf und Aimery de Narbonne.

Doch der Ort Minerve war unglaublich stark befestigt: Er war nämlich derart von ungeheuer tiefen und von der Natur gebildeten Gräben umgeben, daß, sollte dies notwendig werden, ein Teil des Belagerungsheeres dem anderen nur unter größter Gefahr zu Hilfe kommen konnte. Danach errichtete man auf der Seite der Gascogner eine Kriegsmaschine, die *mangonellus* heißt[32] und an deren Fertigstellung man unablässig Tag und Nacht arbeitete; auf dieselbe Weise wurden auch im Süden und im Norden zwei Kriegsmaschinen gebaut: die eine da, die andere dort. Aber auf der Seite des Grafen, das heißt im Westen, stand eine riesige und vortreffliche Steinschleuder[33]. Um Leute zu bekommen, die an dieser Maschine zogen, mußte man ihnen täglich 21 Pfund als Sold zahlen.

Nachdem die Unsrigen den Ort lange und mit großer Anstrengung belagert hatten, machten aber die

Belagerten eines Sonntags während der Nacht einen
Ausfall. Sie kamen mit großen Körben voller Werg,
trockenen Holzstücken und Fett zu der Stelle, wo die
Steinschleuder stand. Dort hängten sie die Körbe mit
Haken hinten an die Steinschleuder. Nachdem sie
Feuer daran gelegt hatten, schlug die Flamme schnell
hoch hinauf, denn es war Sommer und sehr heiß, um
das Fest des heiligen Johannes, wie ich bereits gesagt
habe. Doch geschah es nach dem Willen Gottes, daß
einer, der zu der Bedienungsmannschaft der Steinschleuder gehörte, gerade zu dieser Stunde beiseite
gehen mußte, um ein dringendes Bedürfnis der Natur
zu erledigen. Als er das Feuer sah, stieß er einen lauten
Schrei aus. Daraufhin schleuderte einer von denen, die
das Feuer herangebracht hatten, seine Lanze nach ihm
und verletzte ihn schwer. Im Heer wurde Alarm gegeben und eine große Anzahl von den Unsrigen rannte
zu der Steinschleuder und verteidigten sie sogleich auf
derart wunderbare Weise, daß sie ihre Tätigkeit
[zwecks Reparaturarbeiten] nur für den Zeitraum von
zwei Würfen aussetzen mußte.

Aber als die erwähnte Kriegsmaschine nach einigen
Tagen einen großen Teil der Mauern des befestigten
Ortes schwer erschüttert hatte und den Bewohnern
auch die Nahrungsmittel ausgingen, verließ sie auch
der Verteidigungsmut. Was soll ich mehr sagen? Die
Feinde baten um Frieden. Aus dem befestigten Ort
kam der Burgherr Guillaume de Minerve heraus, um

mit dem Grafen zu unterhandeln. Während die beiden miteinander verhandelten, kamen der Abt von Cîteaux und der Magister Thédise, von dem wir oben gesprochen haben, plötzlich und unvermutet hinzu. Daraufhin erklärte aber unser Graf, weil er ein besonnener Mann war und nichts ohne vorherige Beratschlagung tat, daß er hinsichtlich der Kapitulation und Übergabe des Ortes ausschließlich dem folgen wolle, was der Abt von Cîteaux als der Anführer dieser ganzen Sache Christi bestimmen werde.

Als das der Abt hörte, war er sehr bekümmert. Zwar wünschte er sehr den Tod der Feinde Christi, doch da er ein Mönch und Priester war, wagte er es nicht, sie zum Tode zu verurteilen. Er sann daher auf eine Möglichkeit, wie er den Grafen oder den erwähnten Guillaume, der ebenfalls bereits erklärt hatte, sich der Entscheidung des Abtes bezüglich der Übergabe des Ortes zu unterwerfen, zum Rücktritt von ihrer untereinander bereits ausgehandelten Übereinkunft bringen könnte. Er forderte daher, daß jeder (der Graf wie auch Guillaume) getrennt die Übergabebedingungen schriftlich niederlegen sollte. Dies tat er in der Absicht, daß, wenn die schriftliche Aufzeichnung des einen dem anderen mißfallen würde, dieser von der getroffenen Übereinkunft zurücktreten könnte. Als das Schriftstück dem Grafen vorgelesen wurde, war dieser damit nicht einverstanden und forderte den Burgherrn von Minerve vielmehr auf, in seine Burg zurückzukehren und sich, so gut er könne, zu verteidigen. Dieser lehnte das jedoch ab und unterwarf sich in jeder Beziehung dem Willen des Grafen.

Der Graf bestand aber darauf, daß alles so geschehe, wie es der Abt von Cîteaux anordne. Der Abt befahl nunmehr, daß dem Burgherrn und allen, die in dem Ort waren, auch den Häretikern, wenn sie sich bekehren und den Geboten der Kirche folgen wollten, das Leben geschenkt werde und sie unversehrt den Ort verlassen dürften. Der Ort sollte jedoch in den Besitz des Grafen übergehen. Auch die «Vollkommenen» unter den Häretikern, von denen eine große Zahl in dem Ort war, sollte davonziehen dürfen, wenn sie sich zum katholischen Glauben bekehren würden. Als der Adlige Robert Mauvoisin, ein in seinem Glauben ganz und gar katholischer Mann, der zugegen war, davon reden hörte, daß den Häretikern, zu deren Vernichtung die Kreuzfahrer aber herangezogen waren, möglicherweise die Freiheit geschenkt würde, befürchtete er, daß diese, die ja gefangen waren, alles zu tun versprechen würden, was die Unsrigen verlangten. Er widersetzte sich daher dem Abt und sagte ihm ins Gesicht, daß die Unsrigen dies auf keinen Fall zulassen würden. Der Abt antwortete ihm darauf: «Seid unbesorgt, denn ich glaube, daß sich nur sehr wenige bekehren werden.»

Nach diesen Worten zogen die Unsrigen unter Vorantragen des Kreuzes, hinter dem das Banner des Gra-

fen getragen wurde, in den Ort ein. Unter dem Singen
des *Te Deum laudamus* [Gott, wir loben Dich] erreichten sie die Kirche. Nachdem diese wieder als Kirche
geweiht worden war, setzten sie das Kreuz des Herrn
wieder auf die Spitze des Kirchturms; das Banner des
Grafen wurde an einer anderen Stelle aufgepflanzt: Da
Christus den Ort gewonnen hatte, war es auch gezie-
mend, daß Sein Banner den Vorrang hatte und an dem
höchsten Punkt als sichtbares Zeugnis des christlichen
Sieges aufgestellt wurde. Aber der Graf selbst zog
noch nicht in den Ort ein.

Der ehrwürdige Abt von Vaux-de-Cernay [34], der
während der Belagerung bei dem Grafen war, liebte
die Sache Jesu Christi mit einer unvergleichlichen Lei-
denschaft. Nachdem dies alles geschehen war, ging er,
als er hörte, daß eine große Zahl von Ketzern in einem
bestimmten Haus versammelt sei, zu diesen hin. Dort
trug er ihnen Worte des Friedens und Ermahnungen zu
ihrem Heil vor und versuchte, sie zur Besserung zu
bekehren. Sie aber unterbrachen seine Worte und alle
sagten mit einer Stimme: «Was predigt Ihr uns? Wir
wollen Euren Glauben nicht. Wir sagen der Römischen Kirche ab. Ihr müht Euch vergeblich. Von unserer Glaubensüberzeugung können uns weder der Tod
noch das Leben abbringen.»

Als das der ehrwürdige Abt hörte, ging er unverzüglich aus dem Haus und begab sich zu den Frauen,
die in einem anderen Gebäude versammelt waren, um

zu ihnen zu predigen. Aber wenn er die Häretiker verhärtet und verstockt gefunden hatte, so fand er die Hä-
retikerinnen noch verstockter und durch und durch
verhärtet.

Bald darauf betrat der Graf den Ort und kam zu dem
Haus, in dem die Häretiker versammelt waren. Als
guter Katholik und als ein Mann, der wollte, daß alle
gerettet und zur Erkenntnis der Wahrheit kommen
würden, ersuchte er sie eindringlich, sich zum katholischen Glauben zu bekehren. Doch als alles nichts
fruchtete, begann man damit, sie aus dem Ort zu
schleifen. Die Zahl der «Vollkommenen» der Häretiker betrug aber 400 oder noch mehr.

Nachdem ein großer Scheiterhaufen errichtet worden war, wurden sie alle in das Feuer geworfen. Allerdings war es gar nicht nötig, daß die Unsrigen sie hin-
einwarfen, denn so verhärtet waren sie in ihrer
Schlechtigkeit, daß sie sich selbst in das Feuer stürzten.
Nur drei Frauen entgingen dem Scheiterhaufen, die
auf Veranlassung der adligen Dame und Mutter des
Bouchard de Marly vor dem Feuertod gerettet und mit
der katholischen Kirche wieder versöhnt wurden.
Nachdem die Häretiker verbrannt worden waren,
schworen alle übrigen in dem Ort der Ketzerei ab und
wurden wieder mit der Heiligen Kirche versöhnt.

Dem Guillaume, dem ehemaligen Herrn von Minerve, gab der edle Graf andere Besitzungen in der
Nähe von Béziers. Doch jener fiel kurze Zeit später

unter Mißachtung der Treue, die er Gott und dem Grafen geschworen hatte, von Gott und dem Grafen ab und schloß sich den Feinden des Glaubens an.

Zwei Wunder

Wir glauben, auch zwei Wunder nicht übergehen zu dürfen, die sich während der Belagerung des befestigten Ortes Minerve ereigneten.

Als nämlich das Heer anfangs zur Belagerung des Ortes herangekommen war, floß in dessen Nähe ein sehr bescheidenes Gewässer herab. Doch durch die Barmherzigkeit Gottes schwoll jener Wasserlauf bei der Ankunft der Unsrigen plötzlich an, so daß es während der ganzen Zeit der Belagerung mehr als genug Wasser für die Menschen und Pferde des Heeres gab. Diese Belagerung dauerte übrigens etwa sieben Wochen. Bei dem Abzug des Heeres schrumpfte der oft-erwähnte Wasserlauf jedoch zusammen und wurde wieder so klein wie vorher. Oh, was für ein großartiges Werk, oh, welch eine freigebige Güte des Erlösers!

Noch ein weiteres Wunder: Als der Graf [von Montfort] von dem befestigten Ort Minerve wieder abrückte, legte das Fußvolk des Heeres Feuer in alle Hütten, die sich die Kreuzfahrer aus Zweigen und Laubwerk gemacht hatten. Da die Hütten sehr trocken waren, brannten sie sofort und in dem ganzen Tal schlug das Feuer so hoch hinauf, als ob eine riesige

Stadt in Flammen stände. Dort befand sich aber auch eine Hütte, die ähnlich wie die anderen aus Laubwerk errichtet und von anderen Hütten umgeben war. In dieser Hütte hatte ein Priester während der Belagerung sein Amt verrichtet. Sie blieb auf derart wunderbare Weise vom Feuer verschont, daß nicht einmal Brandspuren an ihr zu sehen waren. Wie ich von ehrwürdigen Leuten erfahren habe, die zugegen waren, stellten die Unsrigen, als sie unverzüglich zu dieser Wundererscheinung liefen, fest, daß der Abstand zwischen den ringsum verbrannten Hütten und der unverbrannten Hütte einen halben Fuß betrug. Oh, was für eine unermeßliche Wundermacht Gottes!

Ein unerhörtes Wunder

Ein anderes Wunder, das sich in Toulouse zu der Zeit ereignete, als unser Graf bei der Belagerung von Minerve war, wollen wir hier einfügen. In jener Stadt gibt es neben dem Palast des Grafen von Toulouse eine zu Ehren der heiligen Jungfrau Maria errichtete Kirche. Die Wände dieser Kirche waren vor kurzem außen neu getüncht worden. Eines Tages, zur Vesperzeit[35], begann jedoch eine Unmenge von Kreuzen überall auf den Mauern dieser Kirche zu erscheinen. Sie schienen wie von Silber und weißer als die Wände. Diese Kreuze waren ständig in Bewegung, sie erschienen plötzlich und waren sofort wieder verschwunden.

Obwohl viele sie sahen, konnte sie diese anderen doch nicht zeigen. Bevor nämlich jemand den Finger zu heben vermochte, war das Kreuz, das er zeigen wollte, verschwunden. Denn die Kreuze erschienen wie Blitze, mal größere, dann mittlere, dann kleinere. Diese Erscheinung wiederholte sich ungefähr fünfzehn Tage lang an jedem Tag zur Vesperzeit, so daß fast die gesamte Bevölkerung der Stadt Toulouse sie sah. Um aber die Glaubwürdigkeit des Gesagten zu untermauern, soll der Leser wissen, daß die Bischöfe Foulques von Toulouse und Raymond von Uzès, der Abt von Cîteaux und Legat des Apostolischen Stuhls sowie der Magister Thédise, die damals in Toulouse weilten, es gesehen und mir in allen Einzelheiten berichtet haben.

Nach dem Willen Gottes geschah es aber, daß der Kaplan der genannten Kirche die vorerwähnten Kreuze nicht sehen konnte. Er ging deshalb eines Nachts in diese Kirche und begann zu beten und Gott zu bitten, er möge ihm doch die Kreuze zeigen, die fast alle sahen. Plötzlich sah er unzählige Kreuze nicht nur auf den Mauern, sondern in der umgebenden Luft. Unter ihnen erschien eines größer und herausragender als die anderen. Sobald das größere aus der Kirche hinausging, folgten ihm alle anderen hinaus und schlugen den geraden Weg zum Stadttor ein. Der von größtem Staunen ergriffene Priester folgte den Kreuzen. Als sie aus der Stadt herausgingen, sah der Priester eine Person von ehrwürdigem und edlem Äußeren, die mit

einem gezogenen Schwert auf die Stadt zustrebte.
Diese Person tötete mit Hilfe jener Kreuze einen gro-
ßen Menschen, als dieser aus der Stadt herausging. Der
Priester, der vor Schreck fast gestorben war, eilte zum
Herrn Bischof von Uzès, warf sich ihm zu Füßen und
berichtete es ihm in allen Einzelheiten.

Der Graf von Toulouse kehrt aus Rom zurück

Etwa um dieselbe Zeit kehrte der Graf von Toulouse,
der [...] sich zum Herrn Papst begeben hatte, von der
Kurie in Rom zurück. Der Herr Papst befahl jedoch
[...] dem Bischof von Riez und dem Magister Thédise, dem genannten Grafen [von Toulouse] aufzuer-
legen, sich vor allem wegen zweier ihm zur Last geleg-
ter Verbrechen, nämlich wegen der Ermordung des
Bruders Pierre de Castelnau, des Legaten des Apostolischen Stuhls, und wegen des Verbrechens der Häresie
zu rechtfertigen. Als die Unsrigen sich bei der Belagerung von Minerve befanden, ging der Magister Thédise aber nach Toulouse, wie aus dem vorausgehenden
Bericht über das Wunder hervorgeht. Er wollte sich
dort mit dem Abt von Cîteaux, der im Gebiet von
Toulouse war, wegen der dem genannten Grafen [von
Toulouse] auferlegten Rechtfertigung und wegen der
vom Papst befohlenen Lösung der Bürger von Toulouse vom Kirchenbann gemäß der kanonischen Vorschrift, das heißt wegen der Abnahme ihres Eids, daß

sie dem Befehl der Kirche gehorchen wollten, beraten. Doch der Bischof von Toulouse hatte die Bürger von Toulouse schon gemäß der erwähnten Vorschrift vom Kirchenbann gelöst und zudem als Geiseln und zur Sicherheit zehn der führenden Bürger der Stadt erhalten.

Als der besagte Magister Thédise in Toulouse angekommen war, hielt er wegen der Zulassung des Grafen von Toulouse zur Rechtfertigung eine geheime Unterredung mit dem Abt von Cîteaux ab. Der Magister Thédise, der nämlich vorsichtig und umsichtig und um die Beförderung der Sache Christi besorgt war, trachtete danach, dem erwähnten Grafen [von Toulouse] auf irgendeine Weise die auferlegte Rechtfertigung rechtmäßig verweigern zu können. Er sah nämlich, daß die Kirche ruiniert und der christliche Glaube und die christliche Religion in jenem Landstrich zugrunde gehen würden, falls man dem Grafen erlaubte, sich durch Lug und Trug zu rechtfertigen. Während er voll Sorge über all dieses nachdachte, eröffnete ihm Gott einen Weg und zeigte ihm eine Möglichkeit, wie er dem oft genannten Grafen die Rechtfertigung verwehren könnte. Der Magister Thédise zog nämlich die Schreiben des Herrn Papstes zu Rate, in denen der geistliche Oberhirte unter anderem sagte: «Wir wollen, daß der Graf von Toulouse in der Zwischenzeit unsere Befehle erfüllt.» Allerdings war dem Grafen vieles anbefohlen worden, nämlich die Vertreibung der Häretiker aus seinem Land, der Verzicht auf die

Erhebung neuer Zölle und vieles andere, was er alles nicht für nötig befunden hatte zu erfüllen. Um nicht den Anschein zu erwecken, daß sie den Grafen von Toulouse bedrücken oder ihm Unrecht tun wollten, bestimmten der Magister Thédise und sein Kollege, der Bischof von Riez, dem Grafen für seine Rechtfertigung einen Tag in der Stadt Saint Gilles.

Daraufhin wurden von dem Bischof von Riez und dem Magister Thédise in der Stadt Saint Gilles Erzbischöfe, Bischöfe und viele andere hohe Geistliche zusammengerufen. Auch der Graf von Toulouse kam dahin mit der Absicht, sich auf irgendeine Weise von dem Vorwurf der Ermordung des Legaten und der Häresie zu reinigen. Doch im Namen der Versammlung erklärte der Magister Thédise dem Grafen, daß man ihm gemäß dem Befehl des Papstes die Rechtfertigung nicht gestatten könne, und zwar deshalb nicht, weil er von dem, was ihm früher anbefohlen worden sei und was er zu erfüllen mehrfach geschworen habe, gar nichts erfüllt habe. Es sagte der Magister weiter, was wahrscheinlich, ja sogar ganz offensichtlich war, daß der Graf, der seine Eide bezüglich der Erfüllung geringerer Befehle nicht hielt, hinsichtlich seiner Rechtfertigung wegen derart bedeutender Verbrechen wie der Ermordung des Legaten und der Häresie mit großer Leichtigkeit, ja sogar mit größter Willigkeit einen Meineid schwören würde, er selbst wie auch seine Helfer. Er sagte, daß dem Grafen deshalb auf keinen Fall die Rechtfertigung hinsichtlich derart bedeutender Anklagen gestattet werden könne, wenn er nicht zuvor die Befehle von geringerer Bedeutung erfüllt habe. Als das der Graf von Toulouse hörte, begann er aus der ihm angeborenen Schlechtigkeit heraus zu weinen und zu wehklagen. Doch der Magister, der wußte, daß diese Tränen nicht Tränen der Frömmigkeit oder Zerknirschung, sondern solche der Schlechtigkeit und des Zorns waren, sagte zu dem Grafen: «In einer großen Wasserflut wirst du dich Gott nicht nähern.» Daraufhin wurden der überaus schändliche Graf von Toulouse und alle seine Förderer und Helfer aus vielen vernünftigen Gründen unverzüglich durch gemeinsamen Beschluß und Entscheid der Geistlichen dort erneut exkommuniziert.

Wir wollen auch nicht verschweigen, daß, bevor all dies geschah, im vorausgegangenen Winter der Magister Milo, Legat des Apostolischen Stuhls, in Montpellier verstarb. Nun wollen wir zu unserem Bericht zurückkehren.

Ventajou wird dem Grafen übergeben

Als der befestigte Ort Minerve um das Fest der heiligen Maria Magdalena [22. Juli 1210] erobert und eine Besatzung dort hineingelegt worden war, kam zu unserem Grafen ein gewisser Ritter, der Herr eines befestigten Platzes, der Ventajou heißt, und übergab seine

Person und seinen befestigten Platz dem Grafen. Doch
da die Christen durch jenen befestigten Platz viel Unheil erlitten hatten, begab sich der Graf dorthin und
zerstörte dessen Burg bis auf die Grundmauern.

Der Graf gewinnt Montréal zurück

Als der Herr von Montréal, Aimery, und seine Leute
hörten, daß Minerve erobert worden war, wurden sie
von Furcht ergriffen. Sie schickten nach dem Grafen
[von Montfort] und baten um Frieden unter folgenden
Bedingungen: Der erwähnte Aimery versprach, dem
Grafen den befestigten Ort Montréal zu übergeben,
sofern ihm der Graf statt dessen ein anderes entspre-
chendes Gebiet auf dem platten Land und ohne Befe-
stigungen übergeben würde. Das gestand ihm der
Graf zu und gewährte ihm, was er verlangt hatte.

Der Graf beschließt, Termes zu belagern

Zu dieser Zeit kam unvermutet aus Frankreich ein
adliger Kreuzritter namens Guillaume de Cayeux
zusammen mit einer Reihe weiterer Kreuzfahrer an.
Außerdem wurde dem Grafen [von Montfort] gemeldet, daß eine gewaltige Menge von Bretonen zu ihm
unterwegs sei. Daraufhin beriet sich der Graf mit den
Seinen und im Vertrauen auf Gottes Hilfe führte er das
Heer nach der Burg Termes, um sie zu belagern.

Während sich der Graf auf dem Marsch zu dieser Burg befand, brachten die Ritter, die sich in Carcassonne befanden, die Kriegsmaschinen, die in der Stadt waren, heraus und ließen sie vor die Stadt schaffen, um sie hinter dem Grafen herzusenden, der zur Belagerung von Termes eilte. Als unsere Feinde, die in Cabaret waren, erfuhren, daß unsere Kriegsmaschinen außerhalb von Carcassonne standen, kamen sie mitten in der Nacht mit einer großen und bewaffneten Schar, um, wenn sie es könnten, mit Äxten die Kriegsmaschinen untauglich zu machen. Bei dem Herannahen der Feinde gingen die Unsrigen, die allerdings nur sehr wenige waren, aus der Stadt, griffen sie an, schlugen sie tapfer in die Flucht und verfolgten die eilig Fliehenden überall und lange Zeit.

Doch die Raserei der Feinde beruhigte sich nicht, und sie kehrten noch in derselben Nacht kurz vor Tagesanbruch zurück, um die erwähnten Kriegsmaschinen, wenn möglich, doch noch irgendwie unbrauchbar zu machen. Als das die Unsrigen gewahr wurden, gingen sie ihnen erneut entgegen und schlugen sie noch tapferer und weiter als das erste Mal in die Flucht. Auch hatten sie zwei- oder dreimal den Herrn von Cabaret, Pierre-Roger, gefangengenommen; doch dieser begann aus Furcht mit den Unsrigen «Montfort, Montfort!» zu rufen, als ob er einer von uns sei. So entkam er, floh in das Gebirge und kehrte erst nach zwei Tagen wieder nach Cabaret zurück.

Die Bretonen, von denen wir oben gesprochen haben, kamen auf ihrem Weg zu dem Grafen nach der Stadt Castelnaudary, die damals noch dem Grafen von Toulouse gehörte und in dem Gebiet von Toulouse liegt. Doch die Bürger von Castelnaudary wollten sie nicht in die Neustadt einlassen und zwangen sie, auf den Feldern und in den Gärten die Nacht zu verbringen. Der Graf von Toulouse behinderte nämlich insgeheim die Sache Christi, soviel er nur konnte.

Als die Bretonen nach Carcassonne kamen, schafften sie die Kriegsmaschinen, von denen wir oben gesprochen haben, hinter dem Grafen her, der zur Belagerung nach Termes zog.

Beschreibung der Burg Termes

Die Burg Termes liegt in dem Gebiet von Narbonne, etwa fünf Meilen von Carcassonne entfernt. Die Burg war außerordentlich und unglaublich stark befestigt und erschien nach menschlichem Ermessen völlig uneinnehmbar. Sie befindet sich auf der Spitze eines sehr hohen Berges oberhalb einer sehr hohen Felswand und ist ringsum von sehr tiefen und unüberwindlichen Schluchten umgeben. In diesen Schluchten fließen Wildbäche rund um die erwähnte Burg. Außerdem werden jene Schluchten von hohen und, so könnte man sagen, nach hinten abstürzenden Felswänden umgeben. Daher mußte jemand, der zu der Burg gelan-

gen wollte, sich zuerst in den Abgrund stürzen und
dann sozusagen wieder «zum Himmel hinaufsteigen».
Außerdem gibt es etwa einen Steinwurf von der Burg
entfernt einen steilen Felsen, auf dessen Höhe sich ein
Wehrturm befindet, zwar von mäßiger Größe, aber
doch sehr stark befestigt, der in der Volkssprache
«Termenet» genannt wird. Die Lage der Burg Termes
ist so, daß sie nur von einer Seite erreicht werden kann,
da hier die Steilhänge etwas niedriger und weniger unzugänglich sind.

Der Herr dieser Burg war ein Ritter namens Raymond, ein alter Mann von schändlicher Gesinnung
und ein offenkundiger Häretiker. Er fürchtete, um seinen üblen Charakter in aller Kürze anzuzeigen, weder
Gott noch Mensch. Er hatte so großes Vertrauen in die
Stärke seiner Burg, daß er bald gegen den König von
Aragon kämpfte, bald gegen den Grafen von Toulouse, bald gegen seinen eigenen Lehnsherrn, nämlich
den Vizegrafen von Béziers. Als dieser Tyrann hörte,
daß unser Graf die Burg Termes belagern wollte, versammelte er so viele Ritter, wie er konnte, versah die
Burg mit großen Lebensmittelvorräten und was sonst
noch für die Verteidigung notwendig war, und
machte sich zum Widerstand bereit.

Die Belagerung der Burg Termes

Als unser Graf zu der Burg kam, belagerte er sie; doch konnte er sie, weil er nur wenige Leute hatte, lediglich zu einem kleinen Teil einschließen. Im Vergleich zu unserem Heer waren die Verteidiger in der Burg viele und auch gut gerüstet. Da unser Heer von bescheidener Stärke war, hatten die Verteidiger keine Furcht vor ihm. Unter den Augen der Unsrigen, die sie nicht daran hindern konnten, verließen sie daher nach Belieben die Burg und kehrten dorthin auch wieder zurück, um Wasser zu holen und was sie sonst noch brauchten.

Während dieses und Ähnliches geschah, kamen täglich und tröpfchenweise Kreuzfahrer aus Frankreich zu dem Heer. Sobald unsere Feinde die Kreuzfahrer auf diese Weise ankommen sahen, stiegen sie auf ihre Mauern und riefen zur Verspottung der Unsrigen, da nämlich die Ankömmlinge nur wenige und unbewaffnet waren, höhnisch: «Flieht vor dem Heer, flieht vor dem Heer!» Kurze Zeit später begann jedoch in Scharen eine große Menge von Kreuzfahrern aus Frankreich und Deutschland einzutreffen. Als das unsere Feinde sahen, wurden sie von Furcht ergriffen, ließen von den vorerwähnten Verhöhnungen ab und wurden weniger dreist und kühn. Währenddessen kamen die Leute von Cabaret, die größten und grausamsten Feinde der christlichen Religion in jener Zeit, in die Nähe von Termes und liefen Tag und Nacht auf den

Fernstraßen umher. Wen sie dabei von den Unsrigen ergreifen konnten, den verurteilten sie aus Mißachtung gegenüber Gott und uns entweder zu einem schändlichen Tod oder rissen ihm grausam die Augen aus und schnitten ihm die Nase und andere Körperglieder ab und schickten ihn so zu dem Heer zurück.

Die Bischöfe von Chartres und Beauvais sowie
viele andere Adlige kommen an

Als die Dinge so standen, kamen unvermutet aus Frankreich vornehme und mächtige Herren an, nämlich der Bischof Renaud von Chartres, der Bischof Philippe von Beauvais, der Graf Robert [II.] von Dreux und der Graf [Guillaume III.] von Ponthieu, die eine große Menge von Kreuzfahrern mit sich brachten. Deren Ankunft löste bei dem Grafen [von Montfort] und dem ganzen Heer große Freude und Jubel aus, denn man erwartete, daß diese Mächtigen kraftvoll handeln und mit starker Hand und erhobenem Arm die Feinde des christlichen Glaubens in Schrecken versetzen würden.

Doch Er, der die Mächtigen erniedrigt und den Niedrigen Seine Gnade gewährt, wollte nach Seinem geheimen Ratschluß, den nur Er selbst kennt, nicht, daß durch jene Mächtigen etwas Großes und Ruhmvolles bewirkt werde. Man glaubte, daß der Gerechte Richter dies aus folgendem Grund tat, soweit das der

menschliche Verstand ermessen kann: entweder, weil
jene dessen nicht würdig waren, daß der große und
rühmliche Gott Großes und Rühmliches durch sie be-
wirke, oder aber weil, wenn durch diese Großen etwas
Großes geschehe, man alles der menschlichen und
nicht der göttlichen Macht zuschreiben würde. Daher
bestimmte der Ruhmvolle Lenker, daß der Sieg lieber
den Armen vorbehalten bleibe und durch sie Sein
ruhmvoller Name ruhmvoll triumphierend gerühmt
werde. Währenddessen ließ unser Graf Kriegsmaschinen, die Steinschleudern genannt werden, aufstellen.
Mit deren Hilfe beschossen die Unsrigen die äußere
Mauer der Burg und verwandten täglich viel Mühe auf
deren Eroberung.

Über den Archidiakon von Paris

In dem Heer befand sich auch der ehrwürdige und vortreffliche Guillaume, der Archidiakon von Paris, der,
vom Eifer für den christlichen Glauben entflammt,
sich ganz dem Dienst Christi widmete und dafür alle
Anstrengungen unternahm. Er predigte täglich, organisierte Sammlungen zur Aufbringung der Kosten für
die Kriegsmaschinen und trug auch Sorge für alles,
was sonst noch zur Ausführung des Vorhabens notwendig war. Sehr häufig führte er eine große Zahl von
Kreuzfahrern in die Wälder und ließ sie Holz für die
Steinschleudern herbeischaffen.

Eines Tages, als die Unsrigen eine Kriegsmaschine nahe bei der Burg aufstellen wollten, aber durch eine tiefe Schlucht daran gehindert wurden, ersann dieser Mann von großer Unerschütterlichkeit und unvergleichlichem Eifer mit seiner Geisteskraft und seiner Energie das dringend erforderliche Mittel zur Überwindung dieses Hindernisses: Er führte die Kreuzfahrer in den Wald und befahl ihnen, eine riesige Menge Holz herbeizuschaffen und mit diesem Holz sowie mit Erde und Steinen die Schlucht aufzufüllen. Nachdem dies geschehen war, stellten die Unsrigen die erwähnte Kriegsmaschine auf der so geschaffenen ebenen Fläche auf. Da wir nicht alle fürsorgenden und unablässigen Bemühungen und Anstrengungen ausführlich beschreiben können, die der genannte Archidiakon bei dieser Belagerung unternahm, wollen wir nur das kurz versichern, daß ihm vor allem, allein nur nach Gott, die wachsame und überaus umsichtige Besorgung wie auch der Erfolg der Belagerung zuzuschreiben sind. Er war nämlich strahlend in seiner Tugendhaftigkeit, vorausschauend in seinem Rat und tapfer in seiner Gesinnung. Ihm verlieh die göttliche Macht bei der Durchführung dieses Unternehmens so viel Gnade, daß er in allen Dingen, die zur Belagerung als erforderlich betrachtet wurden, als der erfahrenste galt: Er bildete nämlich die kriegstechnischen Handwerker aus und unterwies die Zimmerleute; kurzum, er übertraf jeden Werkmeister in der Unterweisung in allen mit

der Belagerung zusammenhängenden Dingen. Er ließ
Schluchten ausfüllen, wie bereits erwähnt wurde, und
ließ andererseits, wenn es erforderlich war, große
Hügel bis auf die Höhe der Talsohlen abtragen.

Der Angriff auf die erste Vorburg
wird unternommen

Nachdem man die Kriegsmaschinen nahe bei der Burg
in der erwähnten Weise aufgestellt und tagelang die
Burgmauer beschossen hatte, sahen die Unsrigen, daß
die äußere Mauer der Burg durch das ständige Beschießen erschüttert worden war. Daraufhin bewaffneten sich die Unsrigen, um die Vorburg im Sturmangriff zu nehmen. Als das die Feinde bemerkten, legten
sie, während die Unsrigen an die Mauer herankamen,
in der Vorburg Feuer und zogen sich in die Oberburg
zurück. Doch als die Unsrigen in die Vorburg eindrangen, kamen die Feinde wieder heraus, vertrieben sie
wieder daraus und schlugen sie in die Flucht.

Während diese Dinge sich zutrugen, sahen die Unsrigen, daß der oben erwähnte und Termenet genannte
Wehrturm, der sich in der Nähe der Burg befand und
von Rittern besetzt war, sehr stark die Eroberung der
Burg behinderte. Daher sannen sie auf ein Mittel, wie
sie diesen Wehrturm erobern könnten. Sie stellten deshalb an dem Fuß des Wehrturms, der sich, wie wir
oben gesagt haben, auf der Spitze eines Felsens befand,

Wachposten auf, damit diejenigen in dem Wehrturm nicht zu der Burg gelangen konnten und andererseits diejenigen in der Burg nicht denen in dem Wehrturm, wenn sich die Notwendigkeit ergeben sollte, zu Hilfe kommen konnten. Einige Tage später stellten die Unsrigen an einem nahezu unzugänglichen Ort zwischen der Burg Termes und dem erwähnten Wehrturm mit viel Mühe und unter großer Gefahr eine Kriegsmaschine auf, die *mangonellus* genannt wird. Daraufhin richteten die Bewohner der Burg ebenfalls eine solche Kriegsmaschine auf und schleuderten große Steine auf unsere Kriegsmaschine, konnten sie jedoch nicht außer Gefecht setzen.

Nachdem der oft erwähnte Wehrturm ununterbrochen von unserer Kriegsmaschine beschossen worden war, sah deren Besatzung, daß sie eingeschlossen war, da ihnen die Leute von der Burg in keiner Weise helfen konnten. Daraufhin suchten sie eines Nachts ihr Heil in der Flucht und ließen den Wehrturm geräumt zurück. Sobald das die Leute des Bischofs von Beauvais gewahr wurden, die an dem Fuß des Wehrturms Wache hielten, drangen sie sofort in den Wehrturm ein und pflanzten das Banner des erwähnten Bischofs auf der Spitze des Turms auf.

Währenddessen beschoß unsere Steinschleuder auf der anderen Seite ständig die Mauern der Burg. Doch unsere Feinde, die kühn und einfallsreich waren, errichteten, sobald sie sahen, daß unsere Kriegsmaschine eine ihrer Mauern erschüttert hatte, sofort unmittelbar hinter der Mauer im Inneren eine Sperre aus Balken und Steinen. So kam es, daß die Unsrigen jedes Mal, wenn sie eine der sechs Mauern überwunden hatten, durch die von den Feinden errichtete Sperre am Vorrücken gehindert wurden.

Da wir nicht alle Vorgänge bei dieser Belagerung schildern können, wollen wir nur kurz erwähnen, daß die Bewohner der Burg keine Mauer verloren, ohne daß sie, wie wir oben gesagt haben, im Inneren eine andere Mauer errichteten.

Währenddessen stellten die Unsrigen eine *mangonellus* genannte Kriegsmaschine unterhalb eines Steilhangs an einer nahezu unzugänglichen Stelle in der Nähe der Burgmauer auf. Die Steinwürfe dieser Kriegsmaschine fügten unseren Feinden nicht geringen Schaden zu. Zum Schutz dieser Kriegsmaschine hatte unser Graf aber 300 Soldaten und fünf Ritter abgestellt. Er hatte nämlich große Angst um diese Kriegsmaschine, zum einen nämlich, weil er wußte, daß die Feinde alles tun würden, um diese Kriegsmaschine zu zerstören, die sie so sehr gefährdete, und zum anderen, weil die Leute in dem Heer der Schutzmannschaft bei der Kriegsmaschine, sollte sich die Notwendigkeit ergeben, aufgrund der schieren Unzugänglichkeit des Ortes, wo diese Kriegsmaschine stand, nicht zu Hilfe kommen konnten.

Eines Tages machten daher unsere Feinde mit etwa

80 Schildträgern einen Ausfall aus der Burg und eilten zu der Kriegsmaschine, um sie zu zerstören. Ihnen folgte jedoch eine gewaltige Zahl anderer, die Holz, Feuer und was sonst noch zum Anzünden eines Feuers notwendig ist, trugen. Als das unsere 300 Soldaten sahen, von denen die Kriegsmaschine bewacht werden sollte, wurden sie von Furcht ergriffen und flohen sämtlich, so daß niemand außer den fünf Rittern zum Schutz der Kriegsmaschine zurückblieb. Was soll ich mehr sagen? Als die Feinde herankamen, flohen alle unsere Ritter mit Ausnahme von einem, der Guillaume de l'Ecureuil hieß. Als der die Feinde auf sich zukommen sah, begann er mit großer Mühe über den Steilhang ihnen entgegenzuklettern. Diese aber stürzten sich sämtlich auf ihn, der sich jedoch mit aller Kraft verteidigte.

Als die Feinde sahen, daß sie ihn nicht ergreifen konnten, warfen sie ihn mit ihren Lanzen über unserer Kriegsmaschine nieder und schleuderten trockenes Holz und Feuer auf ihn. Doch dieser überaus tapfere Mann sprang sofort wieder auf und riß das Feuer auseinander, so daß die Kriegsmaschine unversehrt blieb. Danach begann unser Ritter erneut den Feinden entgegenzuklettern. Diese trieben ihn wie beim ersten Mal wieder zurück und warfen Feuer auf ihn. Was soll ich mehr sagen? Erneut erhob er sich und griff die Feinde an. Die warfen ihn noch ein viertes Mal auf die Kriegsmaschine zurück.

Als die Unsrigen sahen, daß unser Ritter nicht zu
entkommen vermochte und sie ihm auch keinerlei
Hilfe bringen konnten, rückten sie an einer anderen
Stelle an die Mauer der Burg heran, als ob sie angreifen
wollten. Als das die Feinde bemerkten, die dem zuvor
erwähnten Ritter zusetzten, zogen sie sich in die Burg
zurück. Unser Ritter entkam jedoch, wenn auch sehr
geschwächt, mit dem Leben, und durch seine unver-
gleichliche Tapferkeit blieb unsere Kriegsmaschine
unversehrt.

Währenddessen litt der Graf von Montfort so große
und so drängende Not, daß es ihm sehr oft sogar an
Brot mangelte, so daß er nichts zu essen hatte. Sehr oft
entfernte sich der erwähnte Graf beharrlich, was ich als
wahr versichern kann, aus Verlegenheit und wagte
nicht, in sein Zelt zu gehen, weil es die Zeit des Essens
war und er nichts zu essen hatte. Der ehrwürdige Archidiakon Guillaume gründete jedoch eine Bruder-
schaft, führte Sammlungen durch, wie wir gesagt
haben, und erpreßte, was er konnte; und dieser vortreffliche Eintreiber, dieser fromme Räuber, gab eifrig
alles für die Maschinen und was sonst noch die Belagerung betraf aus.

Während die Dinge sich so verhielten, litten unsere
Feinde Wassermangel. Die Unsrigen hatten ihnen
nämlich schon lange den Weg versperrt, und sie konnten nicht mehr zum Wasserschöpfen aus der Burg gehen. Da es ihnen an Wasser mangelte, fehlte ihnen

auch der Mut und Widerstandswille. Was soll ich mehr
sagen? Sie traten mit den Unsrigen in Unterhandlung
und trafen folgende Friedensvereinbarungen: Raymond, der Herr der Burg, versprach, daß er dem edlen
Grafen die Burg übergeben werde, sofern ihm der
Graf sein gesamtes sonstiges Land belasse; die Burg
Termes sollte unmittelbar nach Ostern übergeben
werden.

Während sie aber noch über diese Vereinbarung verhandelten, kündigten die Bischöfe von Chartres und
von Beauvais, der Graf Robert von Dreux und der
Graf von Ponthieu an, daß sie das Heer verlassen würden. Daraufhin ersuchte sie der Graf inständig und es
baten sie alle übrigen, doch noch ein wenig länger bei
dieser Belagerung zu verweilen. Da diese aber durch
nichts von ihrem Vorhaben abgebracht werden konnten, warf sich ihnen die edle Gräfin von Montfort zu
Füßen und bat sie inständig, in dieser Bedrängnis der
Sache des Herrn nicht den Rücken zu kehren und dem
Grafen, der täglich sein Leben für die ganze Kirche
wage, sowie Jesu Christo in dieser Gefahr Hilfe zu leisten. Der Bischof von Beauvais und die Grafen von
Dreux und von Ponthieu weigerten sich, den Bitten
der Gräfin nachzukommen, und erklärten, daß sie am
nächsten Tag abreisen und unter keinen Umständen
auch nur einen einzigen Tag länger bleiben würden.
Der Bischof von Chartres versprach jedoch, noch ein
wenig länger bei dem Grafen zu bleiben.

Der Graf stimmt der Vereinbarung zu

Da der Graf [von Montfort] sah, daß er nach der Abreise der erwähnten Herren fast allein zurückblieb, nahm er unter dem offenkundigen Zwang der Umstände, wenn auch widerwillig, die von den Feinden vorgeschlagenen Übergabebedingungen an. Was soll ich noch sagen? Die Unsrigen verhandelten erneut mit den Feinden, und die oben erwähnte Vereinbarung wurde angenommen. Daraufhin verlangte der Graf unverzüglich von Raymond, dem Herrn der Burg, herauszukommen und seine Burg zu übergeben. Jener wollte aber nicht mehr an diesem Tag herauskommen, sondern versprach fest, die Burg früh am nächsten Morgen zu übergeben.

Diese Verzögerung der Übergabe hatte jedoch die göttliche Gerechtigkeit gewollt und dafür Sorge getragen, wie der weitere Verlauf der Sache ganz offenkundig bezeugt: Gott der Allergerechteste Richter wollte nämlich nicht, daß jener, der Seiner Heiligen Kirche so viel und so großes Leid zugefügt hatte (und ihr, wenn es ihm möglich gewesen wäre, noch mehr angetan hätte), nach so vielen grausamen Taten ungestraft weggehen und straflos bleiben sollte. Um nämlich von seinen sonstigen Übeltaten zu schweigen: schon seit über 30 Jahren war, wie wir von glaubwürdigen Personen gehört haben, in der Kirche der Burg Termes die heilige Messe nicht mehr gefeiert worden.

In der folgenden Nacht brach jedoch sozusagen der Himmel und es öffneten sich die Schleusen: Plötzlich brach eine so gewaltige Menge von Wasser und Regen hervor, daß unsere Feinde, die zuvor lange Wassermangel gelitten hatten und sich deswegen ergeben wollten, mit einer Überfülle von Wasser versehen wurden. Unser Saitenspiel wurde daher zu einem Trauerlied, die Trauermelodie der Feinde aber wandelte sich in Freudengesang: Unverzüglich lebten sie wieder auf und gewannen ihren Mut und ihre Widerstandskraft zurück. Sie wurden auch deshalb noch unerbittlicher und noch begieriger, uns zu bekämpfen, weil sie meinten, Gott selbst habe ihnen in ihrer Not offenkundig diese Hilfe gebracht.

Oh, was für eine törichte und schändliche Annahme: sich der Hilfe Dessen zu rühmen, Dessen Verehrung sie verabscheuten und Dessen Glauben sie ablehnten. Sie sagten nämlich, daß Gott selbst es nicht wolle, daß sie sich ergäben. Auch behaupteten sie, es sei für sie geschehen, was die Göttliche Gerechtigkeit getan habe.

Die Adligen verlassen das Heer

Bei diesem Stand der Dinge verließen der Bischof von Beauvais und die Grafen von Dreux und von Ponthieu das Heer. Sie ließen die Sache Christi unvollendet, wenn nicht gar in einer sehr bedenklichen und gefährlichen Lage zurück, um nach Hause zurückzukehren. Sie nahmen sich heraus, wenn uns das zu sagen erlaubt ist, abzureisen, bevor sie ihre 40 Tage vollendet hatten. Da nämlich die meisten Kreuzfahrer nur lau in ihrem Eifer waren und sich ständig nach der Heimkehr sehnten, hatten die Legaten des Apostolischen Stuhls bestimmt, daß niemandem der von dem Herrn Papst den Kreuzfahrern verheißene Ablaß gewährt werden sollte, der nicht mindestens 40 Tage ununterbrochen in dem Dienst Jesu Christi vollendet hatte.

Früh am nächsten Morgen schickte daher unser Graf einen Boten zu Raymond, dem Burgherrn, und verlangte von ihm, seine Burg, wie er es am Vortag versprochen hatte, zu übergeben. Doch da jener mit einem Überfluß an Wasser versehen war, wollte er sich nicht ergeben, zumal er sah, daß fast die ganze Stärke des Heeres davonzog. Dieser unbeständige und betrügerische Mann hielt sich daher nicht an die Abmachung. Doch zwei Ritter, die in der Burg waren und am Vortag dem Marschall unseres Grafen fest versprochen hatten, sich zu ergeben, verließen die Burg und ergaben sich dem Grafen. Als daher der Marschall zu dem Grafen zurückkehrte (er hatte ihn nämlich geschickt, um mit Raymond zu verhandeln) und dem Grafen die Worte Raymonds überbrachte, riet und empfahl der Bischof von Chartres, der am nächsten Tag abreisen wollte, den Marschall erneut zu Raymond zu senden und ihm jede Vereinbarung anzubie-

ten, die er verlange, sofern dieser seine Burg dem Grafen übergeben würde. Um den genannten Raymond
leichter dazu bringen zu können, das zu tun, was man
von ihm wollte, riet der Bischof, daß der Marschall
den Bischof von Carcassonne[36] mitnehme, der sich bei
dem Heer befand, und zwar aus dem Grund, weil er
aus dem Land stammte und diesem Schinder bekannt
war. Außerdem befanden sich noch dessen Mutter (die
eine ganz schlimme Häretikerin war) wie auch der
Bruder des Bischofs, Guillaume de Roquefort, von
dem wir bereits oben gesprochen haben, in der Burg.
Dieser Guillaume war übrigens einer der unerbittlich-
sten und, so viel er konnte, übelsten Feinde der Kirche.

Als der genannte Bischof und der Marschall wieder
zu Raymond kamen, fügten sie ihren Worten Bitten
und ihren Bitten Drohungen hinzu und mühten sich
unablässig, den Tyrannen dazu zu bringen, ihrem Rat
zu folgen und sich unter den vorerwähnten Bedingungen unserem Grafen, wenn nicht Gott, zu ergeben.
Doch den der Marschall hartnäckig und verhärtet in
seiner Schlechtigkeit gefunden hatte, den fanden der
Bischof von Carcassonne und der Marschall noch verhärteter: Der mehrmals erwähnte Raymond wollte
nicht einmal zulassen, daß der Bischof sich mit seinem
Bruder Guillaume vertraulich besprach. Da nichts zu
erreichen war, kehrten der Bischof und der Marschall
zu dem Grafen zurück. Die Unsrigen erkannten aber
noch nicht, daß, wie wir schon oben gesagt haben, die

Göttliche Gnade das so bestimmt hatte, um noch besser für Ihre Kirche zu sorgen.

Der Bischof von Chartres kehrt nach Hause zurück

Früh am nächsten Morgen reiste der Bischof von Chartres ab. Der Graf [von Montfort] ging jedoch mit ihm aus dem Lager und begleitete ihn ein Stück. Als er aber in einiger Entfernung von dem Heer war, machten unsere Feinde mit vielen Bewaffneten einen Ausfall aus der Burg, um eine von unseren Kriegsmaschinen, die *mangonellus* genannt werden, zu zerstören. Als unser Graf den Lärm des Heeres hörte, kehrte er eilig zurück, kam zu denen, die unsere Kriegsmaschine zerstörten, und zwang sie allein, ob sie es wollten oder nicht, sich wieder in die Burg zurückzuziehen. Er verfolgte sie tapfer und verjagte sie weit, nicht ohne dabei sein Leben aufs Spiel zu setzen. Oh, was für eine Kühnheit eines Fürsten, oh, welche eine tapfere Gesinnung!

Nach der Abreise der oben genannten Adligen, der Bischofe und der Grafen, sah unser Graf, daß er sozusagen allein und fast vollständig verlassen zurückblieb. Ihn ergriff große Sorge und Unruhe und er wußte nicht, was er tun sollte. Auf keinen Fall wollte er die Belagerung aufgeben, andererseits konnte er auch nicht länger bleiben: Ihm standen nämlich viele und stark bewaffnete Feinde gegenüber, während die Zahl

seiner Helfer nur klein war und die meisten von ihnen
keine Kriegsausrüstung besaßen; wie wir nämlich
schon gesagt haben, war die ganze Stärke des Heeres
mit den oben erwähnten Bischöfen und Grafen davon-
gezogen. Außerdem war die Burg Termes so stark befestigt, daß man meinte, sie könnte nur mit Hilfe von
vielen und sehr tapferen Männern erobert werden.
Überdies stand der Winter bevor, der in dieser Gegend
gewöhnlich sehr hart ist. Die Burg Termes liegt nämlich, wie wir schon gesagt haben, in den Bergen, und
daher ist dieser Ort wegen der gewaltigen Wassermas-
sen des Regens, des Stürmens der Winde und der Unmenge an Schnee übermäßig kalt und sozusagen unbe-
wohnbar.

Während der Graf [von Montfort] sich in dieser Not
und Schwierigkeit befand und nicht wußte, was er tun
sollte, kamen eines Tages unvermutet Kreuzfahrer zu
Fuß aus Lothringen an. Deren Ankunft bereitete dem
Grafen große Freude, und er verstärkte den Belagerungsring um Termes. Mit eifriger Unterstützung
durch den Archidiakon Guillaume faßten die Unsrigen
neuen Mut und begannen, mit großer Anstrengung alles für die Belagerung Erforderliche zu unternehmen.
Die Kriegsmaschinen, die vorher wenig ausgerichtet
hatten, wurden jetzt nämlich näher an die Mauern der
Burg herangebracht, denen sie, obwohl an ihnen ständig gearbeitet worden war, bisher nur wenig hatten
anhaben können.

Auf wunderbare Weise und durch den unergründlichen Ratschluß Gottes geschah es – und es ist eine erstaunliche Sache –, daß die Kriegsmaschinen, die, solange die erwähnten Adligen in dem Heer waren, wenig oder nichts auszurichten vermochten, nach deren Abzug so treffsicher warfen, als ob die Steine von Gott geführt würden. Und so war es in der Tat: Durch Gott geschah es nämlich, und es war ein Wunder in den Augen unseres Volkes.

Nachdem die Unsrigen eine längere Zeit an den Maschinen gearbeitet und die Mauern und den Turm der Burg zu einem großen Teil erschüttert hatten, ließ der Graf eines Tages, es war das Fest der Heiligen Cäcilia [22. November], einen künstlichen Gang anlegen und mit Faschinen bedecken, damit die Mineure an die Mauer herangehen und sie untergraben konnten. Da der Graf den ganzen Tag an der Vorbereitung dieses Ganges gearbeitet und nichts gegessen hatte, kehrte er erst bei Anbruch der Nacht, nämlich am Vorabend des Festes des heiligen Clemens [23. November], in sein Zelt zurück. Diejenigen aber, die in der Burg waren, wurden durch die Gnade Gottes und die Hilfe des heiligen Clemens von Furcht und Verzweiflung ergriffen, verließen unverzüglich die Burg und versuchten, die Flucht zu ergreifen.

Als das die im Heer bemerkten, schlugen sie sofort Alarm und rannten los, um die Fliehenden anzugreifen. Was soll ich länger dabei verweilen? Viele entka-

men, einige wurden lebend gefangengenommen, eine
noch größere Zahl wurde getötet. Ein Kreuzfahrer
aus Beauvais, arm und nicht von Adel, ergriff, als er
mit den anderen lief und die Feinde verfolgte, durch
göttlichen Ratschluß Raymond, den Herrn der Burg,
der sich an einem Ort versteckt hatte. Er brachte den
Ergriffenen dem Grafen, der ihn als ein wertvolles
Geschenk annahm, ihn jedoch nicht tötete, sondern
tief unten in dem Burgturm von Carcassonne ein-
sperren ließ, wo er viele Jahre lang die verdiente
Strafe erlitt.

[…]

Die Unterredung in Narbonne

Bald darauf [um den 22. Januar 1211] kamen der König
von Aragon, der Graf von Montfort sowie der Graf
von Toulouse in Narbonne zusammen, um miteinander zu verhandeln. Bei dieser Unterredung waren
der Bischof von Uzès und der ehrwürdige Abt von
Cîteaux anwesend, der sich nach Gott selbst am meisten für die Sache Jesu Christi einsetzte. Jener Bischof
von Uzès, Raymond mit Namen, liebte seit langem
inbrünstig die Sache des Glaubens und förderte sie,
soviel er konnte. Zusammen mit dem Abt von Cîteaux
übte er damals in dieser Angelegenheit das Amt des
Legaten aus. Bei dieser Zusammenkunft waren auch
der Magister Thédise zugegen, von dem schon oben

die Rede gewesen ist, sowie noch viele andere kluge und ehrbare Männer.

Bei dieser Unterredung wurde über den Grafen von Toulouse verhandelt. Er hätte großes Entgegenkommen und viel Gnade haben können, wenn er den vernünftigen Vorschlägen zugestimmt hätte. Der Abt von Cîteaux als Legat des Apostolischen Stuhls wollte nämlich, daß der Graf von Toulouse, falls er die Häretiker aus seinem Land vertreiben würde, all seinen Herrschaftsbesitz und sein Eigentum vollständig und ungeschmälert behalten dürfte. Auch die Rechte, die er in den Orten anderer Häretiker hatte, die von ihm lehnsabhängig waren, sollten ihm ungeschmälert verbleiben. Von den übrigen Orten der anderen Häretiker, die nicht seine Vasallen waren (diese bezifferte der Graf [von Toulouse] selbst auf mindestens 500), sollte nach dem Willen des vorgenannten Legaten der vierte oder dritte Teil dem oben erwähnten Grafen als Besitz zufallen.

Doch der mehrfach erwähnte Graf wies dieses große Entgegenkommen zurück; Gott jedenfalls sorgte für Seine Kirche, und so erwies sich der Graf aller gewährten Gunst und Gnade unwürdig.

[...]

Von der Grausamkeit und Bosheit
des Grafen von Foix

Da es der Ort erfordert und sich die Gelegenheit auf-
drängt, wollen wir hier kurz die grausame Boshaftigkeit und die boshafte Grausamkeit des Grafen von Foix
erwähnen, wenn wir auch nicht einmal den hun-
dertsten Teil berichten können. Als erstes ist zu wissen, daß er die Häretiker und die Beschützer der Häretiker in seinem Land behielt, sie umarmte und, soviel
er konnte, unterstützte. Ferner ließ er in dem Ort Pamiers, der Eigentum des Abtes und der Kanoniker von
Saint-Antonin war, seine Gattin und zwei häretische
Schwestern mit einer großen Menge anderer Häretiker
wohnen. Diese hielten sich in jenem Ort gegen den
Willen der vorerwähnten Kanoniker auf, die ihnen soviel Widerstand leisteten, wie sie konnten. In dem Ort
verbreiteten diese Häretiker öffentlich und im geheimen ihre Schlechtigkeit und verführten die Herzen der
Einfältigen. Auch ließ der genannte Graf seinen beiden
erwähnten Schwestern und seiner Gattin in dem
Eigengut der Kanoniker ein Haus errichten.

Der befestigte Ort Pamiers gehörte zwar den Kanonikern, wie wir gesagt haben, doch der Graf [von
Foix] besaß jenen Ort als Lehen von dem Abt auf Le-
benszeit und hatte diesem auf dem heiligen Sakrament
geschworen, ihm oder dem Ort keinerlei Gewalt anzutun. Das Kloster der Kanoniker liegt nämlich etwa

eine halbe Meile außerhalb des Ortes. Eines Tages brachten zwei Ritter, Blutsverwandte des genannten Grafen, die ganz schlimme und erklärte Häretiker waren und nach deren Rat der Graf alles tat, ihre Mutter, eine ganz große Häretikerin und Tante des oft genannten Grafen, in den befestigten Ort Pamiers. Dort sollte sie wohnen und das Gift der Häresie und des Aberglaubens verbreiten.

Als das der Abt und die erwähnten Kanoniker sahen, wollten sie nicht, daß Christus und der Kirche ein so großes Unrecht zugefügt würde, und jagten die erwähnte große Häretikerin aus dem Ort. Als das der erwähnte Verräter, nämlich der Graf von Foix, hörte, wurde er von Zorn und Wut ergriffen. Aber der eine der beiden häretischen Ritter, die Söhne der erwähnten großen Häretikerin waren, kam nach Pamiers, und aus Wut über die Kanoniker hieb dieser Schinder einen der Kanoniker, der Priester war und die heilige Messe feierte, an dem Altar einer Kirche in der Nähe von Pamiers in Stücke. Bis zu dem heutigen Tag ist der Altar von dem Blut jenes Erschlagenen gerötet. Doch dadurch war die Wut dieses Schinders noch nicht besänftigt. Vielmehr ergriff er einen der Brüder des Klosters von Pamiers und riß ihm aus Verachtung für die christliche Religion und die Kanoniker die Augen heraus.

Auch der Graf von Foix kam bald darauf in das mehrfach genannte Kloster und brachte Söldner, Pos-

senreißer und Mätressen mit. Er ließ den Abt des Klosters herbeirufen (dem er, wie wir oben gesagt haben,
auf dem heiligen Sakrament geschworen hatte, ihm
niemals Gewalt anzutun) und verlangte von ihm, unverzüglich alle Schlüssel des Klosters auszuhändigen.
Das lehnte der Abt jedoch ab. Da der Abt aber fürchtete, daß ihm jener Tyrann die Schlüssel mit Gewalt
abnehmen könnte, ging er in die Kirche und legte die
mehrfach erwähnten Schlüssel auf den Leichnam des
heiligen Märtyrers Antonin, der zusammen mit den
Reliquien vieler anderer Heiliger auf dem Altar stand
und zu dessen Ehre die Kirche gegründet worden war.
Doch der erwähnte Graf folgte dem Abt und ohne Re-
spekt vor der Kirche und ohne Achtung vor den Reliquien riß dieser unverschämte Schänder der heiligen
Dinge die erwähnten Schlüssel von dem Körper des
heiligen Märtyrers herunter.

Was soll ich noch berichten? Den Abt und alle Kanoniker schloß er in der Kirche ein, verriegelte die Türen und hielt sie dort drei Tage lang fest, so daß sie in
diesen drei Tagen nichts essen und trinken und nicht
einmal hinausgehen konnten, um das Verlangen der
Natur zu befriedigen. In der Zwischenzeit raubte dieser Gewaltmensch sämtlichen Besitz des Klosters und
schlief aus Verachtung für die Religion sogar mit seinen Mätressen in dem Krankensaal der Kanoniker.
Nach drei Tagen ließ er den Abt und die Kanoniker
jedoch aus der Kirche heraus und vertrieb sie fast nackt

aus dem Kloster. Außerdem ließ er in dem gesamten Ort Pamiers (der das Eigentum der Kanoniker war, wie gesagt worden ist) durch Ausrufer verkünden, daß niemand es wagen solle, irgendeinem der Kanoniker oder dem Abt Obdach zu gewähren. Die Verkündung dieses Verbots wurde außerdem unter Androhung schwerer Strafen bekanntgemacht.

Oh, was für eine neue Art von Unmenschlichkeit! Denn die Kirche ist gewöhnlich der Zufluchtsort für die Gefangenen und Verurteilten. Doch jener Unrechtstäter kerkerte die Unschuldigen in der Kirche selbst ein! Außerdem riß der oft erwähnte Gewalttäter unverzüglich die Kirche des heiligen Antonin zu einem großen Teil nieder; auch zerstörte er den Schlafraum und den Eßsaal der Kanoniker, wie ich durch eigenen späteren Augenschein bestätigen kann, und ließ mit dem Material eine Befestigung in dem Ort Pamiers aufführen.

[. . .]

Noch mehr von der Bosheit des Grafen

Einmal kam der oft erwähnte Graf [von Foix] mit einer großen Schar von Söldnern zu einem Kloster in dem Gebiet von Urgel, das Sainte-Marie heißt und in dem sich der Bischofssitz befindet. Doch die Kanoniker dieser Kirche, die das Erscheinen des Grafen fürchteten, zogen sich in die Kirche zurück. Dort wurden sie so lange belagert, daß sie, um ihren Durst zu löschen, ihren eigenen Urin trinken mußten. Nachdem sie sich ergeben hatten, drang dieser überaus grausame Feind der Kirche in die Kirche ein und nahm alle Einrichtungsgegenstände, Kruzifixe und alles Kirchengerät weg. Außerdem zerbrach er noch die Glocken und ließ in der Kirche außer den nackten Mauern nichts zurück. Überdies erpreßte er von der Kirche ein Lösegeld von 50 000 Schillingen.

Nachdem dies geschehen war, sagte einer seiner ganz üblen Ritter zu ihm: «Seht», sagte er, «wir haben Saint-Antonin und Sainte-Marie zerstört. Nun bleibt uns nur noch, Gott zu zerstören.»

Eine unerhörte Grausamkeit

Ein anderes Mal, als derselbe Graf [von Foix] und seine Bande von Räubern die vorerwähnte Kirche plünderten, ließen sie sich in dem Wahnsinn ihrer Grausamkeit so weit herab, daß sie den Kruzifixdarstellungen die Arme und Beine abrissen und damit aus Verachtung für das Leiden des Herrn den Pfeffer und die Kräuter zum Würzen ihrer Speisen zerrieben.

[...]

Auch stellten die erwähnten Räuber ihre Pferde in der Kirche unter und ließen sie sogar von dem hochheiligen Altar fressen.

[...]

Auch das sollte man noch wissen, daß der oft erwähnte Graf vor dem Legaten dem Herrn Papst
schwor, die Häretiker aus seinem Land zu vertreiben.
Doch das wollte er in keiner Weise ausführen.

[...]

Wiederaufnahme der Erzählung

Bei der oben erwähnten Unterredung in Narbonne
baten der Bischof von Uzès und der Abt von Cîteaux
den König von Aragon inständig, den Grafen von
Montfort als seinen Lehnsmann anzunehmen: die
Stadt Carcassonne war nämlich ein Lehen des Königs
von Aragon. Als jener das jedoch nicht tun wollte,
begaben sich die beiden erwähnten Männer zusammen
mit dem erwähnten Grafen am nächsten Tag erneut
zu dem König. Als die viel erwähnten Männer vor
den König kamen, warfen sie sich ihm zu Füßen und
baten ihn unterwürfig und inständig, den Grafen als
Lehnsmann für die Stadt Carcassonne anzunehmen.
Auch der Graf kniete vor dem König nieder und bot
ihm untertänigst seinen Lehnsdienst an. Schließlich
stimmte der König, durch die Bitten überwunden, zu
und nahm den Grafen als seinen Lehnsmann für die
Stadt Carcassonne an, damit der Graf sie als Lehen
vom König besitze.

[...]

Der Bischof Pierre von Paris und zahlreiche Adlige
kommen aus Frankreich in das Gebiet von Albi

Im Jahr der Fleischwerdung des Wortes 1210, etwa um
Mittfasten[37], kamen vornehme und mächtige Kreuzfahrer aus Frankreich an, nämlich der Bischof Pierre
von Paris, Enguerrand de Coucy, Robert de Courtenay, Juhel de Mayenne und viele andere. Diese adligen
Männer bewiesen dann auch eine edle Gesinnung in
der Verfolgung der Sache Christi.

Als sie in Carcassonne angekommen waren, wurde
Rat gehalten, und der Graf [von Montfort] sowie alle
erwähnten Kreuzfahrer einigten sich darauf, nach
Cabaret zu ziehen und diesen befestigten Ort zu belagern. Einige Ritter in der Diözese Carcassonne hatten nämlich aus Furcht vor den Unsrigen ihre Burgen
verlassen und sich nach Cabaret begeben. Unter ihnen
befanden sich auch zwei leibliche Brüder, von denen
der eine Pierre Mire, der andere Pierre de Saint Michel
hieß (diese hatten, wie wir schon berichtet haben,
Bouchard de Marly gefangengenommen).

Jene beiden Ritter hatten jedoch zusammen mit vielen anderen Cabaret wieder verlassen, waren zu unserem Grafen gekommen und hatten sich ihm unterworfen, worauf dieser ihnen ihre Länder zurückgegeben
hatte.

Als der Herr von Cabaret, Pierre-Roger, sah, daß
die Kreuzfahrer Cabaret belagern wollten, bedachte

er, wie geschwächt er durch den Abfall der oben erwähnten Ritter von ihm war. Von Furcht getrieben, schloß er folgende Vereinbarung mit unserem Grafen und den Baronen: Die Burg Cabaret wurde von ihm übergeben, und überdies lieferte er den vorerwähnten Bouchard aus; dafür übergab ihm der Graf ein anderes ihm angemessenes Gebiet. Nach der Übergabe von Cabaret führten der Graf und die Barone ihre Streitmacht zur Belagerung des befestigten Ortes, der Lavaur heißt.

Die Belagerung des befestigten Ortes,
der Lavaur heißt

Dieser sehr bedeutende und ausgedehnte Ort liegt an dem Fluß Agout und ist fünf Meilen von Toulouse entfernt. In dem Ort befanden sich auch jener Verräter Aimery, der frühere Herr von Montréal, und viele andere Ritter – etwa 80 –, alle Feinde des Kreuzes, die in den Ort gekommen waren und ihn gegen die Unsrigen in Verteidigungszustand gesetzt hatten: die Herrin des Ortes, eine Witwe namens Giraude, war nämlich eine ganz schlimme Häretikerin und eine Schwester des erwähnten Aimery.

Als die Unsrigen vor den mehrfach erwähnten befestigten Ort kamen, belagerten sie ihn nur von einer Seite, denn unser Heer war nicht stark genug, um den mehrfach erwähnten Ort gänzlich einzuschließen. Als

nach einigen Tagen die Kriegsmaschinen aufgestellt
worden waren, begannen die Unsrigen nach den Regeln der Kriegskunst den Ort zu beschießen. Die
Feinde verteidigten sich, so viel sie konnten: In dem
Ort befand sich nämlich eine riesige Zahl von bestens
bewaffneten Leuten, so daß die Zahl der Verteidiger
fast größer war als die der Angreifer. Wir wollen auch
nicht unerwähnt lassen, daß die Feinde, kurz nachdem die Unsrigen vor den Ort gekommen waren,
einen Ausfall machten, einen von unseren Rittern gefangennahmen, ihn in den Ort brachten und sofort
töteten.

Obwohl die Unsrigen den Ort nur auf einer Seite
belagerten, waren sie doch in zwei Heere aufgespalten
und diese so verteilt, daß das eine Heer, sollte sich die
Notwendigkeit ergeben, dem anderen nur unter
größter Gefahr zu Hilfe kommen konnte. Doch kurze
Zeit später kamen plötzlich viele Adlige aus Frankreich an, nämlich die Bischöfe von Lisieux und von
Bayeux sowie der Graf von Auxerre und viele andere
Kreuzfahrer. Sie belagerten nunmehr den Ort von der
anderen Seite. Außerdem wurde aus Holz eine
Brücke über den Fluß Agout gebaut, so daß die Unsrigen den Fluß überschreiten konnten, der den Ort
auf allen Seiten einschließt.

Doch der Graf von Toulouse verfolgte die Kirche
und den Grafen, soviel er konnte, allerdings nur im
geheimen: Bisher kamen nämlich die Lebensmittel

für unser Heer aus Toulouse. Als die Dinge so standen, kam der Graf von Toulouse zu dem Heer. Der Graf von Auxerre und Robert de Courtenay, die seine leiblichen Vettern waren, begannen, auf den Grafen von Toulouse einzureden, doch in sich zu gehen und den Befehlen der Kirche zu gehorchen. Sie konnten jedoch nichts erreichen, und der Graf von Toulouse schied voller Groll und Zorn von dem Grafen von Montfort; auch die Leute aus Toulouse, die an der Belagerung von Lavaur bisher teilgenommen hatten, verließen das Heer. Außerdem verbot der Graf von Toulouse den Tolosaner Bürgern, weiter Lebensmittel nach Lavaur zu schaffen.

An dieser Stelle soll noch ein ganz scheußliches Verbrechen, ein unerhörter Verrat der Grafen von Toulouse und von Foix erwähnt werden.

Der Graf von Foix tötet Kreuzfahrer

Als die Verhandlungen wegen der Wiederherstellung des Friedens zwischen dem Grafen von Toulouse und der Kirche, wie bereits gesagt, bei Lavaur geführt wurden, kam eine große Menge von Kreuzfahrern aus Carcassonne zum Heer. Doch jene hinterhältigen Helfer, jene Meister des Verrats, nämlich der Graf von Foix und Roger-Bernard, sein Sohn, sowie Giraud de Pépieux und viele Leute des Grafen von Toulouse, legten sich zusammen mit einer Unmenge von Söldnern in einem Ort, der Montgey heißt und in der Nähe von Puylaurens liegt, in den Hinterhalt.

Als sich die Kreuzfahrer näherten, stürzten sie sich auf diese, die unbewaffnet waren und keinen Verrat ahnten, und töteten Unzählige von ihnen; das ganze Geld der Getöteten brachten sie nach Toulouse, wo sie es unter sich aufteilten. Oh, was für ein schmerzlicher Bericht, oh, was für eine Raserei der Feinde, oh, welch selige Schar der Getöteten, oh, welch herrlicher Tod im Angesicht Gottes und der Heiligen!

Wir wollen auch das nicht verschweigen: Als die genannten Schlächter die erwähnten Kreuzfahrer töteten, flüchtete sich ein Kreuzfahrer, der Priester war, in eine Kirche, die in der Nähe war, um, wenn er für die Kirche sterben sollte, auch in der Kirche zu sterben. Doch jener ganz schlimme Verräter Roger-Bernard, der Sohn des Grafen von Foix, der seinem Vater in der Schlechtigkeit nicht nachstand, verfolgte den erwähnten Priester und drang frech in die Kirche ein, wo er auf ihn zuging und ihn fragte, wer er sei. Dieser antwortete: «Ich bin ein Priester.» Daraufhin sagte der Schlächter: «Beweise mir, daß du ein Priester bist.» Da zog jener seine Kapuze vom Kopf (er war nämlich mit einem Kapuzenmantel bekleidet) und zeigte ihm das Zeichen seiner Priesterwürde[38]. Doch dieser überaus Grausame erhob die scharfe Streitaxt, die er in der Hand hielt, und ohne Rücksicht auf den geweihten Ort und die Person hieb er dem Priester mit aller Kraft mitten auf die Tonsur und tötete den Diener der Kirche in der Kirche. Kehren wir nun dorthin zurück, wo wir aufgehört haben.

Die Wortbrüchigkeit des Grafen von Toulouse

Wir glauben auch nicht übergehen zu dürfen, daß der Graf von Toulouse, ein furchtbarer Feind und überaus grausamer Verfolger Christi, heimlich in den befestigten Ort Lavaur, wo der Quell und der Ursprung der ganzen Häresie war (der aber nicht dem Grafen von Toulouse gehörte, sondern die Tolosaner vielmehr jahrelang bekriegt hatte), seinen Seneschall zusammen mit mehreren Rittern schickte, um bei der Verteidigung des Ortes gegen die Unsrigen zu helfen. Als nämlich der Ort erobert worden war, entdeckte sie unser Graf dort und hielt sie lange in Eisen im Kerker gefangen. Oh, was für eine neue Form des Verrats! Im Inneren hatte er seine Ritter zur Verteidigung des Ortes stehen, draußen erlaubte er, um den Anschein zu erwecken, daß er den Belagerten helfe, Lebensmittel von Toulouse heranzuschaffen: Wie wir nämlich bereits gesagt haben, wurden zu Beginn der Belagerung von Lavaur die Lebensmittel für das Heer von Toulouse, allerdings in geringer Menge, herangeschafft. Wenn auch der Graf die Lieferung von Lebensmitteln aus Toulouse erlaubte, so verbot er doch der Stadt Toulouse streng, Kriegsmaschinen herbeizuschaffen.

Andererseits aber kamen etwa 5000 Bürger von Toulouse auf Betreiben ihres ehrwürdigen Bischofs Foulques, um das Heer bei der oben erwähnten Belagerung zu unterstützen. Auch der Bischof, der wegen seines katholischen Glaubens vertrieben worden war, kam dorthin. Die Art und Weise seines Fortgangs aus Toulouse halten wir nicht für überflüssig zu erzählen.

Der Bischof Foulques von Toulouse
wird vertrieben

Eines Tages, nämlich am Samstag nach Mittfasten [13. März 1211], hielt sich der Bischof in Toulouse auf, um, wie es in den Bischofskirchen der Brauch ist, an jenem Tag die Priesterweihen zu vollziehen. Doch auch der Graf von Toulouse, der wegen seiner vielfältigen Vergehen vom Apostolischen Stuhl ausdrücklich exkommuniziert worden war, so daß in keinem Ort, in dem er sich aufhielt, die heilige Messe gefeiert werden konnte, befand sich damals in der Stadt. Daraufhin sandte der Bischof zu dem Grafen und bat und mahnte ihn untertänig, sich gleichsam zum Vergnügen aus der Stadt zu begeben und eine Zeitlang umherzugehen, solange nämlich, bis der Bischof die Priesterweihen vollzogen habe. Der Tyrann schickte jedoch, von Zorn ergriffen, einen Ritter zu dem Bischof und befahl ihm streng und unter der Androhung, daß er sonst seinen Kopf verlieren würde, schnellstens die

Stadt Toulouse und das ganze Land des Grafen zu verlassen.

Doch als dieser ehrwürdige Mann das hörte, gab er dem Ritter, so wird berichtet, mit feurigem Geist, furchtlosem Sinn und heiterem Blick zur Antwort: «Der Graf von Toulouse,» sagte er, «hat mich nicht zum Bischof gemacht, und ich bin auch nicht durch ihn noch für ihn in mein Amt eingesetzt worden. Die kirchliche Demut hat mich erwählt. Ich bin nicht durch die Macht des Herrschers in mein Amt gebracht worden. Seinetwegen gehe ich auch nicht weg. Er möge kommen, wenn er es wagt. Ich bin bereit, das Schwert zu empfangen, um durch den Kelch des Martyriums zum ewigen Ruhm zu gelangen. Der Tyrann mag kommen, umringt von seinen Rittern und bewaffnet, er wird mich allein und unbewaffnet finden. Ich erwarte den Siegespreis. Ich fürchte nicht, was mir der Mensch antun könnte.»

Oh, was für eine Seelenstärke, oh, welch wunderbare Willenskraft! So blieb jener furchtlose Diener Gottes und erwartete jeden Tag das Schwert des Tyrannen. Doch da jener es nicht wagte, ihn zu töten, weil er nämlich der Kirche Gottes schon so viel und so großes Unrecht zugefügt hatte, daß er, wie man im Volk sagt, «um seine Haut fürchtete», beschloß der Bischof, nachdem er 15 Tage in Erwartung des Todes verbracht hatte, Toulouse zu verlassen. Am Tag vor der Auferstehung des Herrn[39] verließ dann der Bischof

die Stadt und begab sich zu unserem Grafen, der sich
bei dem Belagerungsheer vor Lavaur befand.

Die Unsrigen unternahmen ständig die größten
Anstrengungen zur Eroberung des Ortes. Doch die
überaus fähigen Feinde verteidigten sich mit großer
Heftigkeit. Wir wollen auch nicht übergehen, daß sie
auf gepanzerten Pferden auf ihren Wällen hin- und
herritten, um die Unsrigen zu verhöhnen und um zu
zeigen, was für überaus dicke und starke Wälle sie hatten. Oh, welch ein Hochmut!

Ein berichtenswerter Vorfall

Eines Tages errichteten die Unsrigen in der Nähe der
Mauern aus Holz einen Belagerungsturm, auf dem die
christlichen Ritter oben ein Kreuz aufstellten. Sofort
begannen die Feinde jedoch, mit ihren Kriegsmaschinen auf das Banner des Kreuzes zu schießen, und zerschmetterten einen Arm des oft genannten Kreuzes.
Daraufhin brachen die frechen Hunde in ein so gewaltiges Geheul und gellendes Gelächter aus, als ob sie
durch das Zerstören des Kreuzes einen gewaltigen Sieg
errungen hätten.

Doch Er, der das Kreuz gestiftet hat, rächte dessen
Zerstörung auf wunderbare und offenkundige Weise:
Es geschah nämlich nicht lange danach diese wunder-
bare und als ein Wunder zu preisende Sache, daß die
Feinde des Kreuzes, die so über die Zerstörung des

Kreuzes gejubelt hatten, am Tag der Kreuzauffindung, wie wir weiter unten noch berichten werden,
gefangengenommen wurden. So rächte das Kreuz die
ihm angetane Gewalt.

Unterdessen ließen die Unsrigen eine Maschine herrichten, die vom Volk «Kater» (*cattus*) genannt wird.
Als diese fertig war, zog man sie an den Wehrgraben
des Ortes heran. Danach schafften die Unsrigen unter
großen Mühen Holz und Zweige herbei und fertigten
aus diesem Holz und den Zweigen Bündel. Die warfen
sie dann in den Wehrgraben, um ihn anzufüllen. Doch
die sehr erfindungsreichen Feinde gruben einen bis in
die Nähe unserer Kriegsmaschine führenden unterirdischen Gang. Durch diesen kamen sie in der Nacht
heraus und zogen das Holz und die Zweige, die von
den Unsrigen in den Wehrgraben geworfen waren,
wieder heraus und schafften alles in den Ort. Außerdem gingen einige von ihnen nahe an die oft erwähnte
Kriegsmaschine heran und versuchten, diejenigen, die
unter dem Schutz der Kriegsmaschine unablässig den
Wehrgraben auffüllten, unvermutet und hinterrücks
mit eisernen Haken an sich zu ziehen. Außerdem gingen die Feinde eines Nachts durch den unterirdischen
Gang aus dem Ort heraus und kamen in den Graben,
wo sie mit großem Ungestüm Brandspieße, Feuer,
Werg, Fett und anderes Brennmaterial auf die oft
erwähnte Kriegsmaschine warfen, um sie in Brand zu
setzen.

Doch zwei deutsche Grafen, die bei dem Heer
waren, hielten in jener Nacht Wache bei der Kriegsmaschine. Sofort wurde im Lager Alarm geschlagen,
und man rannte zu den Waffen, um die Kriegsmaschine
zu verteidigen. Doch als die beiden erwähnten deutschen Grafen und die Deutschen, die bei ihnen waren,
sahen, daß sie die Feinde in dem Wehrgraben nicht
erreichen konnten, stürzten sich sich heldenhaft und
unter großer Gefahr in den Wehrgraben. Dort griffen
sie die Feinde mutig an und warfen sie in den Ort
zurück, töteten zuvor aber einige und verwundeten
eine größere Zahl von ihnen.

Inzwischen ergriff aber große Niedergeschlagenheit
die Unsrigen, und sie hatten gewissermaßen keine
Hoffnung mehr, den befestigten Ort zu erobern, denn
was immer sie am Tag in den Wehrgraben warfen,
holten die Feinde in der Nacht wieder heraus und
brachten es in den Ort hinein. Doch während die Unsrigen so von Sorgen gequält wurden, fanden einige,
die noch angestrengter nachgedacht hatten, ein Mittel
gegen die Schliche der Feinde: Sie ließen nämlich vor
den Ausgang des unterirdischen Ganges, durch den die
Feinde herauszukommen pflegten, grünes Holz und
Zweige werfen. Danach häuften sie direkt in dem Ausgang des unterirdischen Gangs kleine und trockene
Holzstücke, Feuer, Fett, Werg und anderes leicht ent-
zündliches Material auf. Darüber warfen sie noch grünes Holz und Getreide sowie viel Gras. Sofort füllte

der von dem Feuer ausgehende Qualm den ganzen unterirdischen Gang derart, daß die Feinde wegen des
Qualms auf diesem Weg nicht mehr herauskommen
konnten: Da der Qualm nämlich wegen des darauf ge-
legten grünen Holzes und Getreides nicht nach oben
dringen konnte, füllte er, wie wir schon sagten, den oft
erwähnten Gang an.

Als das die Unsrigen sahen, füllten sie sorgloser als
vorher den Wehrgraben an. Als er angefüllt war, zogen unsere Ritter und Soldaten die erwähnte Kriegsmaschine mit viel Mühe bis an die Mauer heran, damit
die Mineure die Mauer angehen konnten. Doch die in
dem befestigten Ort warfen unablässig Feuer, Holz,
Steine und große, sehr spitze Pfähle auf die Kriegsmaschine. Aber die Unsrigen verteidigten diese so tapfer
und auf derart wunderbare Weise, daß die Feinde sie
weder in Brand setzen noch die Mineure von der
Mauer vertreiben konnten.

Während die Unsrigen alle ihre Kräfte auf die Belagerung verwandten, kamen die Bischöfe, die zugegen
waren, nämlich der ehrwürdige Abt von La Cour-
Dieu, vom Zisterzienserorden, der damals auf Anord-
nung der Legaten selbst das Amt eines Vizelegaten bei
dem Heer ausübte, sowie alle Geistlichen an einem Ort
zusammen und sangen mit großer Hingabe das *Veni
Creator Spiritus* [Komm, Schöpfer Geist]. Als das die
Feinde sahen und hörten, wurden sie durch den Willen
Gottes derart von Bestürzung ergriffen, daß sie fast

sämtlichen Widerstandswillen verloren. Wie sie später bekannt haben, waren sie nämlich mehr durch die Singenden als durch die Kämpfenden in Schrecken versetzt worden, mehr durch die Psalmodierenden als durch die Heranstürmenden, mehr durch die Betenden als durch die Angreifenden. Kaum war eine Bresche in die Mauer geschlagen, als die Unsrigen auch schon eindrangen. Da die Feinde schon bald keinen Widerstand mehr leisten konnten, ergaben sie sich. Nach dem Willen Gottes und seiner Gnade, die er den Unsrigen erwies, geschah die Eroberung des befestigten Ortes Lavaur am Tag der Kreuzauffindung [3. Mai].

Nach kurzer Zeit wurde Aimery, der frühere Herr von Montréal, von dem wir schon oben geredet haben, aus der Burg herausgebracht und mit ihm an die 80 weitere Ritter. Unser edler Graf [von Montfort] bestimmte, daß sie alle am Galgen aufgehängt werden sollten. Als jedoch Aimery, der von größerer Körpergestalt als die anderen war, aufgehängt wurde, stürzte der Stützbalken um, den man aufgrund zu großer Hast nicht richtig in der Erde festgemacht hatte. Als der Graf sah, daß eine große Verzögerung eintreten könnte, befahl er, die übrigen zu töten. Die Kreuzfahrer ergriffen sie daraufhin mit großem Eifer und töteten sie auf der Stelle schneller, als man es erzählen kann. Die Burgherrin aber, die eine Schwester des Aimery und eine ganz schlimme Ketzerin war, warf man in einen Brunnen und der Graf ließ sie mit Steinen bedecken. Unsere Kreuzfahrer verbrannten mit ungeheurer Freude eine gewaltige Zahl von Ketzern.

[...]

Wir glauben, auch ein Wunder nicht unerwähnt lassen zu dürfen, das sich, wie wir durch glaubwürdigen Bericht erfahren haben, während der Belagerung von Lavaur ereignete. Der Mantel eines Ritters hatte, ich weiß nicht durch welches Mißgeschick, Feuer gefangen. Doch durch den wunderbaren Ratschluß Gottes geschah es, daß der ganze Mantel verbrannte und nur das kleine Stück, wo das Kreuz aufgenäht war, unversehrt und völlig vom Feuer verschont blieb.

Der Graf besetzt Puylaurens

Als der Herr von Puylaurens, Sicard, der sich früher unserem Grafen angeschlossen hatte, aber wieder von ihm abgefallen war, hörte, daß Lavaur erobert worden war, wurde er von Furcht ergriffen. Er gab die Burg Puylaurens auf und zog mit seinen Rittern eilig nach Toulouse. Puylaurens ist ein bedeutender Ort in der Diözese Toulouse und etwa drei Meilen von Lavaur entfernt. Nachdem unser Graf den Ort eingenommen hatte, übergab er ihn Guy de Lucy, einem edlen und getreuen Mann, der sofort in den Ort einzog und eine Besatzung hineinlegte. In der Zwischenzeit verließen der Bischof von Paris und Enguerrand de Coucy sowie

Robert de Courtenay und Juhel de Mayenne, nachdem Lavaur erobert worden war, das Heer und kehrten in ihre Heimat zurück.

Die Hinterhältigkeit des Grafen von Toulouse wird offenkundig

Als die Unsrigen nach der Einnahme von Lavaur in dem Ort die Leute des Grafen von Toulouse entdeckten, riefen sie sich auch in das Gedächtnis, daß der Graf von unserem Grafen im Groll geschieden war, daß er außerdem verboten hatte, Lebensmittel aus Toulouse an das Heer zu liefern, und daß er überdies wegen seiner zahlreichen Vergehen von den Legaten des Herrn Papstes ausdrücklich exkommuniziert worden war. Nachdem sie dies alles sorgfältig erwogen hatten, kamen sie zu dem Schluß, jenen Grafen, da er ja schon öffentlich verurteilt war, auch offen zu bekämpfen.

Unser Graf brach daher das Lager ab und zog zu einem befestigten Ort, der Montgey heißt, und wo die Kreuzfahrer von dem Grafen von Foix getötet worden waren. Als das Heer zu diesem Ort zog und noch ein ganzes Stück davon entfernt war, geschah es jedoch, daß eine Feuersäule über dem Ort erschien, wo die getöteten Kreuzfahrer lagen, und, so schien es den Unsrigen, leuchtend über den Körpern herabsank. Als die Unsrigen zu der Stelle kamen, sahen sie, daß alle Getöteten auf dem Rücken lagen und die Arme in der Form des Kreuzes ausgebreitet hatten. Oh, was für ein wundersames Ding! Ich habe dieses Wunder aus dem Mund des ehrwürdigen Bischofs Foulques von Toulouse selbst erfahren, der dabei gewesen ist. Als der Graf zu dem vorgenannten befestigten Ort kam, zerstörte er ihn bis auf die Grundmauern: die Leute jenes befestigten Ortes waren nämlich aus Furcht geflohen.

Die Belagerung von Cassés

Von dort zog unser Graf zu einem anderen befestigten Ort, der Cassés heißt und dem Grafen von Toulouse gehörte. In der Zwischenzeit kam der Graf von Toulouse nach Castelnaudary, einem bedeutenden, befestigten Ort. Diesen steckte er in Brand, um zu verhindern, daß die Unsrigen ihn einnähmen, und ließ ihn geräumt zurück.

Als unser Graf zu dem befestigten Ort Cassés kam, belagerte er ihn. Doch als die Ritter des Grafen von Toulouse, die in der Burg waren, sahen, daß sie den Ort nicht länger halten konnten, ergaben sie sich – das darf auch der Tapferste – dem Grafen unter folgender Bedingung: Sie versprachen, alle Häretiker auszuliefern, die in dem Ort waren; sie selbst aber sollten abziehen dürfen. So geschah es auch. In dem Ort waren nämlich viele «vollkommene» Häretiker. Die Bischöfe, die bei dem Heer waren, gingen daher in den Ort und begannen, den Häretikern zu predigen, um sie von ihrem Irrtum abzubringen. Doch da sie nicht einen einzigen bekehren konnten, gingen sie wieder aus dem Ort heraus. Die Kreuzfahrer aber ergriffen die Häretiker – es waren etwa 60 – und verbrannten sie mit großer Freude. Hier nun wurde offenkundig, welche große Zuneigung der Graf [von Toulouse] gegenüber den Häretikern hatte, denn sogar in diesem sehr bescheidenen Ort des Grafen fand man mehr als 50 häretische «Vollkommene».

Die Geistlichen verlassen Toulouse

Nach diesem Geschehen befahl der Bischof von Toulouse, der sich bei dem Heer befand, dem Propst der Kirche von Toulouse und den übrigen Geistlichen, aus Toulouse fortzugehen. Diese leisteten dem Befehl unverzüglich Folge und verließen Toulouse barfüßig und unter Mitnahme des heiligen Sakraments.

Die Belagerung von Montferrand

Nachdem der befestigte Ort Cassés eingenommen worden war, zog unser Graf weiter und kam zu einem anderen befestigten Ort des Grafen von Toulouse, der Montferrand heißt. Darin befand sich auch der Bruder des Grafen von Toulouse, namens Baudouin, den dieser dorthin gesandt hatte, um den Ort zu verteidigen. Sobald der Graf [von Montfort] zu dem befestigten

Ort kam, begann er, ihn zu belagern. Als nach wenigen Tagen die Unsrigen zum Sturmangriff ansetzten und der «Graf Baudouin» (so wurde er nämlich genannt) erkannte, daß er nicht standhalten konnte, übergab er den Ort aufgrund folgender Vereinbarung: Er selbst durfte frei und ungehindert abziehen; außerdem verpflichtete er sich unter Eid, in Zukunft auf keinerlei Weise gegen die Kirche oder unseren Grafen zu kämpfen, sondern vielmehr, wenn unser Graf das verlangte, ihm gegen alle und in allem Beistand zu leisten.

Der Graf Baudouin unterwirft sich dem Grafen

Daraufhin verließ der Graf Baudouin die Burg und begab sich zu seinem Bruder, dem Grafen von Toulouse. Doch wenige Tage später kehrte er zu dem Grafen von Montfort zurück, ging zu ihm und bat ihn, ihn als seinen Gefolgsmann annehmen zu wollen, er werde ihm in allem und gegen alle treu dienen. Was soll ich mehr sagen? Der Graf stimmte zu, und der Graf Baudouin wurde mit der Kirche versöhnt: aus einem Gehilfen des Teufels wurde ein Ritter Christi. Er verhielt sich in der Tat treu und bekämpfte von diesem Tag an und in Zukunft die Feinde des Glaubens mit größtem Eifer. Oh, was für eine Fürsorge Gottes, oh, welch eine Gnade des Erlösers! Siehe da, zwei Brüder von demselben Vater, doch voneinander völlig verschieden.

[...]

Der Graf erobert viele befestigte Orte

Nach der Einnahme von Montferrand und einiger anderer befestigter Orte in der Umgebung wurde von den Unsrigen eine Besatzung in den Ort Castelnaudary hineingelegt, den, wie schon oben gesagt worden ist, der Graf von Toulouse niedergebrannt hatte. Danach setzte unser Graf über den Fluß Tarn [5. Juni 1211] und kam zu einem befestigten Ort in dem Gebiet von Albi, der Rabastens heißt. Nachdem der Ort ihm von den Bürgern übergeben worden war, zog er von dort los und gewann immer weiter vorrückend auf dieselbe Weise ohne irgendwelchen Widerstand sechs weitere bedeutende feste Plätze. Deren Namen sind: Montégut, Gaillac, Cahusac, Saint-Marcel, Laguépie und Saint-Antonin. Diese befestigten Orte, die alle einander gegenüber liegen, hatte der Graf von Toulouse dem Vizegrafen von Béziers weggenommen.

Der Graf von Bar trifft ein

Nachdem dies geschehen war, wurde unserem Grafen gemeldet, daß der Graf von Bar[40] zu dem Heer Christi eile und sich in Carcassonne befinde. Durch diese Nachricht wurde der Graf sehr erfreut und von großem Frohlocken ergriffen: Man berichtete nämlich großartige Dinge von jenem Grafen, und die Unsrigen setzten große Erwartungen in sein Erscheinen. Doch dessen Verhalten war ganz anders, als wir es erwartet hatten. Dadurch wollte der Herr zeigen, daß man in Ihn und nicht in einen Menschen sein Vertrauen setzen soll, damit Sein Name gerühmt werde. Unser Graf schickte daher einige Ritter zu dem erwähnten Grafen, die ihn in Richtung nach Toulouse an einen bestimmten Fluß [l'Hers] führen sollten, wo unser Graf und das Heer zu ihm stoßen wollten. So geschah es.

Als der Graf von Toulouse und der Graf von Foix und die Menge der Feinde Christi jedoch hörten, daß das Heer auf Toulouse vorrückte, begaben sie sich zu dem erwähnten Fluß, der nämlich nicht mehr als eine halbe Meile von Toulouse entfernt ist. Dort trafen die Unsrigen auf der einen Seite, die Feinde auf der anderen Seite zusammen. Aus Furcht davor, daß die Unsrigen den Fluß überqueren könnten, hatten die Feinde die über den Fluß führende Brücke eiligst abbrechen lassen. Als die Unsrigen umherzogen, um eine Furt ausfindig zu machen, entdeckten sie eine andere Brücke. Aber auch diese zerstörten die Feinde gerade. Doch die Unsrigen überquerten mit sehr viel Mut den Fluß: Einige kamen über die Brücke hinüber, andere schwammen durch den Fluß und schlugen ihre Feinde tapfer bis vor die Tore von Toulouse in die Flucht. Von dort kehrten sie zu dem Fluß zurück, wo einige die folgende Nacht verblieben. Dort wurde auch dem Grafen [von Montfort] geraten, Toulouse zu belagern.

Am nächsten Tag [17. Juni 1211] brachen die Unsrigen auf und kamen nach Toulouse, wo sie vor den Toren der Stadt ihre Zelte aufschlugen. An dieser Belagerung nahmen auch der Graf von Bar und zahlreiche Adlige aus Deutschland teil.[41] Doch wurde die Stadt nur von einer Seite belagert, denn die Unsrigen waren nicht zahlreich genug, um sie auch auf der anderen Seite zu belagern. In der Stadt befanden sich der Graf von Toulouse und der Graf von Comminges, sein Blutsverwandter, der ihn nach Kräften unterstützte, sowie der Graf von Foix und eine unendliche Anzahl weiterer Ritter; auch war die Menge der Tolosaner Bürger unzählbar groß. Was soll ich mehr sagen? Im Vergleich zu der Menge der Belagerten erschien die Zahl der Belagernden sehr klein. Da es jedoch zu lang wäre, jeden einzelnen Kampf während dieser Belagerung zu schildern, will ich nur das kurz sagen: jedesmal, wenn die Feinde einen Ausfall machten, um die Unsrigen anzugreifen, leisteten diese tapfer Widerstand und zwangen sie, schmachvoll in ihre Stadt zurückzukehren.

Eines Tages machten die Feinde einen Ausfall, und die Unsrigen zwangen sie mit großer Tapferkeit, sich in die Stadt zurückzuziehen. Bei diesem Kampf töteten sie einen Blutsverwandten des Grafen von Comminges sowie Guillaume de Roquefort, einen ganz üblen Mann, den Bruder des Bischofs Bernard von Carcassonne, von dem wir bereits oben berichtet haben.

Eines anderen Tags [27. Juni 1211], als die Unsrigen beim Spätfrühstück waren, um, wie es der Brauch ist, in der Mittagszeit zu ruhen (es war nämlich Sommer), und die Feinde gewahr wurden, daß die Unsrigen ruhten, kamen sie auf einem geheimen Weg heraus und stürzten sich auf das Heer. Doch die Unsrigen sprangen auf, leisteten den Feinden tapfer Widerstand und zwangen sie, wieder in ihre Stadt zurückzukehren. Während dies geschah, kehrten gerade zu dieser Stunde Eustache de Cayeux und Simon, der Kastellan von Neauphle, die das Lager verlassen hatten, um denjenigen, die Lebensmittel für das Heer herbeischafften, Geleitschutz zu geben, in das Lager zurück. Als sie sich dem Lager näherten, stürzten sich die Feinde, die, wie wir gesagt haben, aus der Stadt herausgekommen waren, auf sie und versuchten, sie zu ergreifen. Als jene sich tapfer verteidigten, durchbohrte einer von den Feinden mit einem Speerwurf, wie es ihre Kampfesart ist, den erwähnten Eustache in der Seite und tötete ihn. Doch der Kastellan von Neauphle entkam mit größter Mühe und aufgrund seiner wunderbaren Tapferkeit lebend und unversehrt.

Im Heer entstand infolge des Mangels an Nahrungsmitteln große Not. Darüber hinaus sagte man nichts Gutes von dem Grafen von Bar. Alle in dem Heer hatten eine schlechte Meinung von seinem Verhalten. Oh, was für ein gerechtes Urteil Gottes! Von den Menschen wurde erwartet, daß jener Graf [von Bar]

Wunderdinge vollbringen würde. Die Menschen erwarteten von einem Menschen mehr, als gerechtfertigt war. Doch der Herr, der durch seinen Propheten
gesagt hat: «Meinen Ruhm überlasse ich niemand anderem»[42] und der wußte, daß, wenn die Unsrigen bei
jener Belagerung viel erreichten, alles dem Menschen
und nichts Gott zugeschrieben würde, wollte nicht,
daß dort Großes bewirkt werde.

Der Graf gibt die Belagerung
von Toulouse auf

Als daher unser Graf sah, daß er nichts erreichen
konnte, sondern nur Schaden hervorrief, und der
Nachteil für die Beförderung der Sache Christi offenkundig wurde, gab er die Belagerung von Toulouse
auf. Er ging zu einem befestigten Ort in dem Gebiet
des Grafen von Foix, der Auterive heißt. Nachdem er
in diesen Ort eine Besatzung von seinen Soldaten gelegt hatte, begab er sich nach Pamiers.

Doch unvermutet kamen Söldner nach Auterive.
Die Leute des befestigten Ortes wollten sofort die Soldaten ergreifen, die der Graf dort zurückgelassen
hatte, und sie den Söldnern ausliefern. Aber jene zogen
sich in die Burg des Ortes zurück, die von mäßiger
Stärke war, und begannen, sich zu verteidigen. Oh,
was für ein wütender Verrat, oh, welch abscheuliches
Verbrechen! Als jedoch die mehrfach genannten Sol-

daten sahen, daß sie sich nicht halten konnten, teilten sie den Söldnern mit, sie wollten ihnen die Burg übergeben, sofern jene sie lebend und unbeschadet abziehen ließen. So geschah es. Bald darauf kam unser Graf durch den oben erwähnten Ort und brannte ihn vollständig nieder.

Von Pamiers zog unser Graf weiter und kam nach Varilhes in der Nähe von Foix. Er fand den Ort verbrannt und verlassen vor und besetzte ihn mit seinen Leuten. Von dort durchzog er das Gebiet des Grafen von Foix und zerstörte mehrere von dessen festen Plätzen. Außerdem brannte er die Vorstadt von Foix völlig nieder. Nachdem er acht Tage in der Nähe von Foix geblieben war und die Obstbäume hatte niederhauen und die Weinstöcke ausreißen lassen, kehrte unser Graf nach Pamiers zurück.

[...]

Danach kam er zu einer Burg in der Nähe von Pamiers, die er gegen sich in Verteidigungsbereitschaft gesetzt fand: in ihr waren nämlich sechs Ritter und viele andere Verteidiger. Der Graf konnte diese Burg jedoch nicht an demselben Tag erobern. Doch am nächsten Morgen, nachdem der Sturmangriff begonnen hatte, das Tor in Brand gesteckt und die Mauer unterwühlt worden war, nahm er diese Burg mit Gewalt ein und zerstörte sie. Drei der Ritter, die darin waren, und alle übrigen Verteidiger wurden getötet. Lediglich drei Ritter verschonte der Graf auf Anraten der Seinigen, weil sie versprochen hatten, sich gegen Lambert de Thury und Gauthier de Langton, einen Engländer, austauschen zu lassen, die, wie schon gesagt worden ist, der Graf von Foix gefangenhielt.

Von dort begab sich unser Graf nach Pamiers. Als er in Pamiers war, wurde ihm gemeldet, daß die Leute von Puylaurens Verrat begangen hätten. Sie hatten den Ort an Sicard, den früheren Herrn von Puylaurens, übergeben, und dieser Sicard belagerte bereits mit seinen Rittern und Leuten jene Ritter des Guy de Lucy, die den Ort bewachten und in der Burg waren. Wie wir nämlich schon gesagt haben, hatte unser Graf jenen Ort dem erwähnten Guy übergeben. Als der Graf das hörte, war er sehr bestürzt und begann, seinen Rittern zu Hilfe zu eilen. Als er Castelnaudary erreichte, wurde ihm gemeldet, daß die erwähnten Ritter des Guy die Burg von Puylaurens den Feinden übergeben hätten. Das war wahr. Der Ritter, dem von Guy die Bewachung seines befestigten Ortes vornehmlich anvertraut worden war, hatte nämlich (durch Geld bestochen, wie man sagt) die vorerwähnte Burg den Feinden ausgeliefert. Aber als jener Ritter einige Tage später am Hof des Grafen wegen Verrats angeklagt wurde und sich nicht in einem Zweikampf rechtfertigen wollte, ließ ihn der erwähnte Guy am Galgen aufhängen.

Der Graf ließ einige von seinen Rittern als Besatzung der Burg in Caustelnaudary zurück. Er selbst be-

gab sich nach Carcassonne. Doch bevor er Castelnaudary verließ, sandte er einige Ritter und Armbrustschützen nach Montferrand, um die dortige Burg zu
verteidigen: Der Graf von Toulouse und die übrigen
Feinde des Glaubens hatten nämlich neuen Mut gefaßt
und ihren Verteidigungswillen zurückgewonnen.

Als sie sahen, daß unser Graf fast allein war, eilten
sie durch das Land, um die festen Plätze, die sie verloren hatten, durch Verrat wiederzugewinnen. Während
unser Graf in Carcassonne war, wurde ihm gemeldet,
daß seine Feinde in großer Zahl heranrückten, um Castelnaudary zu belagern. Außerdem hatten diejenigen,
die der Graf zur Verteidigung des Ortes nach Montferrand gesandt hatte, aus Furcht vor den Feinden jenen
Ort verlassen und waren nach Castelnaudary gekommen. Als das der Graf hörte, war er sehr beunruhigt.
Sofort schickte der edle Graf einen Boten zu seinen
Rittern, die in Castelnaudary waren, und befahl ihnen,
sich nicht vor der Ankunft der Feinde zu fürchten, da
er selbst ihnen zu Hilfe kommen werde.

Die Belagerung des
befestigten Ortes Castelnaudary

An einem Sonntag [im September 1211], als der Graf
[von Montfort] noch in Carcassonne war, die Messe
gehört und die heilige Kommunion empfangen hatte
und dabei war, nach Castelnaudary aufzubrechen, be-

gann ein Zisterzienserbruder, der zugegen war, ihm
Trost zuzusprechen, um ihn ein wenig aufzumuntern.
Zu diesem sagte jener edle Mann, der alles in den Willen Gottes stellte: «Glaubt ihr, daß ich Angst habe? Die
Sache Christi wird verfochten. Die gesamte Kirche be-
tet für mich. Ich weiß, daß wir nicht besiegt werden
können.» Nach diesen Worten eilte der überaus edle
Mann nach Castelnaudary. Einige feste Plätze in der
Gegend von Castelnaudary waren jedoch bereits von
ihrem Herrn [Simon von Montfort] abgefallen, und
von seinen Leuten, die er als Besatzungen in diesen Orten hatte, waren schon mehrere durch Verrat von den
Feinden getötet worden.

Als unser Graf in Castelnaudary war, da zogen die
Grafen von Toulouse und von Foix sowie Gaston de
Béarn, ein Adliger aus der Gascogne, mit einer unzähligen Menge aus Toulouse los und eilten heran, um
Castelnaudary zu belagern. Mit den Feinden kam auch
jener schlimmste Abtrünnige, jener gefährliche Treue-
brecher, ein Sohn des Teufels und Gehilfe des Antichristen, nämlich Savary de Mauléon, der größte aller
Häretiker, schlechter als jeder Heide, Bekämpfer der
Kirche und Feind Christi. Ein ganz böser Mann oder
vielmehr ein ganz böses Gift[43], ich rede von dem Savary, der, verrucht und verderbt, mit hocherhobenem
Nacken gegen Gott heraneilte und es wagte, die heilige
Kirche Gottes anzugreifen! Ein Fürst der Abtrünnig-
keit, ein Meister der Grausamkeit, ein Betreiber des

Unrechts, ein Teilnehmer an Bosheiten, ein Mitgenosse bei Verbrechen, eine Schande für die Menschheit, ohne jegliche Tugend, ein teuflischer Mensch oder vielmehr ganz und gar der Teufel selbst! Als die Unsrigen hörten, daß eine so große Menge der Feinde herankam, rieten einige von den Unsrigen dem Grafen, er solle einige von den Seinigen zur Verteidigung des Ortes zurücklassen und sich selbst nach Fanjeaux oder sogar nach Carcassonne zurückziehen. Doch nachdem der Graf einen klügeren Rat erhalten hatte (Gott sorgte besser vor), wollte der Graf die Ankunft der Feinde in Castelnaudary abwarten.

Es soll auch nicht verschwiegen werden, daß, als der Graf in Castelnaudary war und die Feinde schon fast an den Toren standen, plötzlich – von Gott gesandt – Guy de Lucy mit etwa 50 Rittern erschien. Diese hatte der edle Graf nämlich dem König von Aragon zur Hilfe gegen die Muselmanen geschickt. Durch deren Ankunft wurden der Graf sehr erfreut und der Mut der Unsrigen gestärkt. Jener König, ein ganz übler Mensch, der nie die Sache des Glaubens oder unseren Grafen geliebt hatte, zeigte sich den Rittern gegenüber, die der Graf ihm zur Hilfe geschickt hatte, nämlich sehr unfreundlich. Dieser äußerst heimtückische König bereitete sogar unseren Rittern, als sie auf den schriftlichen Befehl des Grafen hin zurückkehrten, wie man sagt, unterwegs einen Hinterhalt, um sie gefangenzunehmen. Doch die oft erwähnten Ritter erfuhren von diesem Anschlag und wichen von der Fernstraße ab. Oh, was für eine grausame Belohnung eines frommen Werks, oh, welch ein harter Lohn für einen so großen Dienst! Nun wollen wir mit unserem Vorhaben fortfahren.

Als der Graf in Castelnaudary ruhig die Ankunft der Gegner abwartete, da kamen eines Tages plötzlich die Feinde in unzähliger Menge an, die wie die Heuschrecken das Land bedeckten und überall umherzulaufen begannen. Als sie sich dem Ort näherten, sprangen sofort die Leute der äußeren Vorstadt von den Mauern herab. Sie gingen zu den Feinden über und lieferten ihnen beim ersten Herannahen die Vorstadt aus. Daraufhin drangen die Gegner in die Vorstadt ein und begannen, voller Freude und Jubel hierhin und dorthin zu laufen. Unser Graf saß aber gerade bei Tisch. Nachdem die Unsrigen ihr Essen beendet hatten, bewaffneten sie sich und kamen aus der Burg heraus. Diejenigen von den Gegnern, die sie in der Vorstadt antrafen, verjagten sie und trieben die Fliehenden und vor Angst Zitternden vor sich her und warfen sie mit großer Tapferkeit aus der Vorstadt hinaus.

Nachdem dies geschehen war, schlugen der Graf von Toulouse und die bei ihm waren auf einer Seite des Ortes auf einer Anhöhe ihre Zelte auf. Anschließend umgaben sie sich mit Gräben, Palisaden und Hindernissen, so daß sie weniger Belagernde als Belagerte zu sein schienen. Auch schien der Platz, wo sich das Belagerungsheer befand, stärker befestigt und schwerer zugänglich zu sein als der belagerte Ort. Als es spätabends geworden war, drangen die Feinde wieder in die Vorstadt ein: Es befand sich dort nämlich niemand, da die Unsrigen aufgrund ihrer kleinen Zahl jene Vorstadt nicht besetzen konnten. (Die Zahl der Ritter und Soldaten betrug zusammen nicht mehr als 500 Personen, während die Feinde, wie man schätzte, fast 10 000 zählten.)

Da die Feinde, die in die Vorstadt eingedrungen waren, befürchteten, daß die Unsrigen sie vertreiben würden, wie sie es vorher getan hatten, befestigten sie die Vorstadt mit Balken und was sie sonst erreichen konnten gegenüber den Unsrigen, so daß diese nicht zu ihnen gelangen konnten. Außerdem durchbrachen sie die äußere Mauer, die sich zwischen der Vorstadt und dem Heer befand, an mehreren Stellen, so daß sie ungehinderter fliehen könnten, falls sich die Notwendigkeit ergeben sollte. Am nächsten Tag machten die Unsrigen jedoch einen Ausfall und zerstörten, was die Feinde errichtet hatten, und warfen sie sogar, wie sie es schon zuvor getan hatten, aus der Vorstadt hinaus und verfolgten die Fliehenden bis zu ihren Zelten.

Wir glauben auch, nicht verschweigen zu dürfen, in welcher kritischen Lage sich der edle Graf [von Montfort] damals befand: Die Gräfin war nämlich in Lavaur; ihr ältester Sohn, Amaury, lag krank in Fanjeaux; die Tochter, die in dem Land geboren war,

wurde in Montréal aufgezogen; überdies konnte der
eine den anderen nicht sehen oder ihm irgendwie
helfen.

Auch das sollte nicht verheimlicht werden, daß,
wenn auch die Unsrigen nur wenige und die Gegner
unzählige waren, die Unsrigen jeden Tag hinaus-
gingen und die Feinde wiederholt und heftig angriffen.
Es schienen nämlich die Unsrigen, wie wir schon gesagt haben, nicht die Belagerten, sondern vielmehr die
Belagernden zu sein: So sehr hatten sich die Feinde,
wie bereits gesagt worden ist, mit Sperren umgeben,
daß die Unsrigen nicht zu ihnen vordringen konnten,
obwohl sie das brennend gern wollten. Auch das soll
noch hinzugefügt werden, daß unsere Soldaten täglich
vor den Augen der Feinde die Pferde der Unsrigen
etwa eine halbe Meile weit von dem Ort entfernt zur
Tränke führten. Die Rebenfelder, die in der Nähe des
Lagers waren, erntete unser Fußvolk täglich ab, während die Feinde sie beobachteten und beneideten: es
war nämlich die Zeit der Weinlese.

Eines Tages kamen dieser übelste Verräter, der Graf
von Foix, und sein Sohn Roger-Bernard, der ihm an
Boshaftigkeit nicht nachstand, mit einem großen Teil
des Heeres nahe an den Ort heran und wollten die
Unsrigen angreifen, die gewappnet vor den Toren
standen. Als die Unsrigen sie herankommen sahen,
griffen sie mit großem Eifer an. Sie warfen sogar den
Sohn des Grafen von Foix sowie mehrere andere von

den Pferden und zwangen sie, beschämt in ihre Zelte zurückzukehren.

Da wir nicht alle Kämpfe und Geschehnisse während dieser Belagerung ausführlich beschreiben können, wollen wir kurz nur das feststellen: Sooft die Feinde sich den Unsrigen zu nähern wagten, um sie anzugreifen, trieben die Unsrigen, die den ganzen Tag vor den Toren des Ortes blieben und den Kampf suchten, sie zu ihrer großen Schmach wieder in ihre Zelte zurück.

Während dies geschah, sagten die festen Plätze in der Umgebung unserem Grafen die Gefolgschaft auf und unterwarfen sich dem Grafen von Toulouse. Eines Tages sandten sogar die Bürger von Cabaret zu dem Grafen und ersuchten ihn, zu ihnen zu kommen oder jemand zu schicken, dem sie unverzüglich den Ort übergeben würden. In der Nacht verließ daraufhin eine große Zahl von Feinden auf Geheiß des Grafen von Toulouse das Lager und marschierte los, um nach Cabaret zu gelangen. Cabaret ist etwa neun Meilen von Castelnaudary entfernt. Als die erwähnten Feinde aber dorthin unterwegs waren, verloren sie durch das Eingreifen des göttlichen Mitleids den Weg, der nach Cabaret führt. Nachdem sie längere Zeit in unwegsamem Gelände umhergeirrt waren und nicht nach Cabaret gelangen konnten, kehrten sie nach vielen Umwegen zu dem Ort zurück, von wo sie losgezogen waren.

In der Zwischenzeit ließ der Graf von Toulouse eine

Kriegsmaschine aufstellen, die *mangonellus* heißt, und begann, mit ihr Steine in den Ort zu schießen. Doch konnte er den Unsrigen nur wenig oder auch gar keinen Schaden zufügen. Einige Tage später ließ der Graf von Toulouse eine Kriegsmaschine von gewaltiger Größe bauen, um die Mauern des Ortes zu zertrümmern. Mit dieser wurden riesige Steine geschleudert und alles, was die trafen, zerschmetterten sie.

Als die Feinde viele Tage lang mit der Kriegsmaschine geschossen hatten, trat der Hofnarr des Grafen von Toulouse an diesen heran und sagte zu ihm: «Warum wendet Ihr so große und viele Kosten für jene Kriegsmaschine auf, warum müht Ihr Euch, die Mauern jenes Ortes zu zerstören? Seht Ihr nicht, daß Eure Feinde täglich bis zu Euren Zelten kommen und Ihr es nicht wagt herauszugehen? Sicherlich müßt Ihr wünschen, daß die Mauern aus Eisen wären, damit sie nicht zu Euch gelangen können.»

Bei dieser Belagerung trat auch der ungewöhnliche Zustand ein, daß, während gewöhnlich die Belagerenden die Belagerten anzugreifen pflegen, unsere Belagerten im Gegenteil häufiger ihre Belagerer angriffen. Die Unsrigen verhöhnten außerdem ihre Feinde mit folgenden Worten: «Warum wendet ihr so viele und so große Kosten für eure Kriegsmaschine auf, warum müht ihr euch so lange, unsere Mauer zu zerbrechen? Glaubt uns, wir können euch diese Ausgaben ersparen, wir können euch dieser Mühe entheben: Gebt uns nur 20 Mark Silber und wir werden ein Stück dieser Mauer von 100 Ellen Länge völlig zerstören und dem Erdboden gleichmachen, so daß ihr, wenn ihr euch traut, ohne das Hindernis der Mauer frei zu uns kommen könnt.» Oh, was für eine tapfere Gesinnung, oh, welch eine überaus starke Sinnesart!

Eines Tages machte unser Graf einen Ausfall, um die oben erwähnte Kriegsmaschine zu zerstören. Die Feinde hatten jedoch um diese Kriegsmaschine herum so viele Gräben und Hindernisse angelegt, daß die Unsrigen nicht zu ihr gelangen konnten. Der überaus mutige Mann, nämlich unser Graf, der zu Pferde saß, wollte einen sehr breiten und tiefen Graben überqueren, um kühn seine Feinde anzugreifen. Als das einige von den Unsrigen sahen und auch die unvermeidliche Gefahr erkannten, wenn der Graf das tun würde, ergriffen sie ihn am Zügel und hielten ihn davon zurück, sich dem drohenden Tod auszusetzen. Nachdem dies geschehen war, kehrten alle Unsrigen, ohne einen einzigen Mann zu verlieren, in den Ort zurück; doch töteten sie mehrere von den Feinden.

Als die Dinge so standen, schickte unser Graf seinen Marschall, Guy de Levis, einen getreuen und kampfesmutigen Mann, nach Fanjeaux und Carcassonne, um Lebensmittel zu dem Grafen zu bringen und auch den Bewohnern von Carcassonne und Béziers zu befehlen, dem Grafen zu Hilfe zu eilen. Doch da er nichts erreichen konnte (das ganze Land verlegte ihm den Weg und die Mittel), kehrte er zu dem Grafen zurück. Der Graf sandte ihn jedoch erneut zusammen mit einem weiteren Adligen, Mathieu de Marly, dem Bruder des Bouchard, wieder los.

Als die beiden zu den Lehnsleuten des Grafen kamen, baten sie diese immer und immer wieder, zu dem Grafen zu kommen, und fügten ihren Bitten Drohungen hinzu. Doch da die falschen und schon wankenden Lehnsleute sie nicht erhören wollten, begaben sie sich hierauf zu Aimery, dem Herrn von Narbonne, und zu den Bürgern von Narbonne und baten sie und forderten sie auf, dem Grafen zu Hilfe zu eilen. Die Bürger von Narbonne gaben dem Marschall zur Antwort, daß sie, falls Aimery, ihr Herr, mit ihnen gehen würde, ihm folgen wollten. Doch dieser konnte, weil er der erbärmlichste und verächtlichste aller Adligen war, durch nichts dazu gebracht werden.

Daraufhin verließen unsere erwähnten Ritter Narbonne und vermochten aus der so volkreichen Stadt kaum 300 Leute fortzubringen. Als sie nach Carcassonne kamen, konnten sie aus der ganzen Gegend nicht mehr als 500 Leute bekommen. Als sie diese zu dem Grafen führen wollten, weigerten die sich, ihnen zu folgen, und flüchteten alle unverzüglich nach Hause.

Inzwischen hatte der treuloseste aller Menschen, der Graf von Foix, einen festen Platz, der dem Bouchard de Marly gehörte und in der Nähe von Castelnaudary nach Osten in Richtung auf Carcassonne zu liegt und

Saint-Martin heißt, sowie einige andere Burgen in der Umgebung in Besitz genommen und gegen die Unsrigen in Verteidigungszustand gesetzt. Unser Graf befahl jedoch dem Bouchard de Marly und Martin Algai, die sich bei der Gräfin in Lavaur befanden, nach Castelnaudary zu kommen. Jener Martin, ein spanischer Ritter, war nämlich damals einer der Unsrigen. Doch wie ausgesprochen übelgesinnt er sich später verhielt, wird weiter unten noch aufgezeigt.

Bei unserem Grafen befand sich auch ein Ritter aus der Gegend von Carcassonne, nämlich aus Montréal, Guillaume, mit dem Beinamen Cat, dem der edle Graf das Land übergeben und den er selbst zum Ritter gemacht hatte. Unser Graf hatte so großes Vertrauen zu ihm, daß er seine Tochter von ihm aus dem Taufbekken heben ließ. Denn der Graf und die Gräfin und alle Unsrigen vertrauten ihm mehr als allen anderen Einheimischen, und zwar so sehr, daß der Graf ihm eine Zeitlang den Schutz seines ältesten Sohnes anvertraute. Der Graf schickte jenen Ritter auch von Castelnaudary nach Fanjeaux, um Leute aus den benachbarten Orten nach Castelnaudary zur Unterstützung des Grafen heranzuführen. Doch jener, der schlechteste aller Feinde, der übelste aller Verräter, ohne Dankbarkeit für die Wohltaten und die erwiesene Zuneigung vergessend, machte gemeinsame Sache mit einigen Einheimischen, die wie er auf Gewalttätigkeit aus waren, und beschloß mit ihnen die Schlechtigkeit, den vorerwähnten Marschall und seine Begleiter auf ihrem Rückweg von Carcassonne zu ergreifen und in die Hände des Grafen von Foix zu liefern.

Oh, was für ein niederträchtiger Verrat, oh, welch eine gefährliche Pest, oh, was für eine hinterhältige Grausamkeit, oh, welch teuflischer Einfall! Doch der Marschall erfuhr von dem Verrat und entging dem Anschlag.

Wir wollen auch nicht übergehen, daß mehrere Adlige jenes Landes, die viele und starke Burgen besaßen, damals von unserem Grafen abfielen und dem Grafen von Toulouse offen die Treue schworen. Oh, was für ein fluchwürdiger Schwur, oh, welch eine treulose Treue!

In der Zwischenzeit gelangten Bouchard de Marly und Martin Algai und einige andere Ritter unseres Grafen, die von Lavaur kamen und dem Grafen zu Hilfe eilten, nach Saissac, der Burg des Bouchard, weil sie nicht auf direktem Weg von Lavaur nach Castelnaudary zu gehen wagten. Am Tag vor ihrer erwarteten Ankunft in Castelnaudary verließ der Graf von Foix, der von ihrer bevorstehenden Ankunft Kunde erhalten hatte, das Lager und begab sich zu dem oben erwähnten festen Platz, der Saint-Martin heißt, durch den unsere Ritter kommen mußten, um sie dort anzugreifen. Doch als unser Graf das erfuhr, schickte er Guy de Lucy, den Kastellan von Neauphle, den Vizegrafen von Donges und eine Reihe weiterer Ritter, an die 40, den Seinigen zu Hilfe und befahl ihnen, am nächsten Tag ohne zu zögern den vorerwähnten Grafen von Foix anzugreifen. Nachdem er jene Ritter losgeschickt hatte, blieben bei dem Grafen nicht mehr als insgesamt 60 Ritter und berittene Knappen zurück.

Als jedoch der Graf von Foix sah, daß unser Graf den Seinigen die Ritter zu Hilfe geschickt hatte, verließ er Saint-Martin und begab sich zum Lager zurück. Von dort nahm er Soldaten mit und kehrte zurück, um den Marschall und diejenigen, die mit ihm kamen, anzugreifen.

In der Zwischenzeit redete unser Graf mit folgenden Worten Guillaume Cat und die aus dem Land stammenden Ritter, die bei ihm in Castelnaudary waren, an: «Seht,» sagte er, «Vielgeliebte, der Graf von Toulouse und der Graf von Foix, mächtige Männer, trachten mit einer unzähligen Streitmacht nach meinem Blut. Ich bin fast allein in der Mitte der Feinde. Ich bitte euch um Gottes Willen, falls ihr aus Furcht oder aus Liebe zu ihnen gehen und mich verlassen wollt, es nicht zu verbergen, und ich will euch wohlbehalten und unbeschadet bis zu ihnen führen lassen.» Oh, was für eine edle Gesinnung des Mannes, oh, welche Vortrefflichkeit eines Fürsten!

Darauf antwortete jedoch dieser zweite Judas, nämlich Guillaume Cat, und sagte: «Es sei uns fern, Herr, es sei uns fern, daß wir Euch verlassen! Wahrlich, sollten Euch auch alle verlassen, ich werde bei Euch bis zum Tode ausharren.» Ähnlich äußerten sich alle anderen. Doch nicht viel später fiel der erwähnte Verräter mit einigen seiner Gefährten, während andere standhaft blieben, von dem Grafen ab und wurde vom engsten Vertrauten zum grausamsten Verfolger.

Nachdem dies geschehen war, bestiegen der Marschall und Bouchard de Marly sowie ihre Begleiter am hellen Morgen, nachdem sie die Messe gehört, gebeichtet und den Leib des Herrn empfangen hatten, ihre Pferde, um zu dem Grafen zu gelangen. Als der Graf von Foix erfuhr, daß sie herankamen, nahm er eine riesige Zahl der besten Berittenen des ganzen Heeres sowie mehrere Tausend ausgewählte Fußsoldaten mit sich und zog den Unsrigen entgegen, um sie anzugreifen. Doch als unser Graf, der sich zu dieser Stunde vor den Toren von Castelnaudary aufhielt und voller Sorge die Ankunft der Seinigen erwartete, sah, daß der Graf von Foix heraneilte, um gegen ihn zu kämpfen, fragte er diejenigen, die bei ihm waren, um Rat, was er tun solle. Jeder hatte jedoch eine andere Meinung. Einige sagten, er solle dableiben, um den Ort zu verteidigen; andere rieten im Gegenteil, daß er seinen Rittern zu Hilfe eilen solle.

Dieser Mann von nie nachlassender Tapferkeit, dieser Mann von unbesiegbarem Heldenmut habe darauf gesagt, so wird berichtet: «Nur wenige werden in diesem Ort zurückbleiben und die ganze Sache Christi hängt von diesem Kampf ab. Es sei mir fern, daß meine Ritter in diesem glorreichen Kampf sterben, ich aber lebendig und ehrlos davonkomme! Ich will mit den Meinigen siegen oder mit ihnen fallen. Wir wollen mit ihnen gehen und, wenn es notwendig ist, wollen wir mit ihnen sterben!» Wer könnte dabei seine Tränen zurückhalten? So sprach er unter Tränen und eilte sofort los, um den Seinigen Hilfe zu bringen.

Als der Graf von Foix sich den Unsrigen näherte und schließlich an sie herangekommen war, vereinigte er die drei Heerhaufen, die er gebildet hatte, zu einem einzigen. Hier ist noch hinzuzufügen, daß der Bischof von Cahors und ein Zisterziensermönch, der sich auf Befehl des Abtes von Cîteaux um die Sache Christi kümmerte, mit dem Marschall ankamen.

Als diese sahen, daß die Feinde heranrückten und der Kampf unmittelbar bevorstand, begannen sie, die Unsrigen zu ermahnen, sich tapfer zu verhalten, und versprachen ihnen fest, daß sie, wenn sie in dem so ruhmreichen Kampf für den christlichen Glauben fielen, Nachlaß aller Sünden erhalten, unverzüglich mit Ruhm und Ehre gekrönt und den Lohn ihres Kampfes und ihrer Mühe empfangen würden. Unsere überaus tapferen Ritter, weil sie des Lohnes gewiß und des Sieges sicher waren, stürmten freudig und furchtlos gegen die Feinde. Jene kamen jedoch zusammen und bildeten einen einzigen Heerhaufen. Dabei stellten die Feinde ihre Schlachtreihe wie folgt auf: Jene, die auf gepanzerten Pferden[44] saßen, bildeten die Mitte, die

übrigen Reiter befanden sich auf der einen und das mit
Lanzen ausgerüstete Fußvolk auf der anderen Flanke.

Nachdem die Unsrigen untereinander beratschlagt
hatten, beschlossen sie, diejenigen, die gepanzerte
Pferde hatten, als erste anzugreifen. Während dies geschah, erblickten die Unsrigen in der Ferne unseren
Grafen, der aus Castelnaudary herausging, um ihnen
zu Hilfe zu eilen. Sofort verdoppelten sie sozusagen
ihre Kühnheit und wurden noch beherzter. Unter An-
rufung Christi stürmten sie gegen die Mitte des feindlichen Heeres und durchbrachen die Reihen der Feinde
schneller, als man es sagen kann. Diese waren innerhalb eines Augenblicks besiegt und suchten voller Verwirrung ihr Heil in der Flucht.

Als die Unsrigen das sahen, wandten sie sich gegen
das Fußvolk, das auf der anderen Flanke stand, und
töteten unzählige von ihnen. Wir wollen auch nicht
verschweigen, daß, wie mir der Marschall glaubwür-
dig versichert hat, gegen jeden von uns mehr als 30 der
Feinde standen: daran erkennt man auch das Eingreifen Gottes. Unser Graf konnte nämlich nicht an dem
Kampf teilnehmen, obwohl er mit größter Eile herankam: denn der Sieger Christus hatte seinen Rittern
schon den Sieg gegeben. Die Unsrigen verfolgten die
fliehenden Feinde, töteten die Zurückbleibenden und
richteten unter den Feinden ein großes Gemetzel an.
Von den Unsrigen fielen jedoch nicht mehr als 30,
während von den Feinden Unzählige getötet wurden.

Wir wollen auch nicht übergehen, daß Martin Algai, von dem wir schon oben gesprochen haben, bei dem ersten Angriff zurückwich und die Flucht ergriff. Als der ehrwürdige Bischof von Cahors, der in der Nähe war, den Flüchtenden sah und ihn fragte, was geschehen sei, antwortete dieser: «Wir werden alle sterben.» Das wollte der katholische Mann nicht glauben. Er tadelte jenen heftig und zwang ihn, zum Kampf zurückzukehren.

Es soll auch nicht verschwiegen werden, daß die fliehenden Feinde aus Angst vor dem drohenden Tod laut riefen: «Montfort, Montfort», um sich dadurch als einen der Unsrigen auszugeben und den Verfolgern auf diese Weise zu entgehen. Die Unsrigen vereitelten jedoch diese List: Wenn nämlich einer von den Unsrigen einen der Feinde aus Furcht «Montfort, Montfort» rufen hörte, sagte er zu ihm: «Wenn du einer von uns bist, so töte jenen Flüchtling», und wies dabei auf einen der Fliehenden. Und jener tötete, von Furcht getrieben, seinen Gefährten. Doch derjenige, der seinen Gefährten getötet hatte, erhielt den Lohn für seinen Betrug und seinen Frevel, denn er wurde unverzüglich von den Unsrigen niedergemacht. Oh, was für eine wunderbare und unerhörte Sache! Die nämlich zum Kampf herangekommen waren, um die Unsrigen zu töten, töteten sich durch das gerechte Urteil Gottes gegenseitig und halfen uns, wenn auch wider ihren Willen.

Nachdem die Unsrigen die Feinde lange verfolgt und Unzählige getötet hatten, hielt der Graf [von Montfort] in der Mitte des Schlachtfelds an, um die Seinigen, die in Verfolgung der Feinde sich überall verstreut hatten, zu sammeln.

In der Zwischenzeit waren jener größte aller Abtrünnigen, nämlich Savary de Mauléon, und eine große Schar Bewaffneter aus dem Lager herausgegangen und zu den Toren von Castelnaudary gekommen. Dort standen sie voller Hochmut mit aufgerichteten Bannern und erwarteten den Kampf. Mehrere von ihnen drangen auch in die Vorstadt ein und begannen, jene heftig anzugreifen, die in dem Ort zurückgeblieben waren, nämlich lediglich fünf Ritter und ganz wenige Soldaten. Doch obwohl sie nur sehr wenige waren und die Feinde zahlreich und mit Waffen und Armbrüsten ausgerüstet, trieben sie diese aus der Vorstadt zurück und verteidigten sich energisch.

Als der erwähnte Verräter, nämlich Savary, sah, daß die Unsrigen auf dem Schlachtfeld den Sieg davongetragen hatten, und er erkannte, daß diejenigen, die bei ihm waren, den Ort nicht erobern konnten, sammelte er seine Leute und zog sich schmählich zu seinen Zelten zurück.

Nachdem der Sieg errungen war, verließen unser Graf und die bei ihm waren das Schlachtfeld und wollten die Zelte der Feinde angreifen. Oh, was für unbesiegbare Ritter, oh, was für Kämpfer Christi!

Doch wie schon oben gesagt worden ist, hatten sich die Feinde mit so vielen Sperren und Gräben eingeschlossen, daß die Unsrigen nur zu ihnen gelangen konnten, wenn sie von den Pferden stiegen. Als der Graf das unverzüglich tun wollte, rieten ihm einige, es auf den nächsten Tag zu verschieben, da die Feinde ausgeruht, die Unsrigen aber vom Kampf erschöpft seien. Der Graf willigte ein, da er alles nach vorheriger Beratschlagung tat und so stets dem Rat der Seinen folgen wollte.

Daraufhin kehrte der edle Mann, der wußte, daß alle Macht in Gott liegt und Gott der Sieg gehört, nach Castelnaudary zurück. Als er den Ort erreicht hatte, stieg er von dem Pferd und ging barfüßig zu der Kirche, um dem Allmächtigen Gott für die erwiesene Güte Dank zu sagen. In dieser Kirche sangen die Unsrigen mit Hingabe und großer Freude das *Te Deum laudamus* [Dich, Gott, loben wir] und priesen mit Hymnen und Lobgesängen Gott, der Großes an Seinem Volk getan und ihm den Sieg über Seine Feinde gegeben hatte.[45]

Wir glauben, auch ein Wunder nicht verschweigen zu sollen, das sich zu jener Zeit in einer Abtei des Zisterzienserordens ereignete, die in dem Gebiet von Toulouse liegt und Grandselve heißt. Die Mönche des Klosters waren von großer Sorge ergriffen worden. Sie fürchteten nämlich, daß ihnen der Tod und das Schwert drohten, falls der edle Graf von Montfort in

Castelnaudary gefangengenommen würde oder im Kampf fallen sollte. Denn der Graf von Toulouse und seine Mitstreiter haßten die Mönche dieses Ordens und vor allem dieses Klosters über alles, und zwar deshalb, weil der Abt von Cîteaux, Arnaud-Amaury, der Legat des Apostolischen Stuhls, dem der Graf von Toulouse vor allem seine Absetzung und den Verlust seines Besitzes zuschrieb, Abt dieses Klosters gewesen war.

Als daher eines Tages ein Mönch des genannten Klosters, ein frommer und heiliger Mann, die Messe feierte und bei der Segnung der Hostie aus tiefster Herzenszuneigung für den Grafen von Montfort betete, der zu dieser Zeit in Castelnaudary belagert wurde, antwortete ihm eine Stimme vom Himmel: «Warum betest du für ihn? So viele beten für ihn, daß dein Gebet nicht notwendig ist.»

Über die Boshaftigkeit des Grafen von Foix

In der Zwischenzeit fand der Graf von Foix eine neue Praktik des Verrats, wobei er seinem Vater, dem Teufel, nacheiferte: Wenn der nämlich in einer Sache besiegt worden ist, verlegt er sich auf ein anderes Mittel, um Schaden zuzufügen. Er schickte daher zu den festen Plätzen weit und breit Boten, die behaupteten, der Graf von Montfort sei in der Schlacht besiegt worden; einige sagten sogar, man habe ihn «zu Tode geschunden» und «aufgehängt». Aus diesem Grund unterwarfen sich damals viele befestigte Orte unseren Feinden.

Am nächsten Tag nach dem ruhmreichen Sieg wurde unserem Grafen von seinen Rittern geraten, Castelnaudary zu verlassen und dort nur einige von seinen Leuten zurückzulassen. Er selbst sollte durch sein Land ziehen und so viele Leute wie möglich sammeln. Daraufhin verließ der Graf Castelnaudary und ging nach Narbonne. Zu dieser Zeit trafen jedoch Kreuzfahrer aus Frankreich ein, nämlich Alain de Roucy, ein Mann von großer Kühnheit, und einige andere, allerdings wenige.

Als der Graf von Toulouse und diejenigen, die bei ihm waren, sahen, daß sie bei der Belagerung von Castelnaudary nichts zu erreichen vermochten, steckten sie nach einigen Tagen ihre Kriegsmaschinen in Brand und kehrten schmachvoll nach Hause zurück. Es soll auch nicht unerwähnt bleiben, daß sie nicht aus ihrem Lager zu gehen wagten, bis sie sahen, daß unser Graf Castelnaudary verlassen hatte.

Als der Graf [von Montfort] in Narbonne war und nur die oben genannten Kreuzfahrer bei sich und dazu eine größere Zahl von einheimischen Leuten rekrutiert hatte, um zurückzukehren und gegen den Grafen von Toulouse und dessen Leute zu kämpfen, da wurde ihm gemeldet, daß der genannte Graf und die Seinigen die Belagerung von Castelnaudary aufgegeben hätten. Unser Graf entließ daraufhin die Einheimischen,

nahm nur die Kreuzfahrer mit und kehrte nach Castelnaudary zurück. Er beschloß, alle befestigten Plätze in
der Umgebung, die von ihm abgefallen waren, bis auf
die Grundmauern zu zerstören. Während dies ausgeführt wurde, meldete man ihm, daß ein befestigter
Platz mit Namen Coustaussa in der Nähe von Termes
von ihm abgefallen sei und sich den Feinden des Glaubens übergeben habe. Als der Graf [von Montfort] das
hörte, zog er sofort los, um diesen befestigten Platz zu
belagern. Nachdem er ihn während mehreren Tagen
angegriffen hatte, sahen diejenigen, die darin waren,
daß sie nicht widerstehen konnten, und ergaben sich
mitsamt dem befestigten Platz dem Grafen auf Gnade
oder Ungnade. Danach kehrte der Graf nach Castelnaudary zurück.

Sogleich wurde unserem Grafen gemeldet, daß die
Leute eines gewissen befestigten Platzes namens Montégut in der Diözese Albi sich und die Burg des Ortes
dem Grafen von Toulouse übergeben hätten und diejenigen, die von dem Grafen als Besatzung dort hineingelegt worden waren, angriffen. Daraufhin zog unser
Graf los. Doch bevor er dorthin gelangen konnte, hatten diejenigen, die sich in der Burg befanden, sich
schon den Feinden ergeben. Was soll ich noch sagen?
Sämtliche der wichtigsten und am stärksten befestigten Plätze mit Ausnahme von zwei ganz kleinen ergaben sich damals fast an einem einzigen Tag dem Grafen
von Toulouse.

[. . .]

Einen besonders üblen und unerhörten Verrat, der sich damals in dem befestigten Platz Lagrave in der Diözese Albi ereignete, glauben wir, nicht übergehen zu dürfen. Diesen befestigten Platz hatte unser edler Graf [von Montfort] einem Ritter aus Frankreich übergeben. Dieser Unglückliche vertraute den Leuten des befestigten Ortes aber mehr als angebracht gewesen wäre. Jene aber sannen darauf, ihn zu töten. Eines Tages ließ der mehrfach genannte Ritter seine Weinfässer von einem Zimmermann des befestigten Platzes in Ordnung bringen. Als der Zimmermann eines der Fässer wiederhergestellt hatte, bat er den Ritter, einmal hineinzublicken und nachzusehen, ob das Weinfaß gut in Ordnung gebracht sei. Als der seinen Kopf in das Weinfaß hineingesteckt hatte, schlug ihm der Zimmermann mit der erhobenen Axt den Kopf ab. Oh, was für eine unerhörte Grausamkeit! Sofort erhoben sich die Leute des befestigten Platzes und töteten die wenigen Franzosen, die in der Burg waren.

Als das der edle Graf Baudoin hörte, von dem wir schon oben gesprochen haben, der Bruder des Grafen von Toulouse, kam er eines Tages in der Morgendämmerung vor diesen befestigten Ort. Jene aber kamen heraus und ihm entgegen, weil sie meinten, daß er der Graf von Toulouse selbst sei, weil er nämlich dasselbe Wappen [= das Kreuz von Toulouse] trug. Sie führten ihn in den befestigten Ort und berichteten ihm freudig

und jubelnd die von ihnen begangene grausame Tat.
Jener aber stürzte sich mit seiner großen Schar von Bewaffneten auf sie und tötete fast alle vom Kleinsten bis
zum Größten.

Als unser Graf [von Montfort] sah, daß er so viele
und so große befestigte Plätze verloren hatte, zog er
nach Pamiers, um den Ort in Verteidigungszustand zu
bringen. Als er sich dort aufhielt, ließ ihm der Graf von
Foix mitteilen, wenn er nur vier Tage in Pamiers auf
ihn warten würde, wolle er selbst kommen und gegen
ihn kämpfen. Unser Graf ließ ihm ausrichten, er wolle
nicht nur vier, sondern sogar mehr als zehn Tage in
Pamiers auf ihn warten. Der Graf von Foix wagte es
aber nicht, zu kommen. Zudem drangen unsere Ritter
sogar ohne unseren Grafen in das Land des Grafen von
Foix ein und zerstörten einen befestigten Platz des genannten Grafen.

Danach kehrte unser Graf nach Fanjeaux zurück. Er
sandte den Kastellan von Neauphle und dessen Bruder
Geoffroy, beide tapfere Ritter, mit sehr wenigen anderen zu einem bestimmten befestigten Ort, um von diesem Getreide nach Fanjeaux für die dortige Besatzung
schaffen zu lassen. Als sie von dem genannten befestigten Ort zurückkehrten, legte sich der Sohn des Grafen
von Foix, der seinem Vater in Schlechtigkeit nicht
nachstand, am Rand der Straße, auf der die genannten
Ritter kommen mußten, in einen Hinterhalt. Bei sich
hatte der Verräter aber eine gewaltige Schar von Be-

waffneten. Als die Unsrigen vorbeikamen, sprangen die Feinde aus dem Hinterhalt hervor. Sie umzingelten den genannten Geoffroy und griffen ihn von allen Seiten an. Jener aber verteidigte sich als vortrefflicher Ritter tapfer. Als er jedoch sein Pferd verloren hatte und schon in höchster Gefahr war, forderten die Feinde ihn auf, sich zu ergeben. Der außerordentlich tapfere Mann soll darauf folgende Antwort gegeben haben: «Christus», sagte er, «habe ich mich übergeben. Gott verhüte, daß ich mich Seinen Feinden ergebe.» Und so hauchte er unter den Hieben der Feinde seinen, wie wir glauben, glorreichen Geist aus. Mit ihm fielen auch ein überaus tapferer Jüngling, ein Verwandter des genannten Geoffroy, und einige wenige andere. Ein gewisser Ritter namens Dreux de Compans ergab sich jedoch. Ihn hielt der Graf von Foix lange gefangen. Lebend und über den Verlust des Bruders und Verwandten klagend, entkam dagegen der Kastellan in den befestigten Ort, von dem sie losgezogen waren. Später kehrten die Unsrigen zu der Stelle zurück, sammelten die Leichen der Getöteten auf und begruben sie in einer Abtei des Zisterzienserordens, die Boulbonne heißt.

Zu dieser Zeit [Dezember 1211] nahmen der ehrwürdige Archidiakon Guillaume von Paris und ein anderer Geistlicher namens Jakob von Vitry auf Befehl des Bischof von Uzès, den der Herr Papst für die Sache des Glaubens gegenüber den Häretikern bestellt hatte und der dieser Sache auch sehr zugetan war und sie kraftvoll beförderte, die Kreuzzugpredigt auf. Vom Glaubenseifer entflammt durchzogen sie während des ganzen Winters Frankreich und sogar Deutschland und erreichten es, daß sich eine unglaubliche Menge von Gläubigen für das Heer Christi mit dem Zeichen des Kreuzes auf der Brust kennzeichnete. Diese beiden haben nächst Gott die Sache des Glaubens in Gallien und Deutschland am meisten gefördert.

Robert Mauvoisin kommt mit vielen Rittern aus Frankreich

Als dies alles geschah, kehrte jener alleredelste Ritter, jener Diener Christi, der die Sache Jesu besonders liebte und beförderte, Robert Mauvoisin, der den vorausgegangenen Sommer in Frankreich verbracht hatte, wieder zurück. Er führte mit sich mehr als hundert ausgewählte französische Ritter, die ihm alle sozusagen als ihrem Führer und Herrn folgten. Sie alle hatten auf Ermahnungen der ehrwürdigen Männer, nämlich des Bischofs von Toulouse und des Abtes von Vaux-de-Cernay, das Zeichen des Kreuzes genommen und sich für den Dienst Jesu Christi gegürtet. Diese blieben den ganzen Winter hindurch im Dienst Christi und richteten auf edle Weise die oft erwähnte Sache, die damals sehr am Boden lag, wieder auf.

Der Graf geht dem genannten
Robert entgegen

Als unser Graf [von Montfort] erfuhr, daß die genannten Ritter kamen, ging er ihnen bis Carcassonne entgegen. Als sie dort ankamen, entstanden unter den Unsrigen ein unglaublicher Jubel und eine sehr große
Freude. Von dort ging der Graf mit den genannten
Rittern nach Fanjeaux.

Zu derselben Zeit belagerte der Graf von Foix den
befestigten Ort eines gewissen einheimischen Ritters
namens Guillaume d'Aure. Dieser war ein Gefolgsmann unseres Grafen und hatte ihn unterstützt, so viel
er konnte. Dieser befestigte Ort namens Quié lag aber
nahe bei dem Land des Grafen von Foix. Der Graf
von Foix hatte diesen befestigten Ort schon mehr als
15 Tage angegriffen. Die Unsrigen verließen daher
Fanjeaux und zogen los, um den Grafen von Foix
von der Belagerung des besagten befestigten Ortes zu
vertreiben. Als jener Graf [von Foix] aber erfuhr, daß
die Unsrigen herankamen, ließ er seine Belagerungsmaschinen zurück, floh in großer Verwirrung und gab
die Belagerung auf. Die Unsrigen aber verwüsteten
einige Tage lang sein Land und zerstörten vier seiner
befestigten Orte.

Nachdem sie von dort nach Fanjeaux zurückgekehrt
waren, zogen sie erneut los, um einen gewissen befestigten Ort in der Diözese Toulouse zu belagern, der

La Pomarède heißt. Diesen befestigten Ort griffen sie
einige Tage lang an. Eines Tages machten sie einen
Angriff und schütteten gewaltsam die Gräben des befestigten Ortes zu. Da es darüber jedoch Nacht wurde,
konnten sie den befestigten Ort an diesem Tag nicht
einnehmen. Als die Verteidiger des befestigten Ortes
sahen, daß sie so gut wie erobert waren, schlugen sie
mitten in der Nacht eine Bresche in die Mauer und flohen heimlich davon.

Danach wurde dem Grafen [von Montfort] gemeldet, daß ein gewisser befestigter Ort namens Le Bézu
in der Diözese Narbonne von ihm abgefallen sei. Als er
sich dorthin begab, kam ihm der Herr des befestigten
Ortes entgegen und unterwarf sich und seinen befestigten Ort dem Willen des Grafen.

[...]

Wenige Tage später zogen die Unsrigen aber zur
Belagerung eines gewissen befestigten Ortes in der
Diözese Albi los, der La Touelles heißt. Dieser gehörte
dem Vater des Giraud de Pépieux, jenes ganz üblen
Verräters. Die Unsrigen griffen den befestigten Ort an
und eroberten ihn nach wenigen Tagen. Fast alle wur-
den mit dem Schwert getötet. Nur der Vater des
Giraud kam mit dem Leben davon. Ihn tauschte der
Graf [von Montfort] gegen einen gewissen Ritter aus,
den der Graf von Foix gefangenhielt. Dieser Ritter
hieß Dreux de Compans und war ein Verwandter des
Robert Mauvoisin.

Die Belagerung von Cahusac

Danach zog der edle Graf [von Montfort] los, um
einen gewissen befestigten Platz in dem Gebiet von
Albi zu belagern, der Cahusac heißt. Da eine Belagerung dort mitten im Winter ungewöhnlich ist und er
auch nur sehr wenige Leute bei sich hatte, eroberte er
den befestigten Ort nur mit vielen Mühen und unter
großen Schwierigkeiten.

Der Graf von Toulouse und der Graf von Comminges und der Graf von Foix waren aber mit einer unend-
lichen Menge in einem benachbarten befestigten Ort
versammelt, der Gaillac heißt. Sie schickten einen Boten zu unserem Grafen und ließen ihm ausrichten, sie
würden kommen, um ihn anzugreifen. Das sagten
sie aber, damit unser Graf erschreckt würde und so
vielleicht die Belagerung [von Cahusac] aufgäbe. Sie
schickten einen Boten und noch einen, wagten es aber
nicht, zu kommen. Als unser Graf sah, daß sie nicht
kamen, sagte er zu den Seinigen: «Da sie nicht kommen, werde ich gehen und sie aufsuchen.» Er nahm
seine Bewaffneten mit sich und zog nach Kampf trach-
tend und verlangend mit Wenigen nach Gaillac los. Als
der Graf von Toulouse und die bei ihm waren das sahen, verließen sie Gaillac und flohen zu einem benachbarten befestigten Ort, der Montégut heißt. Unser
Graf aber folgte ihnen bis zu jenem befestigten Ort.
Als jene das sahen, flohen sie von dort zu einem ande-

ren befestigten Ort, der Rabastens heißt. Wiederum
folgte ihnen der Graf [von Montfort] bis zu dem befestigten Ort. Und jene verließen diesen befestigten Ort
und flohen nach Toulouse. Als nun unser Graf sah, daß
sie es nicht wagten, ihn zu erwarten, kehrte er zu dem
befestigten Ort zurück, von dem er ausgezogen war.

Nachdem dies gehörig erledigt worden war,
schickte der edle Graf [von Montfort] nach dem Abt
von Cîteaux, der in Albi war, um ihn darüber um Rat
zu fragen, was er tun solle. Der Rat des Abtes aber
war, daß der Graf den befestigten Platz Saint-Marcel
belagern sollte, der drei Meilen von Albi entfernt liegt.
Diesen befestigten Platz hatte der Graf von Toulouse
einem ganz üblen Verräter, nämlich Giraud de
Pépieux, übertragen.

Als die Unsrigen zu dem befestigten Ort kamen,
konnten sie ihn nur auf einer Seite einschließen, denn
sie waren nur sehr wenige. Der befestigte Ort aber war
groß und sehr stark geschützt. Nachdem die Unsrigen
eine Belagerungsmaschine aufgestellt hatten, begannen sie sofort heftig anzugreifen. Einige Tage später
kamen aber der Graf von Toulouse und der Graf von
Comminges und der Graf von Foix mit einer unglaub-
lichen Menge von Leuten an und gingen in den befestigten Ort, um ihn gegen die Unsrigen zu verteidigen.
Und da dieser befestigte Ort, obwohl er weitläufig war,
eine so große Menge nicht fassen konnte, schlug der
Großteil der Feinde seine Zelte auf der anderen Seite des

befestigten Ortes auf. Dennoch ließen die Unsrigen nicht von dem Angriff auf den befestigten Ort ab. Oh, was für eine wunderbare und erstaunliche Sache! In der Regel pflegen die Belagernden die Belagerten an Zahl und Tapferkeit zu übertreffen. Doch in diesem Fall waren die Belagerten fast zehnmal mehr als unsere Belagernden, denn die Unsrigen zählten nicht mehr als 100 Ritter, während die Feinde mehr als 500 waren. Außerdem hatten die genannten Grafen eine unzählige Menge an Fußsoldaten, die Unsrigen aber hatten gar keine oder nur sehr wenige Fußsoldaten. Oh, was für ein ungewöhnlicher Sachverhalt, oh, welch ungewohnte Neuheit! Wir wollen auch nicht verschweigen, daß die Feinde jedesmal, wenn sie es wagten, gegen die Unsrigen herauszukommen, sofort von den Unsrigen mit größter Tapferkeit zurückgeschlagen wurden. Eines Tages kam schließlich der Graf von Foix mit vielen Leuten aus dem befestigten Ort heraus, um unsere Steinschleuder zu zerstören. Als das unsere Bedienungsmannschaft sah, hat sie selbst mit einem einzigen Steinwurf jene zurückgetrieben und wieder in dem befestigten Ort eingeschlossen, bevor unsere Ritter sich bewaffnen konnten.

Der Graf verläßt Saint-Marcel

In dem Heer kam es jedoch zu einer großen Teuerung. Nicht nur, daß die Unsrigen lediglich aus Albi Lebensmittel erhalten konnten, sondern unsere Feinde kamen auch in großer Zahl heraus und überwachten die öffentlichen Straßen, so daß die von Albi nicht zum Heer zu kommen wagten, wenn ihnen der Graf [von Montfort] nicht die Hälfte seiner Leute als Geleitschutz schickte. Als die Belagerung einen Monat angedauert hatte, sah unser Graf, daß, wenn er die wenigen Ritter, die er hatte, aufteilte, indem er die eine Hälfte bei sich behielt und die andere Hälfte zum Schutz der Lebensmittellieferungen wegschickte, die Feinde, die unzählig waren, herauskamen und diese oder jene angriffen. Er gab daher aufgrund offenkundiger zwingender Umstände, als nämlich dem Heer mehrere Tage das Brot fehlte, die Belagerung auf.

Wir wollen auch nicht unerwähnt lassen, daß unser Graf an demselben Tag, nämlich dem Karfreitag [23. März 1212], als durch und durch Katholik und dem Gottesdienst hingegeben in seinem Zelt die Messe von der Passion des Herrn feierlich halten ließ. Als die Feinde unsere Geistlichen singen hörten, stiegen sie zum Hohn und Spott auf die Mauern und stießen ein gräßliches Geheul aus. Oh, was für eine törichte Gottlosigkeit, oh, welch gottlose Torheit! Wenn man es jedoch sorgfältig bedenkt, so hat unser Graf bei dieser

Belagerung mehr Ehre und Ruhm erworben als zuvor
bei der Eroberung irgendeines befestigten Ortes, auch
des stärksten. Denn von diesem Zeitpunkt an leuchtete
seine Tapferkeit stärker und strahlte seine Beharrlichkeit mehr. Wir wollen auch nicht verschweigen, daß
die Feinde, als unser Graf von dem genannten befestigten Ort abzog, obwohl sie unzählig waren, es nicht
wagten, herauszugehen und die Unsrigen beim Abzug
auch nur ein wenig anzugreifen.

Ein Wunder

Wir wollen ein Wunder nicht übergehen, das sich zu
dieser Zeit ereignete. An einem Sonntag predigte in
einem gewissen befestigten Ort ein Abt von Bonneval
vom Zisterzienserorden. Da die Kirche aber nicht
groß war, konnte sie das Volk nicht fassen, das da war.
Deshalb gingen alle aus der Kirche heraus vor die Kir-
chentür und hörten dort die Predigt des Abtes. Etwa
gegen Ende der Predigt, als der ehrwürdige Abt das
Volk, das da war, ermahnen wollte, das Kreuz gegen
die albigensischen Häretiker zu nehmen, sahen plötzlich alle, wie ein Kreuz in der Luft erschien, das sich
nach Toulouse zu wenden schien. Dieses Wunder habe
ich aus dem Mund des genannten Abtes gehört, eines
frommen Mannes von hohem Ansehen.

Nachdem der Graf [von Toulouse] die Belagerung
von Saint-Marcel aufgegeben hatte, kam er noch an

demselben Tag, nämlich dem Karsamstag [24. März 1212], nach Albi, um dort das Fest der Auferstehung des Herrn zu feiern. Dorthin war aus Frankreich auch der ehrwürdige Abt von Vaux-de-Cernay gekommen, von dem wir öfters schon gesprochen haben. Er war nämlich zum Bischof von Carcassonne gewählt worden. Als der Graf [von Montfort] und unsere Ritter ihn in der genannten Stadt antrafen, freuten sie sich sehr, denn alle empfanden eine sehr große Zuneigung zu ihm. Auch war er seit vielen Jahren ein sehr enger Vertrauter des Grafen. Überdies hatte sich derselbe Graf sozusagen seit seiner Kindheit dessen Rat unterworfen und sich nach dessen Willen gerichtet. Zu derselben Zeit wurde auch der Abt von Cîteaux, Arnaud, von dem wir oft gesprochen haben, zum Erzbischof von Narbonne gewählt.

Am Ostersonntag [25. März 1212] verließen der Graf von Toulouse und seine Leute den befestigten Ort Saint-Marcel und kamen nach Gaillac, das drei Meilen von Albi entfernt liegt.

Da unser Graf aber dachte, daß die Feinde sich rühmen würden, sie hätten die Unsrigen besiegt, und er deshalb öffentlich zeigen wollte, daß er sich vor ihrem Anblick nicht fürchtete, verließ er am Tag nach dem Ostersonntag [26. März 1212] mit den Seinen Albi, zog vor Gaillac und forderte seine Feinde zum Kampf. Da jene aber nicht wagten, gegen ihn herauszuziehen, kehrte er nach Albi zurück. Der Elekt[46] von Carcassonne [Guy des Vaux-de-Cernay] jedoch, von dem wir oben gesprochen haben, war in jener Stadt und ich mit ihm. Er hatte mich nämlich aus Frankreich zu seiner Gesellschaft auf seiner Reise in das fremde Land mitgenommen, da ich ein Mönch und sein Neffe war.

Die Belagerung von Hautpoul

Nachdem der Graf [von Montfort] und die Seinigen einige Tage in Albi verbracht hatten, begaben sie sich zu einem befestigten Ort, der Castres heißt. Als wir einige Tage dort waren, beschloß der Graf, nachdem er Rat gehalten hatte, einen gewissen befestigten Ort zu belagern, der zwischen Castres und Cabaret liegt und Hautpoul heißt. Dieser befestigte Ort hatte sich nämlich um die Zeit der Belagerung von Castelnaudary den Feinden des Glaubens übergeben. Wir verließen daraufhin Castres an einem Sonntag am 15. Tag in der Osterzeit [8. April 1212] und kamen vor den genannten befestigten Ort. Doch die Feinde, die zur Verteidigung des befestigten Ortes dort hineingegangen waren, kamen sehr hochmütig heraus, zogen den Unsrigen entgegen und begannen, sie heftig anzugreifen. Doch die Unsrigen warfen sie bald in den befestigten Ort zurück und schlugen auf dessen einer Seite ihre Zelte auf. Sie waren nämlich nur wenige. Der befestigte Ort Hautpoul aber liegt fast unzugänglich an dem Abhang eines sehr hohen und steilen Berges auf

gewaltigen Felsen. So stark war er geschützt und befestigt, wie ich mit meinen eigenen Augen gesehen und
aufgrund eigener Erfahrung festgestellt habe, daß jemand selbst dann, wenn die Tore des befestigten Ortes
offen gewesen wären und niemand darin Widerstand
geleistet hätte, nur unter großen Schwierigkeiten
durch den befestigten Ort kommen und zu dessen
Bergfried gelangen konnte. Die Unsrigen bauten nun
eine Steinschleuder und stellten sie am dritten Tag
nach unserer Ankunft auf. Dann schossen sie mit ihr
auf den Bergfried des befestigten Ortes. Am selben
Tag bewaffneten sich auch unsere Ritter und stiegen in
die Schlucht zu dem Fuß des befestigten Ortes in der
Absicht hinab, ihn vielleicht im Sturm einnehmen zu
können. Als sie jedoch in die erste Vorburg eindrangen, stiegen diejenigen in dem befestigten Ort auf die
Mauern und Häuser und begannen, riesige Steine in
sehr großer Dichte auf die Unsrigen zu werfen. Andere entzündeten an der Stelle, wo die Unsrigen eingedrungen waren, ein großes Feuer. Als die Unsrigen
sahen, daß sie nichts auszurichten vermochten, weil
dieser Ort für menschlichen Fuß so gut wie unzugänglich war, und sie auch die Steinwürfe nicht aushalten
konnten, gingen sie mitten durch das Feuer mit großer
Not wieder hinaus.

Ein Verrat

Einen besonders üblen und grausamen Verrat, den die
Verteidiger dieses befestigten Ortes begingen, glauben wir nicht auslassen zu dürfen. Bei unserem Grafen [von Montfort] befand sich nämlich ein einheimi-
scher Ritter, der ein Verwandter jenes Verräters in
dem befestigten Ort und auch ein Mitherr von Cabaret
war [Jourdain de Saissac]. Nun ließen die Verteidiger
von Hautpoul unserem Grafen ausrichten, er solle den
besagten Ritter zu ihnen senden, denn sie wollten mit
ihm über eine Kapitulation verhandeln. Durch ihn
wollten sie dem Grafen auch ihre Forderungen ausrichten lassen. Daraufhin begab sich der genannte Ritter mit Erlaubnis des Grafen zu ihnen. Als er mit ihnen
im Tor dieses befestigten Ortes verhandelte, schoß
einer von ihnen mit seiner Armbrust mit großer
Wucht einen Pfeil auf ihn ab und verwundete ihn
schwer.

Oh, was für ein überaus grausamer Verrat! Aber
nicht lange danach, nämlich noch am selben oder
nächsten Tag, geschah es durch ein gerechtes Urteil
Gottes, daß jener Verräter, der unseren genannten Ritter, der sein Verwandter war, zu der Unterredung gerufen hatte, an derselben Stelle, wo jener verwundet
worden war, nämlich am Schenkel, selbst von einem
der Unsrigen eine schwere Wunde erhielt. Oh, was für
ein gerechtes Maß göttlicher Strafe!

Währenddessen beschoß unsere Steinschleuder unablässig den Bergfried des befestigten Ortes. Am vierten Tag nach Beginn der Belagerung bildete sich aber
nach Sonnenuntergang ein sehr dichter Nebel. Die Verteidiger des befestigten Ortes, die von einer gottge-
sandten Furcht ergriffen worden waren und eine gün-
stige Gelegenheit sahen, verließen den befestigten Ort
und ergriffen die Flucht. Als die Unsrigen das bemerkten, wurde sofort Alarm gegeben und man stürmte in
den befestigten Ort. Wen man von den Feinden fand,
wurde getötet. Andere aber folgten noch in dieser sehr
dunklen Nacht den Geflüchteten und fingen einige von
ihnen. Am nächsten Tag [12. April 1212] ließ der Graf
[von Montfort] den befestigten Platz bis auf die Grundmauern zerstören und niederbrennen.

Nachdem dies geschehen war, verließen die Ritter,
die mit Robert Mauvoisin aus Frankreich gekommen
waren, wie oben berichtet worden ist, und den ganzen
vorausgegangenen Winter über bei dem Grafen [von
Montfort] geblieben waren, ihn jetzt fast alle und
kehrten nach Hause zurück.

Eine Freveltat der Bürger von Narbonne

Eine von den Bürgern von Narbonne zu jener Zeit begangene Freveltat glauben wir nicht übergehen zu
dürfen. Die Bürger von Narbonne waren nämlich
ganz üble Leute und hatten nie die Sache Jesu Christi

geschätzt, obwohl sie durch diese unendliche Vorteile hatten. Eines Tages begaben sich Guy, der Bruder unseres Grafen [von Montfort], und sein ältester Sohn, Amaury, nach Narbonne. Als sie in dieser Stadt waren, ging der genannte Amaury, wie es Jungen so tun, um herumzulaufen in den Palast des Aimery, des Herrn von Narbonne. Dieser Palast war aber sehr alt und sozusagen zu einer Ruine heruntergekommen. Als der genannte Amaury ein Fenster des Palastes mit der Hand berührte und es öffnen wollte, fiel das durch Alter verwitterte Fenster zusammen. Danach kehrte Amaury zu dem Gebäude der Templer zurück, wo er untergebracht war. Guy, der Bruder unseres Grafen, weilte zu dieser Zeit aber in dem Palast des Erzbischofs von Narbonne. Unverzüglich warfen die Bürger von Narbonne, die einen Grund suchten, um Übles zu tun, dem besagten Jungen, dem Sohn des Grafen, vor, er habe gewaltsam in den Palast des Aimery eindringen wollen. Oh, was für ein geringfügiger Grund, ja gar keiner für eine Freveltat! Sofort bewaffneten sich die genannten Bürger, liefen los, bis sie an den Ort kamen, wo der Junge war. Sie versuchten, in das Gebäude der Templer einzudringen. Als der Junge aber sah, daß sie ihm nach dem Leben trachteten, bewaffnete er sich, zog sich in einen Turm des Gebäudes der Templer zurück und versteckte sich vor den Blicken der Feinde. Jene aber griffen das erwähnte Gebäude mit großer Heftigkeit an. Andere fingen die Franzosen, die in der

Stadt waren, und töteten mehrere. Oh, was für eine
Raserei der Feinde! Sie töteten sogar zwei Knappen des
Grafen [von Montfort]. Guy, der Bruder des Grafen,
war zu dieser Zeit in dem Palast des Erzbischofs und
wagte es nicht, herauszugehen. Nachdem die genannten Bürger aber längere Zeit das Gebäude angegriffen
hatten, in dem sich Amaury aufhielt, ließen sie schließlich auf den Rat eines Bürgers von Narbonne von dem
Angriff ab. Auf diese Weise entkam der Junge, der aus
großer Gefahr gerettet worden war, durch Gottes
Gnade lebend und unversehrt. Jetzt wollen wir zu dem
zurückkehren, was wir ausgelassen haben.

Der Graf verläßt den befestigten Ort Hautpoul

Der edle Graf [von Montfort] verließ mit sehr wenigen
Rittern den befestigten Ort Hautpoul und drang in das
Land des Grafen von Toulouse ein. Aber nach weni-
gen Tagen stießen mehrere Kreuzfahrer aus der
Auvergne zu ihm. Außerdem begannen jeden Tag
Kreuzfahrer anzukommen, die [...] auf die Predigten
des ehrwürdigen Archidiakons von Paris, Guillaume,
und des Magisters Jakob von Vitry hin sich mit dem
Kreuz gekennzeichnet hatten.

Doch da wir nicht in allen Einzelheiten schildern
können, wie der barmherzige Gott von jenen Tagen an
Seine Sache auf wunderbare Weise zu fördern begann,
wollen wir nur das kurz sagen, daß unser Graf in sehr

kurzer Zeit mehrere feste Plätze mit Gewalt einnahm, viele aber von den Feinden verlassen und aufgegeben vorfand. Die Namen der festen Plätze, die er damals innerhalb von sieben Wochen wiedergewann, sind folgende: der befestigte Ort, der Cuq heißt, Montmaur, Saint-Félix, Les Cassès, Montferrand, Saint-Michel und viele andere.

Als das Heer bei dem befestigten Ort war, der Saint-Michel heißt und eine Meile von Castelnaudary entfernt liegt, kam unvermutet der Bischof von Carcassonne, Guy, der frühere Abt von Vaux-de-Cernay, an, und ich mit ihm. Dieser hatte nämlich nach der Eroberung von Hautpoul das Heer verlassen, da er bisher nur erwählt worden war, und hatte sich nach Narbonne begeben [Ende April 1212], um zusammen mit dem Abt von Cîteaux, der zum Erzbischof von Narbonne gewählt worden war, die Weihe zu erhalten.

Nachdem der befestigte Ort Saint-Michel bis auf die Grundmauern zerstört worden war, beschloß der Graf, jenen bedeutenden Ort zu belagern, der Puylaurens heißt. Dieser war ebenfalls [...] im Jahr zuvor von dem Grafen abgefallen. Wir zogen also los und nahmen Richtung auf jenen befestigten Ort und schlugen unsere Zelte an einem etwa zwei Meilen von Puylaurens entfernten Ort auf. An demselben Tag trafen unvermutet Kreuzfahrer ein, nämlich der Kölner Dompropst[47], ein mächtiger und vornehmer Geistlicher, und mit ihm mehrere deutsche Adlige.

Der Graf gewinnt Puylaurens zurück

In Puylaurens befand sich jedoch der Graf von Toulouse mit einer unzähligen Menge seiner Söldner. Als
der aber hörte, daß die Unsrigen heranrückten, wagte
er es nicht, ihre Ankunft abzuwarten. Vielmehr verließ er eiligst den befestigten Ort und nahm alle Leute
der Burg mit. Er floh bis nach Toulouse und ließ die
Burg geräumt zurück. Oh, was für ein seiner Sinne
beraubter Mensch, oh, welch eine verachtenswerte
Stumpfsinnigkeit des Verstands! Als wir am nächsten
Morgen bei hellem Tageslicht zu der Burg kamen und
sie verlassen fanden, zogen wir weiter und schlugen
unsere Zelte in einem Tal auf. Doch Guy de Lucy, dem
der Graf schon früher den Ort Puylaurens gegeben
hatte, zog dort ein und besetzte die Burg mit seinen
Leuten. Das Heer blieb zwei Tage in dem erwähnten
Tal in der Nähe des Ortes.

Dort erhielt unser Graf die Nachricht, daß viele
und bedeutende Kreuzfahrer, nämlich der Erzbischof
Robert von Rouen, Guillaume, der ehrwürdige Archidiakon von Paris und mehrere Adlige und Nichtadlige
von Frankreich nach Carcassonne unterwegs waren.
Als der Graf nunmehr sah, daß er ein großes Heer bei
sich haben würde, hielt er Rat. Daraufhin schickte er
Guy, seinen Bruder, und Guy, den Marschall, den
erwähnten Kreuzfahrern nach Carcassonne mit dem
Befehl entgegen, ein zweites Heer zu bilden und sich

in eine andere Gegend zu begeben, wo sie die Sache Christi befördern sollten.

Der Graf jedoch brach auf und begann, in Richtung auf den befestigten Ort Rabastens zu ziehen. Um aber Nebensächliches wegzulassen und mehr das Wichtige festzuhalten, wollen wir kurz erwähnen, daß die drei bedeutenden Orte, nämlich Rabastens, Montégut und Gaillac, von denen schon öfters die Rede war, sich damals fast an einem einzigen Tag ohne Belagerung und ohne irgendwelche Schwierigkeiten unserem Grafen ergaben.

[...]

Die Belagerung des befestigten Ortes Saint-Antonin

An dem Sonntag in der Oktav vor Pfingsten [20. Mai 1212] kamen wir zu dem befestigten Ort Saint-Antonin, um ihn zu belagern. Wir schlugen unsere Zelte vor den Toren auf einer Seite des Ortes auf. Dieser bedeutende Ort liegt in einem Tal am Fuß einer Anhöhe an einer sehr liebreizenden Stelle. Zwischen der Erhebung und dem Ort, nahe bei dessen Mauern, fließt ein klares Gewässer [l'Aveyron]. Auf der anderen Seite des Ortes befindet sich eine liebliche Ebene, und diese Stelle besetzten unsere Belagerer.

Die Feinde kamen jedoch aus dem Ort heraus und fingen an, den ganzen Tag die Unsrigen mit Pfeil-

schüssen aus der Ferne zu belästigen. Am Abend
machten die Feinde jedoch einen Ausfall und begannen, ein kleines Stück vorzudringen und die Unsrigen
von fern anzugreifen, wobei sie ihre Pfeile sogar bis
zu den Zelten schossen. Als das die Fußtruppen des
Heeres sahen und es aus Scham nicht länger ertragen
konnten, griffen sie selbst die Feinde an und begannen, sie bis zu dem Ort zurückzutreiben. Was soll ich
noch sagen? Im Lager wurde Alarm gegeben und die
armen und unbewaffneten Kreuzfahrer begannen,
ohne daß sie die Grafen und die Ritter des Heeres zuvor davon in Kenntnis gesetzt oder sich mit ihnen abgesprochen hatten, den Ort anzugreifen. Sie griffen
die Feinde mit so großer und so viel unglaublicher
und gänzlich unerhörter Kühnheit an, daß sie diese
durch das unablässige und schnelle Werfen der Steine
in Schrecken versetzten und sozusagen lähmten und
ihnen im Verlauf einer Stunde drei sehr starke Vorwerke entrissen.

Oh, was für ein Kampf ohne Eisen, oh, welch ein
ruhmreicher Sieg! Ich rufe nämlich Gott zum Zeugen
an, daß ich, als ich nach der Übergabe des Ortes dort
hineinging, die von den Steinwürfen unserer Pilger
geradezu zernagten Mauern der Häuser gesehen habe.
Sobald die in dem Ort sahen, daß sie ihre Vorwerke
verloren hatten, verließen sie auf der anderen Seite
den Ort und versuchten, über den Fluß zu fliehen. Als
das unsere Kreuzfahrer gewahr wurden, gingen sie

über den Fluß und wen sie fangen konnten, überantworteten sie dem Schwert.

Nachdem die Vorwerke gewonnen waren, zogen
sich unsere Kreuzfahrer vom Kampf zurück, denn der
Tag ging zur Neige und die Nacht brach herein. Gegen
Mitternacht, nachdem der Herr des Ortes eingesehen
hatte, daß durch den Verlust der Vorwerke der Ort so
gut wie erobert war, ließ er dem Grafen mitteilen, daß
er bereit sei, den Ort zu übergeben, sofern er selbst
lebend entkommen könnte. Als der Graf diese Über-
gabebedingung ablehnte, schickte der Herr des Ortes
erneut einen Boten zu ihm und ließ ihn wissen, daß
er sich und den Ort in allem seinem Willen übergebe.

Am nächsten Morgen, als es völlig hell war, ließ der
Graf alle aus dem Ort herausschaffen. Nachdem er mit
den Seinigen überlegt hatte, daß jener Ort, falls sie die
Bewohner, die einfache Leute und Bauern waren, töteten, durch die Ausrottung seiner Bewohner zu einer
Wüstung würde, bediente er sich daher eines klügeren
Rates und schickte die Leute in den Ort zurück. Den
Herrn des Ortes, der die Ursache all dieses Unheils
gewesen war, ließ er jedoch tief unten in einen Turm in
Carcassonne werfen, wo er lange Zeit unter Bewachung und in Eisen gefangengehalten wurde. Die wenigen Ritter, die bei ihm waren, ließ der Graf ebenfalls
einkerkern.

Der Graf zieht nach Agen

Zu dieser Zeit waren bei dem Heer die Bischöfe von
Uzès und von Toulouse sowie auch Guy [des Vaux-
de-Cernay], der Bischof von Carcassonne, der das
Heer nie verließ. Nachdem der Graf [von Montfort]
mit diesen Rat gehalten hatte, kamen er und seine Ritter überein, daß der Graf den Kampf gegen das Gebiet
von Agen richten sollte. Der Bischof von Agen hatte
nämlich schon lange unseren Grafen wissen lassen, daß
er selbst mit seinen Verwandten, die mächtige Herren
in jenem Land waren, ihn, soviel er könne, unterstützen würde, wenn der Graf sich in das Gebiet von Agen
begeben würde. Auch war Agen eine bedeutende
Stadt, die zwischen Toulouse und Bordeaux am Fluß
Garonne an einer lieblichen Stelle liegt. Jene Stadt mit
dem sie umgebenden Gebiet [= Agenais] hatte früher
dem König von England gehört. Aber König Richard[48] hatte die mehrfach genannte Stadt mitsamt
dem sie umgebenden Gebiet seiner Schwester Johanna
als Mitgift überlassen, als er diese dem Grafen Raymond [VI.] von Toulouse zur Frau gab.[49] Doch der
Herr Papst hatte unserem Grafen [von Montfort] in
Schreiben aufgetragen, mit Hilfe der Kreuzfahrer sowohl die Häretiker als auch ihre Helfer zu bekämpfen.

Wir verließen darauf Saint-Antonin und kamen auf
direktem Weg zu einem befestigten Ort des Grafen
von Toulouse, der Montcuq heißt. Wir wollen auch

nicht verschweigen, daß der Graf die befestigten Orte, durch die wir kamen und die aus Furcht vor den Unsrigen verlassen worden waren, sofern von ihnen aus den Unsrigen Schaden zugefügt werden konnte, bis auf die Grundmauern zerstören oder niederbrennen ließ. Zu dieser Zeit wurde außerdem ein bedeutender befestigter Ort in der Nähe von Saint-Antonin mit Namen Caylus, den der Graf von Toulouse besaß, unserem Grafen durch das tatkräftige Eingreifen des edlen und getreuen Mannes, des Grafen Baudouin, übergeben. Unser Graf hatte nämlich jenen befestigten Platz schon vorher in seinen Besitz gebracht. Aber die Bewohner des befestigten Ortes waren im vergangenen Jahr von ihm abgefallen und hatten den Ort dem Grafen von Toulouse übergeben. Als die Leute des befestigten Ortes Montcuq erfuhren, daß die Unsrigen heran-kamen, flohen alle von Furcht getrieben und ließen den befestigten Platz leer zurück. Es war dies aber ein bedeutender Ort und in einem sehr guten und frucht-baren Gebiet gelegen. Unser Graf übergab ihn dem obengenannten Grafen Baudouin, dem Bruder des Grafen von Toulouse.

Von da zogen wir weiter und kamen bis auf zwei Meilen an einen befestigten Ort heran, der Penne im Gebiet von Agen heißt. Jenen befestigten Ort hatte der Graf von Toulouse einem Ritter, seinem Seneschall, überantwortet. Dieser hieß Hugues d'Alfaro und stammte aus Navarra. Außerdem hatte der Graf von

Toulouse diesem Ritter seine uneheliche Tochter zur Frau gegeben. Als jener Ritter erfuhr, daß der Graf von Montfort herankam, zog er an die 400 kräftige und stark bewaffnete Söldner zusammen. Alle Bewohner des befestigten Ortes, vom niedrigsten bis zum höchsten, vertrieb er aber aus dem Ort. Er selbst zog sich mit seinen Söldnern in die Burg des Ortes zurück. Die Burg rüstete er mit großen Mengen an Lebensmitteln und mit allem, was zur Verteidigung notwendig erschien, auf das beste aus. So bereitete er sich auf die Verteidigung vor. Als das unser Graf erfuhr, wollte er den befestigten Ort belagern. Nachdem er aber mit den Seinen Rat gehalten hatte, beschloß er, zuvor nach Agen zu gehen, um die Stadt in Besitz zu nehmen. Er nahm daher von den Rittern des Heeres einige mit, die mitgehen wollten, und begab sich nach Agen. Das Heer wartete an der Stelle, wo es war, seine Rückkehr ab. Als er nach Agen kam, wurde er mit Ehren empfangen. Überdies machten ihn die Bürger zu ihrem Herrn und übergaben ihm nach Leistung des Treueides die Stadt. Nachdem dies alles gehörig geschehen war, kehrte der Graf zum Heer zurück, um die Stadt Penne zu belagern.

Die Belagerung von Penne im Gebiet von Agen

Im Jahr der Fleischwerdung des Wortes 1212, dem 3. Juni, einem Sonntag, kamen wir bei Tagesanbruch zu dem befestigten Ort Penne, um ihn mit Gottes Hilfe zu belagern. Doch als Hugues d'Alfaro, dem der Ort anvertraut war und von dem wir oben schon gesprochen haben, das Heer der Kreuzfahrer herankommen sah, zog er sich mit seinen Söldnern in die Burg zurück und ließ in der gesamten unteren Vorburg Feuer legen. Dieser befestigte und sehr bedeutende Ort Penne liegt im Gebiet von Agen. Er befindet sich an einer anmutigen Stelle auf einem Hügel und wird auf allen Seiten von sehr weiten und fruchtbaren Tälern umgeben. Den Ort zieren nämlich auf der einen Seite reichliches Ackerland, auf der anderen liebliche Weideflächen, hier die Annehmlichkeit wonniglicher Wälder, dort die erfreuliche Fruchtbarkeit von Weingärten. Dazu ist er durch eine wünschenswert gesunde Luft begünstigt und durch eine Fülle von lieblichen Flüssen, die ihn umgeben. Die Burg des befestigten Ortes ist auf einem gewaltigen gewachsenen Felsen errichtet, mit sehr starken Mauern geschützt und schien so gut wie uneinnehmbar. Der König Richard von England, dem der befestigte Ort einst gehörte, wie wir oben schon gesagt haben, hatte nämlich die mehrfach erwähnte Burg sehr stark befestigen und in ihr auch einen Brunnen graben lassen, da der befestigte Ort sozusagen das

Haupt und der Schlüssel des gesamten Gebietes von
Agen war. Der erwähnte Ritter Hugues, dem der
Schutz des Ortes von dem Grafen von Toulouse anvertraut worden war, hatte die Burg inzwischen in
Verteidigungszustand versetzt und mit ausgesuchten
Kriegsleuten versehen. Außerdem hatte er sie mit
Kriegsmaschinen, die Steinschleudern genannt werden, mit Holz, Eisen und allem zur Verteidigung der
Burg Notwendigem ausgerüstet, so daß jeder glaubte,
die Burg werde sich erst nach vielen Jahren erobern
lassen. Hugues d'Alfaro hatte schließlich in der oft genannten Burg zwei Werkstätten, ein Backhaus und
eine Mühle errichten lassen. In dem Schutz dieser viel-
fachen Verteidigungsmaßnahmen wartete er sozusagen furchtlos die Belagerung ab.

Als die Unsrigen vor den befestigten Ort kamen,
schlugen sie ihre Zelte ringsum auf. Als sie dabei waren, die Zelte aufzustellen, begannen einige aus dem
befestigten Ort herauszukommen und die Unsrigen
mit Pfeilschüssen heftig zu bedrängen. Einige Tage
später stellten die Unsrigen aber in der Vorburg, die
niedergebrannt war, Steinschleudern auf, um die Burg
zu beschießen. Als diejenigen in der Burg das sahen,
richteten sie ebenfalls Steinschleudern auf, um die unseren zu stören und zu behindern. Sie warfen große
Steine in sehr dichter Folge und bedrängten die Unsrigen nicht wenig. Danach stellten die Unsrigen mehrere Steinschleudern auf. Doch obwohl unsere Kriegs-

maschinen ununterbrochen schossen und die Häuser,
die in der Burg waren, zertrümmerten, vermochten
sie doch die Mauern der Burg wenig oder gar nicht zu
erschüttern. Es war übrigens die Zeit des Sommers
und sehr heiß, nämlich um das Fest des heiligen Johannes des Täufers [24. Juni 1212]. Wir glauben, auch
nicht verschweigen zu sollen, daß unser Graf nur wenige Ritter, wenn auch viele Fußsoldaten bei sich
hatte. Daher rührte es, daß die Unsrigen, sooft sie auch
zum Angriff an die Burg heranrückten, wenig oder
vielmehr gar nichts auszurichten vermochten. Die
Feinde, die gut ausgerüstet und kampferfahren waren,
verteidigten sich nämlich mannhaft. Eines Tages nahmen die Unsrigen, als sie die mehrfach erwähnte Burg
angriffen, eine aus Holz errichtete Sperre nahe bei der
Mauer mit Gewalt ein. Doch die Feinde warfen oben
von der Mauer herab in sehr dichter Folge Steine und
trieben die Unsrigen unverzüglich von der aus Holz
errichteten Sperre zurück, die sie eingenommen hatten. Als die Unsrigen sich in ihre Zelte zurückzogen,
gingen die Feinde heraus und kamen mitten in der
Hitze des Tages, um unsere Kriegsmaschinen in Brand
zu stecken. Dazu brachten sie Holz, Stroh und was
sonst noch zum Entzünden eines Feuers notwendig ist
mit sich heran. Doch die Unsrigen leisteten mannhaft
Widerstand, und so konnten die Feinde nicht nur unsere Kriegsmaschinen nicht in Brand stecken, sondern
kamen nicht einmal an sie heran. Aber nicht nur an

diesem Tag, sondern viele Male zogen die Feinde gegen die Unsrigen heran, um sie, so viel sie konnten, zu
bedrängen.

Bei dieser Belagerung war der ehrwürdige Bischof
von Carcassonne zugegen, von dem wir schon häufiger gesprochen haben, und ich mit ihm. Dieser übte in
dem Heer des Herrn auf Befehl des Erzbischofs von
Narbonne, der auch der Abt von Cîteaux und päpstlicher Legat war, wie schon häufiger gesagt worden ist,
das Amt des Vizelegaten aus. Mit glühendem Sinn und
mit unglaublicher körperlicher Anstrengung widmete
er sich voll Eifer dem Predigtamt und dem, was sonst
noch zur Belagerung gehörte. Um es kurz zu machen,
wir wurden von einer so großen und unerträglichen
Last der Sorgen bedrückt, die aufeinander folgten, daß
wir kaum essen noch uns ein wenig ausruhen konnten.

Wir wollen auch nicht übergehen, daß, als der Graf
[von Montfort] bei der Belagerung von Penne war,
alle Adligen jenes Gebietes zu ihm kamen, ihm den
Treueid leisteten und von ihm ihre Länder [als Lehen]
erhielten.

Während sich diese Dinge zutrugen, verließen Guy
von Montfort, der Bruder unseres Grafen, der Erzbischof Robert von Rouen, Robert, der Elekt von Laon,
der Archidiakon Guillaume von Paris, der Erzdiakon
von Picquigny und Enguerrand de Boves, dem unser
Graf bereits das Land des Grafen von Foix zum Teil
[als Lehen] übergeben hatte, sowie andere Kreuzfahrer

Carcassonne und begaben sich in das Gebiet von Foix.
Dort gelangten sie zu einem befestigten Ort, der
Lavelanet heißt. Diesen nahmen sie mit Gewalt im
Sturmangriff ein und töteten alle Leute, die darin waren. Als das diejenigen hörten, die in den befestigten
Orten in der Umgebung waren, steckten sie ihre Befe-
stigungen in Brand und flohen vor dem Anblick der
Unsrigen. Die Unsrigen aber zerstörten die befestigten Plätze, durch die sie kamen, bis auf die Grundmauern. Sie zogen weiter in Richtung auf Toulouse und
zerstörten gründlich viele und sehr stark befestigte
Orte, die verlassen und leer waren. Nachdem sie nämlich Lavelanet eingenommen hatten, fand sich niemand, der es gewagt hätte, sie in einem befestigten
Ort, wie stark er auch sein mochte, zu erwarten. Eine
große Furcht war nämlich über alle Einwohner dieses
Gebietes hereingebrochen.

Während sich die genannten Männer [Guy von
Montfort und seine Begleiter] so mannhaft verhielten,
schickte unser Graf nach ihnen und befahl ihnen, zu
ihm nach Penne zu kommen. Die Kreuzfahrer, die bei
ihm waren, wollten nämlich nach Ablauf ihrer 40 Tage
im Heer fast alle nach Hause zurückkehren. Die genannten Männer eilten daher los und gingen zu dem
Grafen. Eines Tages gelangten sie jedoch zu einem
sehr stark befestigten Ort, der Penne im Gebiet von
Albi heißt. Dieser befestigte Ort hatte sich bisher der
Christenheit und dem Grafen [von Montfort] wider-

setzt und war immer voll von Söldnern. Als daher die öfters erwähnten Kreuzfahrer vor den befestigten Ort gelangten, kamen die Söldner, die darin waren, gegen die Unsrigen heraus und töteten einen von unseren Rittern. Die Unsrigen, die sich nicht länger mit der Einnahme des befestigten Ortes aufhalten wollten, weil sie nämlich unser Graf in Eile gerufen hatte, zogen nach Zerstörung der Saaten und der Weingärten im Umkreis des befestigten Ortes von dort ab und eilten zu dem Grafen. Nach dem Abzug der Unsrigen, die dort nur ein paar Tage verweilt hatten, gingen diejenigen, die in dem befestigten Ort waren, zu der Stelle, wo die Unsrigen den getöteten Ritter bestattet hatten. Sie zogen den Leichnam aus dem Grab, schleiften ihn durch die Straßen und gaben ihn den wilden Tieren und Vögeln preis. Oh, was für eine schändliche Raserei, oh, welch eine unerhörte Grausamkeit!

Als die mehrfach erwähnten Kreuzfahrer zu dem Grafen [von Montfort] kamen, der bei der Belagerung von Penne [im Gebiet von Agen] war, wurden sie von ihm mit großer Freude empfangen. Nachdem sie sofort in Trupps ringsum aufgeteilt worden waren, errichteten sie ihre Zelte in der Nähe der Befestigung. Der Graf mit seinen Rittern belagerte den befestigten Ort auf der westlichen Seite, und dort waren auch unsere Kriegsmaschinen bereitgestellt. Guy, der Bruder des Grafen, schlug auf der anderen Seite, nämlich im Osten, seine Zelte auf. Dort stellte er auch eine Kriegsmaschine auf und begann den befestigten Ort heftig anzugreifen. Was soll ich mehr sagen? Viele Kriegsmaschinen wurden bis dahin aufgestellt, und die Unsrigen griffen den befestigten Ort eifrig an. Es waren nämlich ungefähr neun Kriegsmaschinen errichtet worden. Da wir aber nicht alles im einzelnen berichten können, was bei dieser Belagerung geschah, wollen wir uns auf das Wichtigste beschränken.

Als unser Graf sah, daß unsere Kriegsmaschinen die Mauer des befestigten Ortes nicht zu zerstören vermochten, ließ er eine andere Kriegsmaschine herstellen, die sehr viel größer als die übrigen war.

Während man noch an der Herstellung dieser Kriegsmaschine arbeitete, wollten der Erzbischof von Rouen sowie der Elekt von Laon und die anderen, die bei ihnen waren, nach Ablauf ihrer 40 Tage abziehen. Jeden Tag verließen Kreuzfahrer, die ihre 40 Tage abgeleistet hatten, das Heer. Andererseits kamen aber gar keine oder nur sehr wenige neue an. Als der Graf [von Montfort] erkannte, daß er fast allein noch übrigblieb und er sich in einer sehr schwierigen Lage befand, trat er an die bedeutendsten Herren im Heer heran. Er bat sie inständig, die Sache Christi nicht in einer so großen Bedrängnis zu verlassen, sondern noch eine kleine Weile dazubleiben. Er sagte ihnen nämlich, daß eine große Schar von Kreuzrittern, die aus Frankreich gekommen war, in Carcassonne sei. Das war auch wahr. Wir wollen auch nicht verschweigen, daß der

Propst [Engelbert] der Kölner Kirche und alle Deutschen, die viele und vornehm waren und mit ihm und
nach ihm gekommen waren, das Heer bereits verlassen hatten. Als der Elekt von Laon die Bitte des Grafen
hörte, erhörte er sie nicht nur nicht, sondern konnte,
eine Erkrankung vorschützend, auf keine Weise zurückgehalten werden. Ähnlich taten es auch fast alle
anderen. Lediglich der Erzbischof von Rouen, der sich
im Dienste Gottes lobenswert verhielt und auf eigene
Kosten zahlreiche Ritter und eine große Gefolgschaft
mit sich führte, gab als wohlwollender Mann dem
Wunsch des Grafen gütig nach. Er blieb solange bei
ihm, bis er nach Ankunft neuer Kreuzfahrer mit Zustimmung und Willen des Grafen ehrenvoll nach
Hause zurückkehrte.

Als der Elekt von Laon und der größte Teil des Heeres abgezogen waren, begann der ehrwürdige Archidiakon Guillaume von Paris, ein Mann von großer
Beharrlichkeit und wunderbarer Tüchtigkeit, mit großem Eifer sich um die mit der Belagerung zusammenhängenden Dinge zu kümmern. Der Bischof von
Carcassonne dagegen begab sich wegen einer bestimmten Angelegenheit nach Carcassonne. Währenddessen
wurde die große Kriegsmaschine errichtet, die wir bereits oben erwähnt haben. Als sie fertig war, ließ sie
der erwähnte Archidiakon an einer bestimmten Stelle
nahe bei der Befestigung aufstellen. Da diese Kriegsmaschine groß war und mächtige Steine schleuderte,

begann sie, die Mauer des befestigten Platzes nach und nach zu erschüttern.

Einige Tage später kamen aber die Kreuzfahrer an, von denen wir schon oben gesprochen haben. Es handelte sich um den Abt von Saint Rémi in Reims und einen Abt aus Soissons, den Propst der Kathedralkirche in Auxerre, der später da auch starb, den Archidiakon von Châlons, alles bedeutende und gebildete Männer, sowie auch viele Ritter und Kreuzfahrer zu Fuß. Nach deren Ankunft verließ der ehrwürdige Erzbischof von Rouen mit Willen und Wohlwollen des Grafen [von Montfort] das Heer und kehrte in seine Heimat zurück. Die Neuankömmlinge dagegen begannen mit aller Kraft an der Eroberung des befestigten Ortes zu arbeiten.

Eines Tages trieben unsere Feinde die Armen und Frauen, die sie bei sich hatten, aus dem befestigten Ort heraus, damit sie nicht ihre Vorräte aufzehrten, und setzten sie dem Tod aus. Unser Graf aber wollte die Herausgetriebenen nicht töten, sondern zwang sie, in den befestigten Ort zurückzukehren. Oh, was für ein Edelmut eines Fürsten! Er verschmahte es, diejenigen zu töten, die er nicht gefangengenommen hatte. Auch glaubte er, keinen Ruhm durch den Tod derjenigen erlangen zu können, deren Gefangennahme nicht durch einen Sieg erreicht worden war.

Als unsere Kriegsmaschinen eine sehr lange Zeit in die Burg geschossen und alle Häuser und Schutzräume, die darin waren, zerstört hatten, und überdies die große Kriegsmaschine, die erneut aufgestellt worden war, die Mauern selbst der Burg zu erschüttern begann, sahen diejenigen in dem befestigten Ort, daß sie sich nicht mehr lange halten konnten. In der Erkenntnis, daß sie alle, wenn der Ort mit Gewalt eingenommen werden sollte, dem Schwert überantwortet würden und sie außerdem keine Hilfe von dem Grafen von Toulouse erwarten konnten, handelten sie mit den Unsrigen eine Kapitulationsvereinbarung folgender Art aus: Sie wollten unserem Grafen die Burg übergeben, wenn sie selbst mitsamt ihren Waffen freien Abzug erhielten.

Als das dem Grafen mitgeteilt wurde, hielt er mit den Seinen Rat, ob man die von den Feinden angebotene Vereinbarung annehmen solle oder nicht. Doch bedachten die Unsrigen, daß fast alle Kreuzfahrer sozusagen im Abzug begriffen waren, da sie ihre 40 Tage vollendet hatten, und daß der Graf fast alleine zurückbleiben würde. Sie erwogen auch, daß diejenigen des befestigten Ortes bis dahin viele Tage Widerstand hatten leisten können, und berücksichtigten auch, daß der Graf noch viele und andere drängende Angelegenheiten erledigen mußte. Auch stand der Winter bevor, während dessen man keine Belagerung durchführen konnte. Nachdem dies alles, ich sage mit Umsicht, erwogen worden war, rieten sie dem Grafen, die von den Feinden angebotene Vereinbarung anzunehmen.

So erhielt der edle Graf im Jahr 1212 der Fleischwerdung des Wortes, im Monat Juli, am Festtag des heiligen Jakobus [26. Juli], den vortrefflichen befestigten
Ort Penne, nachdem zuvor die Feinde daraus vertrieben worden waren.

Am nächsten Tag traf der ehrwürdige Erzbischof
Aubry von Reims ein, ein Mann von großer Güte, der
die Sache Jesu Christi mit innigster Zuneigung liebte.
Mit ihm kamen auch der Kantor von Reims und eine
Reihe anderer Kreuzfahrer.

Wir glauben, auch nicht auslassen zu sollen, daß der
Graf [von Montfort], als er bei der Belagerung von
Penne war, Robert Mauvoisin bat, zu dem sehr bedeutenden Ort Marmande zu gehen, der dem Grafen
von Toulouse gehört hatte, und diesen im Namen des
Grafen [von Montfort] in Besitz zu nehmen und zu
bewachen. Obwohl dieser überaus edle Mann an einer
schweren Krankheit litt, scheute er die Anstrengung
nicht und schützte auch seine schwächende Krankheit
nicht vor, sondern willigte gern und großzügig ein. Er
war es nämlich hauptsächlich, von dessen umsichtiger
Vorsorge und überaus heilsamem Rat der Graf [von
Montfort] oder vielmehr die ganze Sache Jesu Christi
abhing. Als dieser Robert zu dem vorgenannten Ort
kam, wurde er von den Bürgern mit Ehren empfangen. Doch einige Dienstmannen des Grafen von
Toulouse, denen die Bewachung der Burg dieses Ortes anvertraut war, wollten sich nicht ergeben, son-

dern begannen, Widerstand zu leisten und die Burg zu
verteidigen. Als das der tatkräftige Mann Robert sah,
ließ er unverzüglich vor der Burg eine Kriegsmaschine
aufstellen, die *mangonellus* heißt. Als die einige Steine
geworfen hatte, übergaben die erwähnten Dienstmannen die Burg. Robert blieb einige Tage in diesem Ort
und kehrte danach zum Grafen [von Montfort] bei
Penne [im Gebiet von Agen] zurück.

Biron wird erobert. Martin Algai wird gehängt

Nach der Eroberung des befestigten Ortes und der
Burg Penne schlug unser Graf vor, einen befestigten
Ort in der Nähe zu belagern, der Biron heißt. Diesen
befestigten Ort hatte der Graf von Toulouse einem gewissen Verräter mit Namen Martin Algai übergeben,
der, wie wir schon oben berichtet haben, bei unserem
Grafen gewesen, aber später von ihm abgefallen war.
Dieser nahm in dem vorerwähnten befestigten Ort seinen Aufenthalt und wollte dort die Ankunft der Unsrigen erwarten. Das war, wie der Ausgang der Sache
beweist, eine durch Gottes gerechten Ratschluß bewirkte Fügung.

Als nun die Unsrigen vor den befestigten Ort kamen, belagerten sie ihn. Danach und nachdem der Angriff unternommen worden war, erstiegen sie unter
großen Anstrengungen und mit wunderbarer Kühnheit die Mauern und eroberten die Vorburg mit Ge-

walt. Die Feinde zogen sich unverzüglich in die Burg zurück. Als sie aber sahen, daß sie nicht widerstehen konnten, baten sie um Frieden: Sie seien bereit, die Burg zu übergeben, wenn sie mit dem Leben davonkommen würden. Darauf wollte sich der Graf [von Montfort] aber auf keinen Fall einlassen. Doch da der Graf fürchtete, daß der besagte Verräter, nämlich Martin Algai, wegen dessen Gefangennahme der Graf vor allem diesen befestigten Ort belagerte, heimlich entkommen könnte, bot er den Feinden an, er wolle sie selbst vor dem drohenden Tod bewahren, wenn sie ihm jenen Verräter in seine Hände lieferten. Als jene das hörten, liefen sie begierig von allen Seiten herbei, ergriffen den Martin und übergaben ihn dem Grafen. Der Graf bot ihm an, wie er als katholischer Mann bei allen Verurteilten zu tun pflegte, die Beichte abzulegen. Danach ließ er ihn an den Schwanz eines Pferdes binden und durch das Lager des Heeres schleifen und dann den Geschleiften als verdiente Strafe am Galgen aufhängen.

Nachdem dies geschehen war, kehrte der Graf nach dem befestigten Ort Penne zurück. Dort kam ein Adliger zu ihm, Gaston de Béarn, ein mächtiger Herr der Gascogne und ganz übler Mensch, der immer ein Anhänger des Grafen von Toulouse war. Er wollte sich mit dem Grafen [von Montfort] wegen einer Abmachung besprechen. Doch da sie sich an diesem Tag nicht einigen konnten, bestimmte ihm unser Graf einen neuen Tag in Agen. Doch dieser, ein Feind des Friedens, hielt sich nicht an die Vereinbarung und weigerte sich, an dem bestimmten Tag zu erscheinen.

Während sich dies zutrug, eilten die edle Gräfin von Montfort und der ehrwürdige Bischof von Carcassonne und ich mit ihm von Carcassonne zum Grafen [von Montfort]. Wir hatten nur wenige Kreuzfahrer zu Fuß bei uns. Wir wollen auch nicht verschweigen, daß unterwegs viele unserer Kreuzfahrer infolge der glühenden Hitze des Sommers und der Beschwerlichkeit des Wegs auf dem Weg zusammenbrachen. Doch der ehrwürdige Bischof von Carcassonne und die edle Gräfin hatten Mitleid mit deren Qual und nahmen sie den ganzen Tag hinter sich auf ihren Pferden mit. Manchmal ließ jeder von ihnen, nämlich der Bischof und die Gräfin, zwei Kreuzfahrer auf ihre Pferde legen und sie selbst gingen zu Fuß weiter. Oh, was für ein frommes Mitgefühl des Bischofs, oh, welch edle Demut der Gräfin!

Als wir nun auf unserem eiligen Weg zum Grafen in Cahors ankamen, sagte man uns, daß dort in der Nähe befestigte Orte seien, in denen sich Söldner und Feinde des Glaubens aufhielten. Wir rückten daher gegen diese befestigten Orte vor. Obwohl wir nur sehr wenige waren, geschah es durch das Wirken der göttlichen Gnade, daß die erschreckten Feinde vor unserem Anblick flohen und mehrere auch sehr stark befestigte Orte menschenleer zurückließen. Nachdem wir diese zerstört hatten, gelangten wir zu dem Grafen [von Montfort] in Penne.

Die Belagerung von Moissac

Nachdem dies alles gehörig geschehen war, hielt der edle Graf [von Montfort] mit den Seinen Rat und schlug vor, einen befestigten Ort mit Namen Moissac zu belagern, der in dem Besitz des Grafen von Toulouse war. Wir kamen am Tag vor Mariä Himmelfahrt [14. August 1212] vor diesen befestigten Ort und belagerten ihn.

Moissac liegt am Fuß eines Hügels in einer Ebene nahe bei dem Fluß Tarn in einer sehr fruchtbaren und lieblichen Gegend. Er wird Moissac nach dem Wort *moys* genannt, was *Wasser* heißt, weil sich nämlich darin sehr viele und sehr klare Quellen befinden.

Als die Bewohner des befestigten Ortes erfuhren, daß die Unsrigen heranrückten, riefen sie eine große Zahl von Söldnern und Leuten aus Toulouse herbei, um mit ihrer Hilfe den Unsrigen Widerstand leisten zu können. Diese Söldner waren jedoch sehr üble und schlechte Menschen. Denn, obwohl dieser Ort von den Legaten des Herrn Papstes mit dem Interdikt belegt worden war, weil er die Häretiker unterstützte und zusammen mit dem Grafen von Toulouse die Kirche bekämpfte, ließen die besagten Söldner Gott und uns zum Hohn die Glocken der dortigen Kirche, die prächtig und sehr groß war, jeden Tag und zu jeder Stunde fröhlich läuten. Der König Pipin von Frankreich hatte nämlich, wie man sagt, in jenem Ort ein Kloster mit tausend Mönchen errichtet.

Einige Tage später ließ der Graf [von Montfort] Kriegsmaschinen herrichten und nahe bei dem befestigten Ort aufstellen. Deren Steinwürfe begannen nach und nach die Mauer des befestigten Ortes zu erschüttern. Doch auch die Feinde stellten ihre Kriegsmaschinen auf und ließen gegen unsere schießen. Doch die ehrwürdigen Männer und Lenker und Leiter dieser Sache, nämlich der Bischof von Carcassonne und der Archidiakon Guillaume von Paris, bemühten sich unablässig um alles, was für die Belagerung notwendig war. Auch der Erzbischof von Reims, der da war, ließ den Kreuzfahrern sehr oft und gerne Worte der Predigt und der Ermahnung zuteil werden. In allem, was für die Belagerung notwendig war, setzte er seine Person ein und gab großzügig von seinem Vermögen aus. Er war sehr notwendig für die Sache Jesu Christi.

Eines Tages kamen die Feinde aus dem befestigten Ort heraus und begannen heranzukommen, um unsere Kriegsmaschinen zu zerstören. Doch unser Graf und einige von den Unsrigen eilten gewappnet heran und warfen die Feinde in ihre Befestigung zurück. Bei diesem Kampf schoß aber einer von den Feinden einen Pfeil nach dem Grafen und verwundete ihn am Fuß. Die Feinde nahmen aber auch einen jungen Mann von uns gefangen, der ein Neffe des Erzbischofs von Reims war. Diesen schleiften sie hinter sich her. Nachdem sie ihn getötet und schändlich zerstückelt hatten, schossen sie ihn zu den Unsrigen herüber. Doch der ehrwürdige Erzbischof, der Onkel des getöteten jungen Mannes, ertrug den Tod, obwohl er seinen Neffen mit einzigartiger Zuneigung liebte, wegen des Jesu Christo geleisteten Dienstes mit Gleichmut und verbarg seinen Schmerz mit sehr mutiger Gesinnung. So gab er allen in dem Heer ein Beispiel für bewundernswerte Duldsamkeit und Hochherzigkeit. Wir wollen auch nicht verschweigen, daß zu Beginn dieser Belagerung, als wir wegen der geringen Zahl an Kreuzfahrern den befestigten Ort nicht von allen Seiten einschließen konnten, die Feinde täglich herauskamen, über einen Hügel gingen, der den befestigten Ort beherrscht, und mit großer Dreistigkeit das Heer angriffen. Aber auch die Unsrigen stiegen zu ihnen hinauf und kämpften den ganzen Tag mit ihnen. Jedesmal aber, wenn die Feinde einen von unseren Kreuzfahrern getötet hatten, umstellten sie den Körper des Getöteten und stießen uns zum Hohn ihre Schwerter in ihn hinein. So groß war nämlich ihre Grausamkeit, daß es ihnen nicht genügte, einen von den Unsrigen getötet zu sehen, sondern, um ihm weitere Wunden zuzufügen, durchbohrten alle Feinde, wieviel sie auch waren, den Körper des Verschiedenen mit ihren Schwertern. Oh, was für ein verachtenswerter Kampf, oh, welche Raserei der Feinde!

Während dies sich zutrug, kamen Tag für Tag Kreuzfahrer aus Frankreich an. Eines Tages traf auch der Bischof Renaud von Toul mit anderen Kreuzfahrern ein.
Infolge des Anwachsens der Menge der Kreuzfahrer
konnten die Unsrigen den besagten Hügel besetzen,
und da nach und nach weitere Kreuzfahrer ankamen,
den Ort fast auf allen Seiten einschließen. Als das die
Feinde sahen, wagten sie es nicht mehr, so sorglos herauszukommen, wie sie es bisher getan hatten.

Eines anderen Tages, als ich, der ich nur irgendein
Zisterziensermönch war, ein wenig in die Nähe der
Befestigung herangegangen war, um die Kreuzfahrer
zu ermuntern, kräftig an den Steinschleudern zu ziehen, schoß einer von den Söldnern in der Befestigung
ohne Rücksicht auf meinen Stand als Mönch mit
einem sehr kräftigen Schuß seiner Armbrust einen sehr
scharfen Pfeil auf mich ab, um mich zu töten. Ich saß
zu diesem Zeitpunkt jedoch auf einem Pferd. Der Pfeil
drang durch meine Kleidung hindurch und blieb nahe
an meinem Körper einen Finger oder weniger weit davon entfernt in dem Sattel des Pferdes stecken, auf dem
ich saß. Durch Gottes Gnade wurden weder ich noch
das Pferd irgendwo verletzt. Ich maße mir nicht an,
dies meinen Verdiensten zuzuschreiben, sondern Gottes Güte hat es, wie ich glaube, deswegen so eingerichtet, damit die Feinde des Glaubens nicht aus Freude
über den Tod eines Mönches als eines sozusagen nicht
geringen Sieges uns weiter bedrängten.

Da wir nicht alles, was dort geschah, ausführlich berichten können, wollen wir uns auf das Wichtigste beschränken. Nachdem unsere Kriegsmaschinen lange Zeit geschossen und die Mauern des befestigten Ortes erschüttert hatten, ließ der Graf [von Montfort] eine Kriegsmaschine bauen, die in der Volkssprache *Kater* (*cattus*) heißt. Als die fertig war, ließ der Graf sie an den Graben der Befestigung ziehen, der sehr breit und tief und auch voll Wasser war. Die Feinde hatten jedoch außerhalb des Grabens Sperren aus Holz angelegt und hinter diesen Sperren noch einen Graben. Sie blieben immer zwischen diesen beiden Gräben und kamen öfters von dort heraus und griffen die Unsrigen an. Außerdem stellten sie zwischen den beiden Gräben eine Kriegsmaschine auf, die *mangonellus* heißt, um damit auf unsere Steinschleudern zu schießen. In der Zwischenzeit war unsere besagte Kriegsmaschine an den Graben herangezogen worden. Man hatte sie mit frischen Ochsenhäuten bedeckt, damit sie von den Feinden nicht in Brand gesteckt werden konnte. Doch die Feinde ließen eine sehr große Steinschleuder ständig auf diese Kriegsmaschine schießen, um sie zu zerstören.

Als aber die oft genannte Kriegsmaschine an dem ersten Graben war, mußten die Unsrigen den Graben nur noch unter dem Schutz der Kriegsmaschine zuwerfen. Eines Tages kamen aber die Feinde nach Sonnenuntergang aus der Befestigung heraus, brachten

Feuer, trockenes Holz, Stroh, Werg, eingesalzene Fleischstücke, Öl und was sich sonst noch zum Entzünden eines Feuers eignet heran und begannen das mit aller Kraft zu werfen, um unsere Kriegsmaschine zu verbrennen. Außerdem hatten sie Armbrustschützen bei sich, die unsere Verteidiger der Kriegsmaschine schwer verwundeten. Was soll ich mehr sagen? Die Flamme schlägt höher und wir alle sind bestürzt. Auch waren unser Graf und sein Bruder Guy in der Kriegsmaschine. Während die Feinde ohne Unterlaß das zum Entzünden des Feuers Erforderliche schleuderten, schütteten die Unsrigen unter großer Anstrengung Wein, Wasser und Erde in das Feuer. Andere zogen mit eisernen Haken die Fleischstücke und die Krüge voll Öl, die von den Feinden geworfen wurden, aus dem Feuer. So bewahrten die Unsrigen durch anstrengenden Einsatz und mühselige Arbeit, was man ohne Tränen kaum mit ansehen konnte, die oft genannte Kriegsmaschine vor dem Verbrennen.

Am nächsten Tag aber bewaffneten sich unsere Kreuzfahrer und rückten von allen Seiten an die Befestigung heran. Mit übergroßer Kühnheit gingen sie in den ersten Graben hinein und zerstörten mit großer Anstrengung und unerschütterlicher Heldenhaftigkeit die hölzernen Sperren. Doch die Feinde, die in den Sperren und Barbakanen[50] waren, verteidigten die Barbakane mit all ihren Kräften.

Ein Wunder

Während der Angriff stattfand, eilten der Bischof von
Carcassonne und ich durch das Heer und feuerten die
Unsrigen zum Kampf an. Außerdem standen der Erzbischof von Reims, die Bischöfe von Toul und Albi,
der Archidiakon Guillaume von Paris sowie der Abt
von Moissac zusammen mit einigen Mönchen und den
übrigen Geistlichen des Heeres mit weißen Gewändern angetan und mit nackten Füßen auf dem Abhang
des Hügels vor dem befestigten Ort und hielten ein
Kreuz mit Reliquien der Heiligen vor sich. Dabei sangen sie mit sehr lauter und demutsvoller Stimme das
Veni Creator Spiritus [Komm, Schöpfer Geist] und riefen so die göttliche Hilfe an. Der Heilige Geist versagte
den Bittenden seine Hilfe nicht. Denn bald darauf, als
sie zu dem Vers des Hymnus kamen, der da heißt
Hostes repellas longius [Die Feinde treibe weiter davon],
und ihn dreimal wiederholten, da verließen die erschreckten und durch göttliches Eingreifen zurückge-
triebenen Feinde die Barbakane, flohen zu der Befestigung und schlossen sich im Ring der Mauern ein.

In der Zwischenzeit waren die Bewohner eines in
der Nähe gelegenen befestigten Ortes, der dem Grafen
von Toulouse gehörte und Castelsarrasin hieß, zu unserem Grafen gekommen und hatten ihm den befestigten Ort übergeben. Außerdem sandte der Graf seinen
Bruder Guy und den Grafen Baudouin, den Bruder

des Grafen von Toulouse, sowie weitere Ritter zu
einem anderen bedeutenden und befestigten Ort, der
dem Grafen von Toulouse gehörte, fünf Meilen von
Toulouse entfernt am Fluß Garonne gelegen ist und
Verdun[-sur-Garonne] heißt. Die Bewohner dieses
befestigten Ortes ergaben sich ebenfalls ohne irgendwelchen Widerstand unserem Grafen. Ebenso ergaben
sich auch sämtliche befestigten Orte im Umkreis mit
Ausnahme von einem, der Montauban heißt.

Als die Bewohner von Moissac erfuhren, daß sich
alle befestigten Orte in der Umgebung unserem Grafen ergeben hatten, und sie einsahen, daß sie keinen
Widerstand zu leisten vermochten, schickten sie zu
dem Grafen [von Montfort] und baten um Frieden.
Der Graf bedachte, daß der befestigte Ort, der zudem
hinreichend stark geschützt war, gewaltsam nur mit
großen Verlusten unter den Unsrigen erobert werden
konnte, und erwog auch, daß der Ort, der herrlich und
das Eigentum von Mönchen war, bei einer gewaltsa-
men Eroberung zerstört würde. Da er weiterhin sich
vor Augen hielt, daß dann alle, die in dem befestigten
Ort waren, ohne Unterschied umkommen würden,
erklärte er, daß er ihre Unterwerfung unter folgender
Bedingung annehmen würde: Sie sollten sämtliche
Söldner und diejenigen, die zur Verteidigung des Ortes aus Toulouse gekommen waren, in seine Hand
übergeben und sie selbst sollten auf den hochheiligen
Evangelien schwören, nicht mehr gegen die Christen

zu kämpfen. Nachdem dies alles gehörig geschehen war und man die Söldner sowie die Leute aus Toulouse übergeben hatte, nahm der Graf den befestigten Ort in seinen Besitz und gab ihn dem Abt unter dem Vorbehalt dessen zurück, was der Graf von Toulouse rechtmäßig darin besessen hatte. Der Abt war nämlich schon lange vor der Belagerung aus dem Ort fortgegangen, da die Bewohner ihm in nichts gehorchen wollten. Unsere Kreuzfahrer aber nahmen die Söldner in Empfang und töteten sie mit großer Begierde. Wir glauben, auch nicht verschweigen zu sollen, daß der befestigte Ort Moissac, dessen Belagerung am Tag vor dem Fest der Himmelfahrt der heiligen Maria begonnen worden war, am Festtag der Geburt derselben Jungfrau [8. September 1212] eingenommen wurde. Daran läßt sich das Wirken der heiligen Jungfrau erkennen.

Nachdem der Graf [von Montfort] Moissac verlassen hatte, schlug er vor, einen gewissen befestigten Ort in der Nähe von Foix, in der Diözese Toulouse, zu belagern, der Saverdun heißt. Dieser befestigte Ort hatte die Oberhoheit unseres Grafen abgeschüttelt, und der Graf von Foix, der ihn in Besitz hatte, benutzte ihn, um von dort aus Pamiers häufig anzugreifen. In der Zwischenzeit waren aber einige vornehme Kreuzfahrer aus Deutschland in Carcassonne angekommen. Enguerrand de Boves, dem unser Graf, wie wir schon oben gesagt haben, zu einem Großteil das Land des

Grafen von Foix [als Lehen] übergeben hatte, sowie andere von unseren Rittern, die das Gebiet von Carcassonne beschützten, führten die genannten Deutschen nach Pamiers. Der Graf von Toulouse und der Graf von Foix aber waren in Saverdun. Unsere erwähnten Ritter verließen zusammen mit den Deutschen Pamiers und zogen in großer Eile auf Saverdun zu. Als das der Graf von Toulouse und der Graf von Foix erfuhren, flohen sie aus Saverdun. So gewann Enguerrand ohne Widerstand oder Kampf Saverdun zurück.

Während sich diese Dinge zutrugen, kam unser Graf mit seinem Heer aus Moissac heran. Als er jedoch in die Nähe von Saverdun gelangt war, ging er selbst weiter nach Pamiers, wo sich die Deutschen befanden, während das Heer nach Saverdun zog. Der Graf nahm die Deutschen mit sich und ritt vor den befestigten Ort Foix. Von dort kehrte er zum Heer zurück. Das Heer verließ dann Saverdun und zog nach Auterive. Doch die Bewohner von Auterive flohen vor dem Anblick der Unsrigen und ließen den befestigten Ort verwaist zurück. Unser Graf legte eine Besatzung in den Ort, weil er durch ihn die Feinde in Schranken halten konnte, denn der Ort liegt zwischen Toulouse und Foix.

Nachdem dies erledigt war, schlug der Graf [von Montfort] vor, in das Land des Grafen von Comminges einzudringen. Er kam dabei zu einem befestigten

Ort in der Nähe von Toulouse, der Muret heißt. Dies
ist ein sehr angenehmer, am Fluß Garonne gelegener
Ort. Als wir uns dem befestigten Ort Muret näherten,
ergriffen die Bewohner aus Furcht vor unserem Anblick die Flucht und gingen in die Stadt Toulouse
hinein. Doch einige von ihnen legten Feuer an die
Brücke, die sehr lang und aus Holz war. Sie führte
über den Fluß Garonne zu dem Ort, und über sie mußten wir gehen. Als wir nun an den befestigten Ort kamen und die Brücke brannte, stürzten sich der Graf
und mehrere von den Unsrigen in den Fluß, der tief
und reißend war, und gelangten nicht ohne große Gefahr hinüber. Das Heer aber schlug seine Zelte diesseits
des Flusses auf. Sofort eilten der Graf und einige von
den Seinigen zu der Brücke und löschten unter großer
Anstrengung das Feuer. Unmittelbar darauf stürzte
aber eine solche Regenflut herab und schwoll der Fluß
derartig an, daß niemand ohne ernsthafte Gefahr für
sein Leben ihn durchqueren konnte.

Nachdem die Vesperzeit gehalten worden war,
stellte der Graf fest, daß fast alle Ritter und die Kräfti-
geren im Heer durch den Fluß gekommen und in den
befestigten Ort gelangt waren. Nur die Fußtruppe und
die Schwächeren konnten nicht herüberkommen und
waren jenseits des Flusses geblieben. Er rief daher seinen Marschall zu sich und sagte zu ihm: «Ich will zum
Lager des Heeres zurückkehren.» Darauf antwortete
ihm der: «Was», sagte er, «meint Ihr? Der Großteil des

Heeres ist in diesem befestigten Ort. Jenseits des Flusses sind nur die Kämpfer zu Fuß unter den Kreuzfahrern. Außerdem ist der Fluß derart breit und reißend, daß es unter keinen Umständen möglich ist, ihn zu durchqueren. Überdies könnten die Tolosaner kommen und Euch und alle diese Kreuzfahrer töten.» Diejenigen in Toulouse waren nämlich von unendlicher Zahl und bestens bewaffnet. Sie konnten auch ohne Schwierigkeit herankommen und das Lager angreifen, da unsere Ritter in dem befestigten Ort waren und nicht zu ihnen herüberkommen oder ihnen irgendwie helfen konnten. Der Graf aber entgegnete dem Marschall: «Gott bewahre, daß ich so handele, wie Ihr mir ratet! Die Armen Christi sind dem Tod und dem Schwert ausgesetzt. Und ich sollte in der Befestigung bleiben? Mit mir möge nach Gottes Willen geschehen! Ganz bestimmt werde ich gehen und bei ihnen bleiben.» Unverzüglich ging er aus der Befestigung, durchquerte den Fluß, begab sich zu dem Lager der Fußtruppe und blieb dort zusammen mit sehr wenigen Rittern – etwa vier oder fünf – mehrere Tage. Nachdem schließlich die Brücke wiederhergestellt war, ging das ganze Heer hinüber. Oh, was für eine große Ehrenhaftigkeit eines Fürsten, oh, welch unbesiegbare Kühnheit! Er lehnte es ab, in der Befestigung zu bleiben, so lange die armen Kreuzfahrer auf dem freien Feld schutzlos waren.

Der Graf geht in die Gascogne

Als der Graf [von Montfort] in dem befestigten Ort Muret weilte, kamen die Bischöfe von Comminges und von Couserans zu ihm. Sie waren ehrwürdige und von Gott erfüllte Männer, von denen die Sache Jesu Christi mit einer einzigartigen Hingabe geliebt und die Durchführung des Werkes gefördert wurde. Aufgrund ihres Rates und ihres Drängens war der Graf [von Montfort] in diese Gegend gekommen. Sie drängten ihn auch, weiterzuziehen und ohne Kampf und ohne einen Schwertstreich den größten Teil der Gascogne an sich zu bringen. Der Graf zog daraufhin eilig weiter und gelangte zu einem befestigten Ort, der Saint-Gaudens heißt und dem Grafen von Comminges gehörte. Doch die Bewohner des befestigten Ortes übergaben den Ort dem Grafen [von Montfort], den sie freudig empfingen. Dorthin kamen auch die Adligen des Landes, leisteten dem Grafen [von Montfort] den Treueid und empfingen ihre Länder von ihm [als Lehen]. Was soll ich mehr sagen? Innerhalb ganz weniger Tage erwarb der Graf [von Montfort] ohne einen Schwertstreich das ganze Land des Grafen von Comminges. Auch drang er durch die Berge in Richtung auf Foix vor und verwüstete das Land des Roger de Comminges. Dieser [...] hatte unserem Grafen in Lavaur den Treueid geleistet, sich aber später niederträchtig und treulos von dessen Oberherrschaft losgesagt.

In der Zwischenzeit kümmerte sich der Bischof von
Carcassonne, der mit einigen Kreuzfahrern in dem
befestigten Ort Muret zurückgeblieben war, eifrig
darum, den Ort in Verteidigungszustand zu versetzen.

Nachdem unser Graf in der Gascogne die Dinge erledigt hatte, wegen derer er dorthin gegangen war,
kehrte er nach Muret zurück. Er hatte damals aber nur
wenige Ritter bei sich, denn er hatte als Ritter, die
Kreuzfahrer waren, nur den Grafen von Toul und ganz
wenige andere Ritter. Wenn er auch nur über wenige
verfügte, ritt er doch öfters bis direkt vor die Tore von
Toulouse. Doch obwohl die in Toulouse Unzählige
und bestens bewaffnet waren, wagten sie es nicht, gegen ihn herauszukommen. Er selbst aber verwüstete
die ganze Umgebung und zerstörte ihre Befestigungs-
werke vor ihren eigenen Augen. Die Stadt Toulouse
war aber auch über Maßen voll von Menschen, denn
die Häretiker und ihre Gönner aus dem Gebiet von
Béziers, Carcassonne und Toulouse sowie die Söldner
waren, nachdem sie durch den Willen Gottes ihre Besitzungen verloren hatten, nach Toulouse gegangen.
Sie füllten die Stadt derart an, daß sie sogar die Klöster
der Mönche, nachdem die Kanoniker daraus vertrieben worden waren, zu Unterkünften für das Vieh und
zu Ställen für die Pferde machten. Oh, du Häretiker-
nest Toulouse, oh, du Zeltlager von Räubern! Wir
wollen auch nicht übergehen, auf welche Art und wie

sehr dieses Toulouse heimgesucht und sozusagen belagert wurde: Unser Graf war nämlich auf der einen Seite in Muret, einer von unseren Rittern auf der anderen Seite in Verdun, auf einer weiteren Seite befand sich der Graf Baudouin und auf einer noch anderen Guy, der Bruder des Grafen [von Montfort]. Sie alle schlossen auf allen Seiten Toulouse ein und indem sie öfters bis direkt vor die Tore der Stadt ritten, beunruhigten sie diese nicht wenig. Doch der Graf von Toulouse, dem wegen seiner offenkundigen Sünden sein Besitz abgesprochen worden war und der außer Toulouse und Montauban sein ganzes Land verloren hatte, floh zum König von Aragon, um bei ihm Rat und Hilfe zur Wiedergewinnung seines Landes zu suchen.

Oh, was für ein gerechter Urteilsspruch Gottes, des allergerechtesten Richters, oh, welch wahrredende Worte des allerheiligsten Mannes, des Bruders Pierre de Castelnau! Oft sagte nämlich dieser heilige Mann, wie mir von denjenigen berichtet wurde, die es häufig aus seinem eigenen Mund gehört haben: «Die Sache Jesu Christi», erklärte er, «wird in diesem Gebiet so lange keinen Erfolg haben, bis einer von uns Predigern für die Verteidigung des Glaubens stirbt. Möge ich der erste sein, der den Schwertstreich der Verfolger empfängt»! Siehe da, dieser Elendige, ich meine den Grafen von Toulouse. Nachdem er diesem allerheiligsten Mann den Tod gebracht hatte, weil dieser heilige

Mann ihm seine begangenen Verbrechen öffentlich
vorgeworfen und ins Gesicht gesagt hatte, glaubte er,
so der Bestrafung entgangen zu sein und meinte, auf
diese Weise sein Land wiedererlangen zu können.
Doch der rächende Herr übte Vergeltung und rächte
das Blut Seines Märtyrers. Wodurch der Graf von
Toulouse sich einen Vorteil zu verschaffen gehofft
hatte, dadurch trug er einen nicht wieder gutzuma-
chenden Schaden davon. Gewissenhaft ist auch noch
anzumerken, daß dieser besagte Elendige, ich meine
den Grafen von Toulouse, den Mörder des Mannes
Gottes mit übergroßer Freundlichkeit und Vertrau-
lichkeit aufnahm, und zwar in einem so großen Maß,
daß er selbst ihn sozusagen zur Schaustellung durch die
Städte und befestigten Orte führte und allen sagte:
«Dieser allein liebt mich, dieser allein stimmt vorzüg-
lich mit meinen Wünschen überein, er hat mich von
dem Feind befreit, er hat mich an dem Feind gerächt,
er hat mir den Sieg verschafft, er hat mir mein Land
zurückgegeben.» Mochte der genannte Graf [von
Toulouse] auch noch so sehr jenen überaus grausamen
Mörder rühmen, selbst die stummen Tiere verabscheuten ihn. Wie mir nämlich als wahrhaftig von vielen und ehrenhaften Männern, Kanonikern der Kirche
in Toulouse, berichtet worden ist, wollte seit dem
Tag, als der besagte Mörder den erwähnten Mann
Gottes getötet hatte, aus Abscheu vor einem so großen
Verbrechen, kein Hund ein Stück Brot aus seiner

Hand annehmen. Oh, was für ein wunderbares Geschehen, oh, welch eine seit Jahrhunderten nicht gehörte Sache!

Der Sohn des Grafen von Foix tötet Kreuzfahrer

Während sich diese Dinge, wie oben geschildert, abspielten, zog Roger-Bernard, der Sohn des Grafen von Foix, in der Nähe von Carcassonne mit seinen Söldnern vorüber und ritt eines Tages auf Narbonne zu mit der Absicht, wenn er auf Kreuzfahrer stoßen würde, diese gefangen nach Foix fortzuführen und zu einem sehr grausamen Tod zu verurteilen. Es trug sich nun zu, daß er auf dem Weg einer kleinen Zahl von Kreuzfahrern aus Frankreich begegnete, die unterwegs zu unserem Grafen [von Montfort] waren. Als diese Kreuzfahrer die Feinde herankommen sahen, glaubten sie, daß es welche von den Unsrigen seien, und liefen ohne Furcht den Feinden entgegen. Die genannten Verräter hatten das aber in ihrer Schlechtigkeit so geplant. Indem sie nämlich langsamen Schrittes auf der öffentlichen Straße entlangzogen, ließ sich nicht leicht erkennen, daß sie keine von den Unsrigen waren. Als sie jedoch aufeinandertrafen, stürzten sich die überaus grausamen Schlächter sofort auf die Unsrigen, die wenige und ungewappnet waren und keinen Verrat argwöhnten. Sie töteten und verstümmelten mehrere von den Unsrigen. Die übrigen führten sie mit sich nach

Foix. Dort wurden sie gefangengehalten und durch
überaus grausame Folterungen zerfleischt. Mit unge-
heurem Eifer dachten sie sich nämlich jeden Tag neue
und noch nicht erprobte Martern aus, mit denen sie
ihre Gefangenen peinigten. Wie ich aus dem Mund
eines unserer Ritter gehört habe, der dort gefangengehalten wurde und zugegen war und es gesehen hat,
quälten jene ihre Gefangenen täglich mit so vielen und
so schweren Martern, daß sie Diokletian oder Domitian[51] an Grausamkeit gleichkamen oder sogar noch
übertrafen. Wir wollen jedoch sehr vieles übergehen
und nur sagen, daß sie häufig sogar die Priester und die
Erklärer des göttlichen Geheimnisses aufhängten.
Manchmal rissen sie – es ist scheußlich, das zu sagen –
den an ihren Genitalien Aufgehängten ungestüm mit
Stricken die Gliedmaßen vom Körper. Oh, was für
eine grausame Unmenschlichkeit, oh, welch unerhörte Raserei!

Eine Allgemeine Ständeversammlung
wird in Pamiers abgehalten

Im Jahr der Fleischwerdung unseres Herrn 1212, im
Monat November, rief der edle Graf von Montfort die
Bischöfe und Adligen seines Landes in Pamiers zusammen, um eine Allgemeine Ständeversammlung abzuhalten. Der Grund für diese Zusammenkunft war, daß
unser Graf in dem Land, das er der Heiligen Römi-

schen Kirche erworben und unterworfen hatte, gute
Gesetze einführen und jetzt, nachdem der Unflat der
Häresie, der jenes Land verdorben hatte, so gut wie
weggefegt war, gute Satzungen sowohl hinsichtlich
des Kultus der christlichen Religion als auch des Friedens und der Ruhe in jenem Land einführen wollte.

Jenes Land litt nämlich seit altersher unter Plünde-
rung und Raub, denn der Mächtige unterdrückte den
Machtlosen, der Stärkere den Schwachen. Der edle
Graf wollte deshalb, daß die Rechte der Herren des
Landes genau bestimmt und die Grenzen festgelegt
würden, die sie nicht überschreiten durften, damit sich
die Ritter mit ihren festgelegten und rechtmäßigen
Einkünften erhalten könnten und das einfache Volk
unter deren Schutz und nicht durch übermäßige Abgaben bedrückt leben könnte.

Zur Festsetzung dieser Rechtsvorschriften wurden
zwölf Männer gewählt, die auf dem heiligen Evangelium schworen, daß sie nach ihrem besten Wissen und
Vermögen solche Bestimmungen festsetzen würden,
daß sich die Kirche ihrer Freiheit erfreuen könnte und
das ganze Land in einen besseren Zustand versetzt
würde.[52] Von diesen zwölf erwählten Männern waren
vier Geistliche (nämlich zwei Bischöfe, der von Toulouse und der von Carcassonne, ein Templer- und ein
Johanniterritter), außerdem vier Ritter aus Frankreich
und vier Einheimische (zwei Ritter und zwei Bürger).

[...]

Während dies in Pamiers geschah, verließen die Feinde des Glaubens Toulouse und begannen, durch die Gascogne zu ziehen und soviel Unheil anzurichten, wie sie nur konnten. Doch der ehrwürdige Bischof von Comminges nahm einige von unseren Rittern mit sich, ging in die Gascogne und verteidigte jenes Land tapfer gegen die Feinde des Glaubens.

Unser edler Graf begab sich jedoch nach Carcassonne und von dort nach Béziers, um sich mit dem Erzbischof von Narbonne über die mit der Sache Jesu Christi zusammenhängenden Dinge zu besprechen. Als sie in Béziers weilten und der Bischofssitz vakant war, wählten die Kanoniker der dortigen Kirche einstimmig den Archidiakon Guillaume von Paris zu ihrem Erzbischof und geistlichen Hirten. Doch dieser konnte durch nichts dazu gebracht werden, ihre Wahl anzunehmen.

Der König von Aragon zieht in Toulouse ein

Etwa um das Fest der Erscheinung des Herrn [6. Januar 1213] kam der König Peter von Aragon, der die Sache des Glaubens mit größter Mißgunst betrachtete, nach Toulouse und hatte dort lange Zeit Umgang mit den Exkommunizierten und den Häretikern. Außerdem ließ der König dem Erzbischof von Narbonne, dem Legaten des Apostolischen Stuhls, und unserem Grafen mitteilen, daß er mit ihnen eine Unterredung abhalten wolle, um über den Frieden und die Einigung zwischen unserem Grafen und den Feinden des Glaubens zu verhandeln. Daraufhin wurde mit allseitiger Billigung ein Tag [14. Januar 1213] und ein Ort zwischen Toulouse und Lavaur bestimmt, wo die Unterredung stattfinden sollte. Doch der Erzbischof von Narbonne berief zu dieser Unterredung auch ein Konzil der Bischöfe ein, und es waren dort etwa 20 Erzbischöfe und Bischöfe anwesend.

Als wir an dem Ort der Unterredung zusammenkamen, begann der König, den Erzbischof von Narbonne und die Bischöfe zu bitten, dem Grafen von Toulouse, dem von Comminges und dem von Foix sowie Gaston de Béarn ihre Länder zurückzugeben. Doch der Erzbischof von Narbonne antwortete dem König, daß er alle seine Bitten schriftlich abfassen und das Schriftstück mit seinem Siegel versehen den Bischöfen nach Lavaur senden solle.

[...]

Als der König von Aragon die Antwort unserer [in Lavaur versammelten] hohen Geistlichen hörte und erkannte, daß seine vorgebrachten Bitten gänzlich abgelehnt worden waren und seine Absicht nicht verwirklicht werden konnte, versuchte er es auf einem Umweg: Er schickte Boten zu den erwähnten hohen Geistlichen und ersuchte sie und bat sie freundlich, den Grafen von Montfort dazu zu veranlassen, dem Grafen von Toulouse und den anderen Feinden des christ-

lichen Glaubens einen Waffenstillstand bis zum nächsten Pfingstfest oder wenigstens bis Ostern zu gewähren. Als unsere hohen Geistlichen das hörten und ge-
wahrten, daß der König das nur aus dem Grund erbat,
damit man es in Frankreich höre und dadurch der Eifer
der Kreuzfahrer abgekühlt werde, wiesen sie diese
Bitte des Königs wie seine frühere ab.

Da es zu lang sein würde, alles der Reihe nach zu
schildern, was der König verlangte und was ihm die
Unsrigen zur Antwort gaben, wollen wir nur das kurz
sagen, daß allein dies die Absicht des erwähnten Königs war: dafür zu sorgen, daß der Graf von Toulouse
und die anderen Feinde der christlichen Religion ihre
Länder zurückerhielten oder – mit der oben erwähnten
Absicht – ihnen von den Unsrigen wenigstens ein
Waffenstillstand gewährt werde.

Doch die Unsrigen, die vorausschauende und standhafte Männer waren, wollten weder die Länder zu-
rückgeben noch einen Waffenstillstand gewähren. Als
der König sah, daß er nichts erreichen konnte, nahm er
zum großen Schaden sowohl für sein Ansehen als auch
für seine Ehre die Exkommunizierten und ihre Länder,
die sie noch besaßen, in seinen Schutz. Um seine
Schlechtigkeit zu bemänteln, appellierte er aber an den
Apostolischen Stuhl. Doch unsere hohen Geistlichen
ließen sich durch diese Appellation, die zudem aus
mehreren Gründen nichtig und wirkungslos war,
wenig beirren. Vielmehr sandte der Erzbischof von

Narbonne, der Legat des Apostolischen Stuhls, dem König ein diesbezügliches Schreiben.

[...]

Doch der König von Aragon nahm keinerlei Vernunft an, sondern das Schlechte, das er vorhatte, führte er noch übler aus: Er nahm alle Häretiker und Exkommunizierten, nämlich die Grafen von Toulouse, von Comminges und von Foix, sowie Gaston de Béarn und alle Ritter aus dem Gebiet von Toulouse und Carcassonne, denen wegen Häresie ihr Besitz genommen worden war und die sich nach Toulouse geflüchtet hatten, sowie die Bürger von Toulouse in seinen Schutz. Auch die Stadt Toulouse, die Herrschaftsbesitz des Königs von Frankreich war und ist, und alles Land, das jene noch besaßen, maßte er sich an, in seinen Schutz zu nehmen.

[...]

Als daher die Unsrigen sahen, daß der König sie nur mit seinen Boten und Schreiben sowie überflüssigen Appellationen hinhielt und er es nichtsdestoweniger zuließ, daß die Unsrigen während der Zeit der Verhandlung von den Exkommunizierten, deren Sache er begünstigte, offen und wiederholt angegriffen wurden, verließen sie Lavaur. Doch bevor sie abreisten, berichteten sie in einem Schreiben dem Papst über die allgemeine Sache der Kirche und das vorerwähnte Konzil [in Lavaur].

[...]

Die Boten, die jenes Schreiben dem Herrn Papst überbrachten, waren folgende: der ehrwürdige Bischof von Comminges, der Abt von Clairac, der Archidiakon Guillaume von Paris, Magister Thédise und ein Geistlicher, der lange Zeit Korrektor der Schriftstücke in der Kurie gewesen war und Pierre-Marc hieß.

[...]

Ludwig, der Sohn des Königs von Frankreich,
nimmt das Kreuz

Im Jahr der Fleischwerdung des Herrn 1212, im Monat Februar [1213][53], nahm Ludwig, der erstgeborene Sohn des Königs von Frankreich, der sanftmütigste aller Jugendlichen und ein Heranwachsender von guten Anlagen, das Zeichen des Kreuzes gegen die Seuche der Häretiker. Sobald das bekannt wurde, nahm eine unendliche Zahl von Rittern in Frankreich aus Liebe zu ihm voll Eifer das Kreuz. Als aber der König von Frankreich hörte, daß sein Sohn sich mit dem Kreuz gekennzeichnet hatte, war er sehr bekümmert; doch ist es nicht unsere Sache, den Grund für seine Bekümmernis darzulegen. Am ersten Sonntag in der österlichen Fastenzeit [3. März 1213] hielt der König eine Versammlung der Barone in der Stadt Paris ab, um den Tag der Abreise seines Sohns zu bestimmen und um festzustellen, wer, wieviele und von welchem

Stand diejenigen waren, die mit ihm gingen. An diesem Tag waren auch der Bischof von Toulouse und der von Carcassonne in Paris, Männer voller Heiligkeit, die nach Frankreich gekommen waren, um die Sache des Glaubens gegen die Pest der Häretiker zu befördern.

[...]

Doch der König von Frankreich, der, wie wir schon gesagt haben, seine Barone zu einer Allgemeinen Versammlung in Paris zusammengerufen hatte, traf nähere Bestimmungen über die Kreuzfahrt seines Sohnes und der anderen, die sich mit dem Kreuz gekennzeichnet hatten, und legte die Abreise auf die Oktav vor dem Fest der Auferstehung des Herrn [Ostern] fest. Was soll ich mehr sagen? Das rief bei den Christen Freude und Jubel hervor, bei den Häretikern jedoch große Trauer und Furcht. Aber leider, nach kurzer Zeit, wurde unser Saitenspiel zum Trauerlied, das Trauerlied der Feinde aber in Jubel verwandelt[54]. Als der alte Feind des Menschengeschlechts, der Teufel, sah, daß die Sache Christi durch die Hilfe und den Eifer der Kreuzfahrer fast vollendet war, erfand er eine neue List, um das zu verhindern, dessen Vollendung ihm Pein bereitete: Er fachte nämlich gegen den König von Frankreich so viele und so große Kämpfe und Eroberungen an[55], daß es der König für erforderlich hielt, seinen Sohn und die Kreuzfahrer von der Ausführung ihrer geplanten Kreuzfahrt zurückzuhalten.

Die Bischöfe von Orléans und Auxerre
kommen aus Frankreich

In dieser Zeit voller Unruhe nahmen der Bischof von Orléans, Manassé, und der Bischof von Auxerre, Guillaume, in allem rühmliche und standhafte Männer und zu jener Zeit zwei große Leuchten, wenn nicht die größten der gallikanischen Kirche, die zudem noch leibliche Brüder waren, das Kreuz gegen die näher beschriebenen Häretiker. Als sie nämlich sahen, daß die Menge der Kreuzfahrer zu Hause geblieben war, und sie erkannten, in welch schwierige Lage die Sache des Glaubens dadurch geriet, daß die Feinde des Glaubens wegen des Daheimbleibens der Kreuzfahrer ihre Hörner noch grausamer als sonst erhoben, sammelten sie so viele Ritter wie sie konnten um sich. Erfüllt von wunderbarem Eifer und Mut, machten sie sich auf den Weg gegen die Häretiker, bereit, für den Dienst Christi nicht nur ihren Besitz aufzugeben, sondern auch sich selbst, falls erforderlich, Gefahren und dem Tode auszusetzen.

Die von Gott erfüllten Männer eilten daher los und begaben sich auf geradem Weg nach Carcassonne. Ihre Ankunft rief bei dem edlen Grafen von Montfort und den Wenigen, die bei ihm waren, sehr große Freude hervor. Die erwähnten Bischöfe stießen in einem Ort in der Nähe von Carcassonne, der Fanjeaux heißt, zu dem Grafen und den Unsrigen. Sie blieben jedoch nur

wenige Tage in diesem Ort. Danach begab sich der
Graf mit den Bischöfen zu dem befestigten Ort, der
Muret heißt. Von dort ritten die Unsrigen vor Toulouse, um Christi und ihre Feinde erneut einzuschließen.

Aber ein gewisser Ritter namens Alard de Strépy
und einige wenige andere, die sich nicht besonders gut
in der Sache Christi verhalten hatten, wollten nicht mit
ihm gehen. Der Graf hatte daher nicht genug Truppen, um Toulouse oder irgendein anderes starkes Fe-
stungswerk mit einem Belagerungsring zu umgeben.
Er beschloß daher, mit den Truppen, die er hatte, häufiger vor Toulouse zu reiten, um die festen Plätze, die
in der Umgebung von Toulouse und stark befestigt
waren, bis auf den Grund zu zerstören und überdies die
Obstbäume zu entrinden und das Getreide und die
Rebstöcke auszureißen (denn es stand nämlich die Ern-
tezeit bevor). Wie er befohlen hatte, geschah es.

Die beiden Bischöfe waren immer bei dem Grafen
und setzten sich im Dienst Christi täglich Gefahren
aus. Sie gaben von dem Ihrigen großzügig den Rittern,
die bei ihnen im Dienst Christi waren, kauften die Gefangenen los und verrichteten als sehr fromme Männer
die Werke einer freigebigen und heiligen Rechtschaf-
fenheit.

Da wir nicht alles im einzelnen schildern können,
wollen wir nur kurz das sagen, daß die Unsrigen innerhalb von zehn Tagen sieben feste Plätze bis auf die

Grundmauern zerstörten sowie die Getreidefelder, die Weingärten und die Obstbäume von Toulouse zum größten Teil vernichteten. Es soll auch nicht verschwiegen werden, daß die tolosanischen Söldner, die sich in einer doppelt so großen Zahl, wie es die Unsrigen waren, in Toulouse befanden, häufig einen Ausfall machten, wenn die Unsrigen vor Toulouse ritten, und sie von fern angriffen. Aber wenn die Unsrigen jene angreifen wollten, ergriffen diese sofort die Flucht.

[...]

Wiederholung von schon zuvor Gesagtem

Der König Peter von Aragon hatte im vergangenen Winter Boten nach Rom geschickt und dem Herrn Papst durch falsche Einflüsterungen eingeredet, daß der Graf von Montfort zu Unrecht dem Grafen von Comminges und dem von Foix sowie Gaston de Béarn ihre Länder weggenommen habe. Der König ließ durch seine Boten auch sagen, daß die drei Adligen niemals Häretiker gewesen seien, obwohl es ganz offenkundig war, daß sie immer die Häretiker gefördert und die Heilige Kirche mit aller Macht bekämpft hatten. Außerdem prägte der oft erwähnte König den Ohren des Papstes ein, daß die Sache des Glaubens gegen die Häretiker beendet sei: die Häretiker seien vollständig vertrieben und in dem Gebiet von Albi allesamt ausgerottet. Daher sei es nötig, daß der Herr

Papst seinen Ablaß, den er allen gegen die Häretiker
Ziehenden gewährt habe, gänzlich widerrufe und ihn
auf diejenigen übertrage, die entweder gegen die spa-
nischen Heiden oder zur Hilfe in das Heilige Land
zögen.

Oh, was für eine unerhörte, scheinheilige Frömmigkeit! Das sagte dieser allerschlechteste König
nämlich nicht, weil ihm irgend etwas an den Nöten
und dringenden Bedürfnissen der Heiligen Kirche gelegen war, sondern weil er die Sache Christi gegen die
Häretiker, die viele Jahre lang mit großer Anstrengung und vielem Blutvergießen auf wunderbare
Weise vorangebracht worden war, schnell ersticken
und zerstören wollte, wie er später durch seine Taten
bewiesen hat.

Der Papst, der den falschen Einflüsterungen des erwähnten Königs gegenüber allzu leichtgläubig war,
gewährte ihm ohne Schwierigkeiten seine Bitten: Er
schickte nämlich ein Schreiben an den Grafen von
Montfort und befahl ihm und wies ihn an, den Grafen
von Comminges und dem von Foix sowie Gaston de
Béarn (überaus verbrecherische und verderbte Männer) ihre Länder (die durch das gerechte Urteil Gottes
und mit Hilfe der Kreuzfahrer erobert worden waren)
unverzüglich zurückzugeben. Außerdem widerrief er
seinen Ablaß, den er allen gegen die Häretiker Ziehenden gewährt hatte.

Einige Zeit später sandte der Herr Papst seinen

Legaten, Magister Robert de Courçon, von der englischen Nation, mit vielen gleichlautenden Schreiben und Ablaßbriefen nach Frankreich, um dort eifrig für einen Kreuzzug in das Land von Jerusalem zu predigen und predigen zu lassen.

[...]

Als die apostolischen Schreiben von der Kurie losgeschickt worden waren, in denen der Herr Papst dem Grafen von Montfort befahl, den drei vorerwähnten Adligen ihre Länder zurückzugeben, schickten unser allerchristlicher Graf und die Bischöfe des Gebietes von Albi ihrerseits Boten zu dem Herrn Papst, nämlich den Bischof von Comminges, den Archidiakon Guillaume von Paris und einen Abt, alle vorsichtige und standhafte Männer, sowie zwei Geistliche, die der Herr Papst schon vorher seinerseits dem Grafen von Montfort gesandt hatte, nämlich Magister Thédise, einen Genuesen, der die Sache des Glaubens mit wunderbarer Zuneigung umschlang, und Pierre-Marc, der Notar des Herrn Papstes gewesen war und aus der Diözese Nîmes stammte.

Als die alle zur Kurie kamen, fanden sie diese ihnen gegenüber wenig zugänglich und sogar abweisend, da die Boten des Königs von Aragon, von denen einige noch an der Kurie weilten, die Herzen fast aller, die in der Kurie waren, durch ihre falschen Einflüsterungen gegen sie eingenommen hatten. Doch nach vielen Bemühungen und nach vielen Audienzen schickte der

Herr Papst, nachdem ihm die ganze Wahrheit durch seine Boten entdeckt worden war, dem König von Aragon ein Schreiben, in dem er diesen scharf dafür tadelte, daß er die Tolosaner und andere Häretiker in seinen Schutz genommen hatte. Er befahl ihm namens des Heiligen Geistes streng, sich unverzüglich von ihnen zu trennen und ihnen fortan keinerlei Rat, Hilfe oder Förderung mehr zu gewähren.

[...]

Der Graf von Montfort und die bei ihm waren befanden sich zu diesem kritischen Zeitpunkt in einer schwierigen Lage: Sie waren nämlich fast völlig allein und fast gänzlich verlassen, da nur wenige oder fast keine Kreuzfahrer aus Frankreich ihnen zu Hilfe kamen. Wie wir nämlich bereits gesagt haben, war die Sache des Glaubens infolge der neuen Predigttätigkeit des Legaten, den der Herr Papst wegen der Sache des Heiligen Landes nach Frankreich gesandt hatte, fast vollständig in Vergessenheit geraten, so daß fast keiner das Kreuz gegen die Pest der Häretiker nahm. Außerdem gestattete der König von Frankreich, wegen der Kämpfe, die er im Inneren seines Landes hatte, nicht, daß die Ritter, die sich schon lange mit dem Kreuz gekennzeichnet und sich gegen die Häretiker gegürtet hatten, ihr Gelübde erfüllten. Außerdem erzählte man sich in dem ganzen Gebiet von Albi und es wurde im Volk rasch weiterverbreitet, daß der König von Aragon sein Heer versammele, um voller Hochmut in unser Land einzufallen und die Ritter Christi gänzlich aus jenem Land zu vertreiben.

[...]

Das ganze Land von Albi befand sich in großer Verwirrung und Unruhe: Denn die Feinde des Glaubens und die Ritter des Königs von Aragon, die sich schon seit langem in Toulouse aufhielten, zogen vor unseren Burgen und Orten umher und forderten die Einheimischen zum Abfall und zum Überlaufen auf. Mehrere von ihnen gingen auch im Vertrauen auf den Schutz des Königs, den sie mit größtem Verlangen erwarteten, zu den Feinden über. Auf diese Weise verloren wir damals mehrere bedeutende und stark befestigte Orte.

[...]

Die Eroberung von Muret und
eine ruhmreiche Schlacht

Im Jahr der Fleischwerdung Unseres Herrn Jesu Christi 1213, an dem vierten Tag der Iden des Septembers, am Dienstag nach dem Fest der Geburt der heiligen Maria [10. September 1213], belagerte der König Peter von Aragon zusammen mit den Grafen von Toulouse, von Comminges und von Foix und mit einem gewaltigen Heer von Aragonesen und Tolosanern den befestigten Ort Muret. Der Ort Muret liegt an dem Fluß Garonne in der Nähe von Toulouse und etwa drei Meilen in Richtung auf die Gascogne zu. Als die

Feinde an Muret herangekommen waren, nahmen sie
sofort beim ersten Angriff die Vorstadt ein, da unsere
Belagerten sie nicht hatten besetzen können (sie waren
nur wenige) und sich in die etwas besser befestigte
zweite Vorstadt zurückgezogen hatten. Doch die
Feinde räumten diese Vorstadt schnell wieder. Unsere
Ritter schickten daraufhin unverzüglich einen Boten
zu dem edlen Grafen von Montfort mit der Nachricht,
daß sie belagert würden, und mit der Bitte, ihnen
zu Hilfe zu kommen, da sie keine Lebensmittelvor-
räte hätten und nicht aus dem Ort herauszugehen
wagten.

Der Graf [von Montfort] befand sich aber in dem
Ort, der Fanjeaux heißt und acht Meilen von Muret
entfernt liegt. [56] Unser Graf hatte nämlich beschlossen,
nach Muret zu ziehen, um den Ort mit Leuten und
Lebensmitteln zu versehen, weil er schon etwas von
der Ankunft des Königs von Aragon und der Belagerung von Muret geahnt hatte. Doch in der Nacht, in
der sich der Graf entschloß, aus Fanjeaux abzureisen,
sah die Gräfin ein Traumgebilde, durch das sie sehr
erschreckt wurde. Sie sah nämlich, wie dem Grafen
von seinen beiden Armen Blut in Strömen herabfloß.
Als sie am nächsten Morgen diesen Traum dem Grafen
erzählte und ihm sagte, daß sie darüber sehr beunruhigt sei, entgegnete der Graf: «Ihr habt wie ein Weib
geredet. Glaubt Ihr denn, daß ich mich wie die Spanier
nach Träumen und Vorzeichen richte? Gewiß, selbst

wenn ich in dieser Nacht geträumt hätte, daß ich in
dem Kampf getötet würde, zu dem ich eile, ginge ich
freudig und unbesorgt hin, um die Torheit der Spanier
und der Leute jenes Landes gänzlich zu widerlegen, die
sich um Träume und Vorzeichen kümmern.» Nachdem der Graf das gesagt hatte, verließ er Fanjeaux.

   [...]

Der Graf zieht in Muret ein

Die Unsrigen überquerten eine Brücke und zogen in
Muret ein. Sofort sandten unsere Bischöfe mehrfach
Boten zu dem König und ersuchten und baten ihn, Erbarmen mit der Heiligen Kirche Gottes zu haben.
Doch der König, überaus verstockt wie er war, wollte
keiner ihrer Bitten zustimmen noch etwas Friedferti-
ges antworten, wie weiter unten noch ausgeführt
wird. In dieser Nacht gelangten der Vizegraf von Cor-
beil und einige wenige französische Ritter, die von
Carcassonne kamen, nach Muret. Über deren Ankunft empfanden unser Graf und die bei ihm waren
große Freude. Wir wollen auch nicht verschweigen,
daß in dem befestigten Ort Muret nicht mehr Lebens-
mittelvorräte vorhanden waren, als für die Unsrigen
einen Tag hinreichten. Und so verging die Nacht.
   Am nächsten Morgen bei hellem Tageslicht
[12. September 1213] ging der Graf in seine Kapelle,
die in der Burg von Muret ist, um die Messe zu hören.

Die Bischöfe und die Ritter hingegen begaben sich zu der Kirche, die in der Vorstadt ist, um dort ebenfalls die Messe zu hören. Als der Graf die Messe gehört hatte, verließ er die Burg von Muret und kam in die Vorstadt, um sich mit den Seinigen zu beratschlagen und ihren Rat zu erhalten. Während sich die Unsrigen noch besprachen, trugen sie keine Waffen, weil durch die Vermittlung der Bischöfe Friedensverhandlungen mit dem König geführt wurden. Die Bischöfe wollten mit einstimmiger Billigung der Unsrigen unverzüglich barfüßig zum König gehen, um ihn zu bitten, nicht gegen die Kirche zu kämpfen.

Als sie einen Boten losgesandt hatten, der die Ankunft der Bischöfe melden sollte, da drangen plötzlich mehrere bewaffnete Feinde zu Pferd in die Vorstadt ein, in der sich die Unsrigen befanden: die Tore standen nämlich offen, da der edle Graf nicht erlaubt hatte, sie zu schließen. Daraufhin wandte sich der Graf zu den Bischöfen und sagte: «Ihr seht, daß es zu nichts führt. Vielmehr verursacht es nur Tumult. Wir haben uns genug, mehr als genug, zurückgehalten. Es ist jetzt an der Zeit, daß ihr uns die Erlaubnis zum Kämpfen gebt.» Da die Notwendigkeit hierfür so zwingend war, stimmten die Bischöfe dem auch zu. Daraufhin verließen die Unsrigen jenen Ort der Verhandlung und jeder begab sich zu seiner Unterkunft, um sich zum Kampf zu rüsten.

[...]

Während der Graf und die Unsrigen sich miteinander besprachen und über den Kampf redeten, da kam plötzlich der Bischof von Toulouse, der auf dem Haupt die Mitra trug, aber in der Hand bewegt das Kreuz hielt. Daraufhin begannen die Unsrigen unverzüglich, von den Pferden zu steigen, und jeder einzelne bezeigte dem Kreuz seine Verehrung. Doch als der Bischof von Comminges, ein Mann von wunderbarer Heiligkeit, sah, daß diese Verehrung des Kreuzes durch jeden einzelnen zu lange dauern würde, ergriff er das Kreuz und nahm es dem Bischof von Toulouse aus der Hand. Dann stieg er damit auf eine Anhöhe und segnete alle mit den Worten: «Geht hin im Namen Jesu Christi! Und ich werde euer Zeuge sein und als euer Bürge am Tag des Jüngsten Gerichts auftreten, daß derjenige, der in diesem ruhmreichen Kampf fallen wird, ohne eine Strafe im Fegefeuer abbüßen zu müssen, unverzüglich den ewigen Lohn und die Freuden der Märtyrer erlangen wird, wenn er bereut und gebeichtet hat oder wenigstens die Absicht hat, sich nach dem Kampf wegen der Sünden, die er noch nicht gebeichtet hat, einem Priester zu zeigen.»

Der Graf zieht in die Schlacht

Nachdem diese Versicherung auf Verlangen unserer Ritter mehrmals von den Bischöfen wiederholt und mehrere Male bestätigt worden war, verließen die

Unsrigen, die sich durch wahrhafte Reue und Ohrenbeichte gereinigt hatten und die sich gegenseitig vergaben, wenn sie in irgendeinem Streit miteinander lebten, den befestigten Ort Muret und zogen in drei Schlachtreihen zu Ehren der Heiligen Dreifaltigkeit angeordnet ohne Furcht gegen die Feinde. Die Bischöfe und die Geistlichen gingen jedoch in die Kirche, um Gott für seine Diener zu bitten, die sich für Seinen Namen dem drohenden Tod aussetzten. Diese zum Himmel Betenden und Rufenden brachten wegen der bevorstehenden Gefahr einen so großen Lärm hervor, daß sie eher «Schreiende» als Betende zu nennen waren. Währenddessen gingen die Ritter Christi frohlockend zu dem Schlachtfeld, bereit, für Seinen Namen nicht nur Schmerz, sondern auch den Tod zu erleiden. Als sie Muret verließen, erblickten sie auf der Ebene bei dem Ort die Feinde, die den Kampf erwarteten und so zahlreich waren wie die ganze Welt.

Sofort stürmte unsere erste Schlachtreihe gegen die Feinde und drang in deren Mitte ein. Kurz darauf folgte ihr die zweite Schlachtreihe und drang wie die erste in die Feinde ein. Bei diesem ersten Angriff fiel der König von Aragon und viele Aragonesen mit ihm. Er selbst hatte nämlich, hochmütig wie er war, seinen Platz in der zweiten Schlachtreihe genommen, während die Könige sonst stets in der letzten Schlachtreihe zu sein pflegen. Auch hatte er seine Rüstung vertauscht und die eines anderen angelegt.

Als unser Graf sah, wie unsere beiden Schlachtreihen in die Mitte der Feinde eindrangen und fast nicht mehr zu sehen waren, stürzte er sich auf dem linken Flügel auf die Feinde, die in unendlicher Zahl ihm gegenüberstanden. Doch diese standen in Schlachtordnung an einem Graben, der sich zwischen ihnen und unserem Grafen befand. Unser Graf stürzte sich sofort auf die Feinde und, obwohl er keinen eigentlichen Weg sah, auf dem er zu ihnen gelangen konnte, fand er doch in dem Graben einen schmalen Pfad (durch göttliche Fügung, wie wir glauben, damals bereitgestellt). Auf diesem gelangte er zu den Feinden, die er als überaus tapferer Ritter Christi voller Kühnheit angriff.

Es soll auch nicht verschwiegen werden, daß die Feinde, als der Graf sich auf sie stürzen wollte, so heftig auf der rechten Seite auf ihn einschlugen, daß infolge der überaus harten Stöße sein linker Steigbügel riß. Der edle Graf wollte daraufhin den Sporn seines linken Fußes in die Schutzdecke seines Pferds hineinbohren. Aber auch der Sporn brach und sprang von seinem Fuß ab. Doch der überaus starke Ritter stürzte nicht, sondern trieb die Feinde mit großer Kraft zurück. Aber einer der Feinde traf unseren Grafen heftig am Kopf; der erwähnte edle Graf versetzte ihm jedoch mit der Faust einen Schlag unter das Kinn und warf ihn vom Pferd. Als das die Gefährten des erwähnten Ritters sahen, die unzählige waren, aber auch alle übrigen von unseren Feinden, die in kurzer Zeit besiegt worden waren, suchten sie in völliger Unordnung ihr Heil in der Flucht.

Sobald das die Unsrigen gewahr wurden, nämlich die in der ersten und zweiten Schlachtreihe waren, setzten sie unverzüglich den Fliehenden nach und verfolgten sie erbarmungslos: Alle Nachzügler machten sie nämlich nieder und töteten viele Tausend. Unser Graf und diejenigen, die bei ihm waren, folgten langsamen Schrittes den Unsrigen, die voll Eifer [die Fliehenden] verfolgten, damit die Unsrigen, die alle voneinander getrennt die Fliehenden verfolgten, bei dem Grafen Zuflucht finden könnten, falls sich die Feinde doch wieder sammeln und ihren Widerstandswillen zurückgewinnen sollten. Wir wollen auch nicht verschweigen, daß der überaus edle Graf es als unter seiner Würde erachtete, im Kampf jemand zu töten, den er fliehen oder ihm den Rücken zuwenden sah.

Während dies geschah, griffen die Bürger von Toulouse, die in unendlich großer Zahl zum Kampf bereit im Lager zurückgeblieben waren, mit aller Kraft den befestigten Ort Muret an. Als das der Bischof von Toulouse sah, der sich bei dem Heer befand, schickte dieser gütige und sanftmütige Mann, der Mitleid über ihr Unglück empfand, einen Geistlichen zu ihnen, der sie mahnen und auffordern sollte, endlich zu Gott dem Herrn zurückzukehren und ihre Waffen niederzulegen. Er selbst wolle sie vor dem drohenden Tod bewahren. Als Beweis und Unterpfand für seine Zusiche-

rung sandte er ihnen seine Kutte, denn er war ein
Mönch.

Doch jene, verstockt und durch göttliche Fügung
blind gemacht, antworteten ihm, daß der König von
Aragon alle Unsrigen besiegt habe, der Bischof dagegen sie dem Tod ausliefern und nicht retten wolle. Deshalb nahmen sie dem erwähnten Boten die Kutte ab und
stießen dann heftig mit ihren Lanzen auf ihn ein.

In der Zwischenzeit waren unsere Ritter ruhm- und
siegreich aus der Schlacht zurückgekehrt und kamen zu
den erwähnten Tolosanern, von denen sie mehrere
Tausend töteten.

Danach befahl der Graf einigen von den Seinigen, ihn
zu der Stelle zu führen, wo der König von Aragon getötet worden war, denn er kannte überhaupt nicht die
Stunde noch den Ort von dessen Tod. Als der Graf zu
der Stelle kam, fand er den Körper des Königs nackt
mitten auf dem Schlachtfeld hingestreckt: Er war von
unserem Fußvolk entblößt worden. Dieses war nämlich, als es den Sieg sah, aus dem befestigten Ort Muret
herausgekommen und hatte alle, die es noch lebend am
Boden fand, gänzlich erledigt. Doch als der überaus
fromme Graf den König auf dem Boden hingestreckt
liegen sah, stieg er vom Pferd und stimmte über den
Verschiedenen wie ein neuer David über einen neuen
Saul die Totenklage an.

Nachdem man dies alles so, wie es sich gehört, erledigt hatte, und etwa 20000[57] von den Feinden des

Glaubens sowohl durch Ertrinken[58] als auch durch das Schwert getötet worden waren, ging der allerchristlichste Graf, der wußte, daß ein so großes Wunder durch das Wirken Gottes und nicht durch menschliche Kraft vollbracht worden war, von der Stelle, wo er abgestiegen war, barfüßig zu der Kirche, um dem Allmächtigen Gott für den gewährten Sieg Dank zu sagen. Außerdem gab er sein Pferd und seine Rüstung als Almosen den Armen.

Damit aber das wahre Geschehen dieser wunderbaren Schlacht und dieses ruhmreichen Sieges noch vollständiger in die Herzen der Zuhörer eindringe, wollen wir unserem Werk das Schreiben einfügen, das die Bischöfe und Äbte, die dabei waren, an alle Christgläubigen schickten:

Das Schreiben der hohen Geistlichen über den Sieg

«Ehre sei Gott in der Höhe und Frieden den Menschen auf Erden, die guten Sinnes die Heilige Kirche lieben.

Der starke und mächtige Herr, der Herr, der mächtig im Kampf ist, hat am Donnerstag in der Oktav vor dem Fest der Geburt der heiligen Jungfrau Maria der Kirche, nachdem die Feinde des christlichen Glaubens auf wunderbare Weise niedergeworfen waren, einen ruhmreichen Sieg und einen ruhmreichen Triumph gewährt.

[...]

Deshalb sagt die ganze Christenheit mit frommem Sinn und aus tiefstem Herzen Christus Dank, der durch wenige Gläubige eine unzählige Menge der Ungläubigen überwunden hat und Seine Heilige Kirche glücklich über Seine Feinde triumphieren ließ. Ihm sei Ehre und Ruhm in alle Ewigkeit, Amen.«

[...]

Der Graf Baudouin
wird gefangengenommen

Den überaus grausamen Verrat, der um diese Zeit an dem Grafen Baudouin begangen wurde, wollen und dürfen wir nicht unerwähnt lassen. Jener Graf Baudouin, der Bruder des Grafen von Toulouse und Vetter des Königs von Frankreich, weit entfernt von der Schlechtigkeit seines Bruders und mit allen Kräften im Heer Christi wirkend[59], unterstützte den Grafen von Montfort gegen seinen Bruder und die anderen Feinde des Glaubens, soviel er konnte. Eines Tages, es war der Montag nach dem ersten Sonntag in der Fastenzeit [17. Februar 1214], kam der erwähnte Graf [Baudouin] in einen befestigten Ort in der Diözese Cahors, der Lodmie heißt.

Die Ritter der dortigen Burg, die Vasallen dieses Grafen waren, schickten sofort eine Nachricht an die Söldner und einige Ritter der Gegend, alle ganz üble Verräter, die sich in einem benachbarten befestigten

Ort befanden, der Mondenard heißt. Sie teilten ihnen mit, daß sich der Graf Baudouin in Lodmie befinde und forderten sie auf, zu ihnen zu kommen, da sie ihnen den Grafen Baudouin ohne irgendwelche Schwierigkeit ausliefern wollten. Das teilten sie auch einem ganz üblen, aber heimlichen Verräter mit, nämlich dem Ratier de Castelnau. Jener Ratier hatte schon vor langer Zeit ein Bündnis mit dem Grafen von Montfort geschlossen und ihm die Treue geschworen. Daher vertraute ihm auch der Graf Baudouin wie einem Freund.

Was soll ich mehr sagen? Die Nacht kam und der Graf Baudouin, der sich sicher, nämlich inmitten der Seinigen wähnte, überließ sich dem sanften Schlaf.

Bei dem Grafen Baudouin befand sich auch ein französischer Ritter namens Guillaume de Contres, dem der Graf von Montfort den befestigten Ort übergeben hatte, der Castelsarrasin heißt, sowie ein französischer Dienstmann, der die Burg, die Moissac heißt, unter seinem Befehl hatte.

Während der Graf Baudouin und diejenigen, die bei ihm waren, in verschiedenen und voneinander getrennten Gebäuden schliefen, nahm der Burgherr den Schlüssel zu dem Raum, in dem der Graf Baudouin schlief, und verschloß die Tür. Daraufhin verließ er die Burg und eilte zu dem vorerwähnten Ratier und den Söldnern. Diesen zeigte er den Schlüssel und sagte zu ihnen: «Was zögert ihr? Seht, euer Feind ist in meinen

Händen. Beeilt euch. Ich werde euch den Schlafenden und überdies Unbewaffneten ausliefern. Nicht nur ihn allein, sondern eine ganze Anzahl unserer Feinde werde ich euch ausliefern.»

Als die Söldner das hörten, jubelten sie und eilten schnell los und kamen vor die Tore von Lodmie. Sofort rief der Burgherr, der wie ein zweiter Judas diejenigen anführte, die sich des Grafen [Baudouin] bemächtigen wollten, in aller Heimlichkeit die Leute der Burg zusammen und befragte jeden einzelnen eingehend darüber, wieviele von den Gefährten des Grafen Baudouin er bei sich beherberge. Nachdem er das genau erfragt hatte, postierte er vor den Türen der Gebäude eine Reihe von bewaffneten Söldnern, die doppelt so viele waren wie die Unsrigen, die zudem schliefen und keine Waffen trugen. Daraufhin wurde, nachdem unzählige Kerzen angezündet worden waren, Alarm geschlagen und die Feinde stürzten sich völlig unerwartet auf die Unsrigen.

Ratier de Castelnau und der vorerwähnte Burgherr kamen zu dem Raum, in dem der Graf Baudouin schlief, öffneten die Tür und ergriffen den Schlafenden, der unbewaffnet und sogar unbekleidet war. Einige von den Unsrigen, die sich in der Burg befanden, wurden getötet, andere gefangengenommen, etliche konnten fliehen. Wir wollen auch nicht unerwähnt lassen, daß sie jedem von den Unsrigen, den sie lebend fingen, eidlich zusicherten, seinen Leib und sein

Leben zu schonen. Doch später töteten sie sogar jeden, der sich in der Kirche versteckt hatte.

Die Feinde ergriffen den Grafen Baudouin und brachten ihn zu einem befestigten Ort, der im Gebiet von Cahors liegt und Montcuq heißt. Dieser Ort gehörte dem Grafen [Baudouin]. Die Bewohner des Ortes, alle ganz üble Menschen, ließen die Söldner, die ihren Herrn gefangengenommen hatten, mit großem Vergnügen ein. Bald darauf sagten die Söldner zu dem Grafen Baudouin, er solle veranlassen, daß ihnen die Burg des Ortes übergeben werde, die einige Franzosen auf seinen Befehl hin besetzt hielten. Doch der Graf verbot jenen Franzosen nachdrücklich, aus irgendwelchen Gründen die Burg zu übergeben, auch nicht, wenn sie sähen, daß der Graf aufgehängt werde. Vielmehr sollten sie sich mit aller Kraft verteidigen, bis der edle Graf von Montfort ihnen Hilfe bringen würde.

Oh, was für eine Gesinnung eines Fürsten, oh, welch wunderbar standhafte Sinnesart! Als das die Söldner vernahmen, wurden sie sehr erzürnt und ließen den Grafen zwei Tage hintereinander hungern.

Nachdem dies geschehen war, ließ der Graf [Baudouin] einen Kaplan rufen und legte eine gründliche und lautere Beichte ab. Danach verlangte er nach dem Leib Christi. Doch als der Kaplan ihm das Sakrament des göttlichen Geheimnisses bringen wollte, trat ein ganz übler Söldner dazwischen und schwor und erklärte ganz entschieden, daß der Graf Baudouin so

lange nichts zu essen oder zu trinken bekommen
würde, bis er einen gewissen Söldner, den er gefangengenommen und in Fesseln habe legen lassen, wieder freigäbe. Zu diesem sagte der Graf: «Oh, überaus
Grausamer! Es ist doch nicht die Menge an Brot und
Wein oder ein Bissen Fleisch, wonach ich verlange.
Nicht zur Stärkung meines Körpers, sondern zum
Heil meiner Seele habe ich um den Verzehr des göttlichen Geheimnisses gebeten.»

Doch der Schinder begann erneut unter Schwüren
zu versichern, daß der Graf so lange weder essen noch
trinken werde, bis er tue, was er von ihm verlange.
Darauf antwortete der edle Mann: «Da ihr mir nicht
gestattet, das göttliche Sakrament zu verzehren, soll
mir doch wenigstens die Hostie, die mein Heil ist, ge-
zeigt werden, damit ich auf diesem Weg meinen Retter
sehen kann.» Als der Kaplan daraufhin die Hostie erhob und sie ihm zeigte, betete der Graf voller Frömmigkeit vor ihr.

Nachdem dies geschehen war, lieferten diejenigen,
die in der Burg des Ortes waren, aus Furcht vor dem
Tod die Burg den Söldnern aus, nachdem sie zuvor
von den Söldnern die eidliche Zusage erhalten hatten,
daß sie heil und unversehrt abziehen dürften. Doch
diese ganz üblen Verräter überantworteten sie unter
Mißachtung der Heiligkeit des Eids unverzüglich dem
überaus schändlichen Tod am Galgen.

Der Graf Baudouin wird gehängt

Nachdem dies geschehen war, ergriffen sie den Grafen Baudouin und führten ihn zu einer Burg des Grafen von Toulouse, die Montauban heißt. Dort legten sie ihn in Ketten und warteten die Ankunft des Grafen von Toulouse ab. Nach wenigen Tagen kam der Graf von Toulouse an. Bei sich hatte er jene ganz schlimmen Verräter, nämlich den Grafen von Foix und dessen Sohn Roger-Bernard, sowie einen Ritter namens Bernard de Portella aus dem Land des Königs von Aragon. Auf Befehl des Grafen von Toulouse wurde der alleredelste Graf Baudouin unverzüglich aus der Burg Montauban herausgeführt.

Doch wer kann das, was jetzt folgte, ohne Tränen lesen oder hören? Unmittelbar danach banden der Graf von Foix und sein Sohn, der seinem Vater in der Schlechtigkeit nicht nachstand, den Strick um den Hals des alleredelsten Mannes, um ihn nach dem Willen oder vielmehr auf Befehl des Grafen von Toulouse aufzuhängen. Als der allerchristlichste Mann das sah, bat er inständig und demütig darum, beichten und die Kommunion erhalten zu dürfen. Doch beides wurde ihm von den überaus grausamen Hunden rundweg abgeschlagen. Darauf sagte der Ritter Christi zu ihnen: «Da ihr mir nicht gestattet, mich dem Priester zu zeigen[60], ist Gott mein Zeuge, daß ich stets bereitwillig und mit glühendem Herzen der Christenheit und mei-

nem Herrn, dem Grafen von Montfort, Hilfe geleistet
habe. Dafür und in der Verteidigung des Glaubens will
ich sterben.» Kaum, daß er diese Worte zu Ende gesprochen hatte, da hoben ihn die drei Verräter auch
schon von der Erde hoch und hängten ihn an einem
Nußbaum auf.

Oh, was für eine unerhörte Grausamkeit, oh, was
für ein zweiter Kain, oder vielmehr was für ein viel
schlimmerer Kain, ich rede von dem Grafen von Toulouse, dem es nicht genügte, den Bruder – und was für
einen Bruder! – zu töten, sondern ihn auch noch zu
einem derart unerhört grausamen Tod verurteilte!

[...]

Der Bischof von Carcassonne kehrt mit zahlreichen
Kreuzfahrern aus Frankreich zurück

Im Jahr der Fleischwerdung 1214 kehrte der ehrwürdige Bischof von Carcassonne, der im ganzen vorausgegangenen Jahr alle sein Kraft darauf verwandt hatte,
für die Sache des Glaubens gegen die Häretiker durch
Frankreich zu ziehen und dort zu predigen, um die
Oktav vor dem Fest der Auferstehung des Herrn
[Ostern] wieder in das Gebiet von Albi zurück: Er
selbst hatte nämlich für alle Kreuzfahrer, und zwar sowohl für diejenigen, die das Zeichen des Kreuzes von
ihm als auch aus der Hand des Magisters Jakob von
Vitry (in allem rühmliche Männer) sowie von einigen

anderen empfangen hatten, als Tag der Abreise fest-
gesetzt, daß sie 15 Tage nach Ostern bei ihm in Nevers versammelt sein sollten. Von dort würden sie
mit ihm durch das Gebiet von Lyon gegen die Seuche
der Häretiker ziehen.

Dagegen bestimmten der Magister Robert de Cour-
çon, der Legat des Apostolischen Stuhls, und der ehr-
würdige Archidiakon von Paris, Guillaume, ihren
Kreuzfahrern als Abreisetag, daß sie 15 Tage nach
Ostern in Bourges sein sollten, um auf einem anderen
Weg gegen die Häretiker zu ziehen.

Daraufhin verließen der Bischof von Carcassonne
und die vorgenannten Kreuzfahrer Nevers und gelangten nach einem glücklichen Marsch nach Montpellier. Ich begleitete den Bischof von Carcassonne.
Dort trafen wir auf den Archidiakon von Paris und auf
die Kreuzfahrer, die mit ihm aus Frankreich gekommen waren. Doch der Kardinal, nämlich der Magister
Robert de Courçon, blieb in dem Gebiet von Le Puy
zurück, um gewisse Angelegenheiten zu erledigen.
Wir reisten darauf von Montpellier ab und kamen in
der Nähe von Béziers zu einem festen Platz, der Saint-
Thibéry heißt. Dort stieß der edle Graf von Montfort
zu uns. Wir waren an Berittenen und an Fußvolk zusammen etwa 100 000 Kreuzfahrer. Von diesen war
einer der bedeutendsten der Vizegraf von Châteaudun.
Außerdem zählten dazu noch einige andere Ritter, die
alle aufzuzählen nicht unsere Aufgabe ist. Wir verlie-

ßen das Gebiet von Béziers und gelangten nach Carcassonne, wo wir ein paar Tage blieben.

Alles, was in jenem Jahr geschah (und man kann es
für ein großes Wunder halten), verdient es, besonders
berücksichtigt zu werden. Als der [...] Legat, Magister Pierre de Bénévent, in das Land von Albi kam,
waren die Aragonesen und Katalanen in Narbonne gegen die Christenheit und den Grafen von Montfort
versammelt. Aus diesem Grund blieb unser Graf in der
Nähe von Narbonne und wagte es nicht, sich zu ent-
fernen, da die Feinde dann unverzüglich das ganze
Land im Umkreis verwüstet hätten. Aber auch die
Leute im Gebiet von Toulouse, von Agen und von
Quercy führten von den entferntesten Gegenden aus
viele und schwere Kriege gegen ihn. Doch als sich der
Kämpfer Christi in solcher Not befand, erhielt er zur
rechten Zeit Hilfe in der Not: In ein und demselben
Zeitraum kamen der Legat von der Römischen Kurie
und Kreuzfahrer aus Frankreich an. Oh, was für ein
großes Erbarmen Gottes!

[...]

Der Graf zieht in das Gebiet Périgord

Nachdem dies geschehen war,[61] wurde unserem Grafen angezeigt, daß in der Diözese Périgord befestigte
Orte seien, in denen Feinde des Friedens und des Glaubens lebten. Das war wahr. Der Graf beschloß darauf-

hin loszuziehen und jene befestigten Orte anzugreifen, um durch die Gnade Gottes und mit Hilfe der Kreuzfahrer die Mörder zu vertreiben und die Räuber davonzujagen und so den Kirchen, wenn nicht dem ganzen Land Périgord, den Frieden zu verschaffen.

Das Heer brach daher von Casseneuil auf und kam zu einem befestigten Ort, der Domme heißt, fand ihn aber verlassen und ohne Verteidiger. Doch war dieser am Fluß Dordogne an einem lieblichen Platz gelegene Ort sehr bedeutend und stark befestigt. Der Graf ließ den Bergfried der Burg, der sehr hoch und prächtig und fast bis zur Spitze massiv aufgeführt war, untergraben und zerstören.

Eine halbe Meile davon entfernt befand sich jedoch ein weiterer befestigter Ort von wunderbarer Stärke, der Montfort heißt. Der Herr dieses Ortes namens Bernard de Cazenac, ein überaus grausamer Mensch und von allen Menschen der schlechteste, war aus Furcht vor der Ankunft unseres Grafen geflohen und hatte seine Burg geräumt zurückgelassen. So zahlreich und so groß waren nämlich die Gewalttaten, die Räubereien und Abscheulichkeiten dieses großen Schurken und Verbrechers, daß man sie kaum glauben oder sich vorstellen kann. Da er von solcher Art war, hatte ihm der Teufel eine gleichgeartete Hilfe, nämlich seine Gemahlin, verschafft, die eine Schwester des Vizegrafen von Turenne war. Diese neue Isebel[62] war die schlimmste aller üblen Frauen und stand ihrem Mann in Grausamkeit und Boshaftigkeit nicht nach. Da sie nämlich beide Erzschurken waren, beraubten und zerstörten sie sogar die Kirchen, griffen Pilger an und verfolgten Witwen und Arme. Sie verstümmelten auch Unschuldige, so daß die Unsrigen in einem einzigen Kloster der Schwarzen Mönche[63], das Sarlat heißt, 150 Männer und Frauen antrafen, die von dem Tyrannen und seiner Gemahlin verstümmelt worden waren, indem man ihnen entweder die Hände oder die Füße abgetrennt, die Augen herausgerissen oder andere Körperteile abgeschnitten hatte. Die Gemahlin des Tyrannen selbst ließ, jegliches Mitgefühl vergessend, den armen Frauen entweder die Brüste herausreißen oder die Daumen abschneiden, um sie so unbrauchbar für Arbeiten zu machen.

Oh, was für eine unerhörte Grausamkeit! Aber da wir, hiervon abgesehen, nicht einmal den tausendsten Teil der Untaten des erwähnten Tyrannen und seiner Gemahlin schildern könnten, wollen wir zu unserer Erzählung zurückkehren.

Die Burg Montfort und einige andere Burgen werden zerstört

Nachdem die Burg Domme zerstört worden war, wollte unser Graf die Burg Montfort vernichten, die, wie wir bereits gesagt haben, dem vorerwähnten Tyrannen gehörte. Bald darauf nahm der Bischof von

Carcassonne, der alle seine Kraft der Sache Christi widmete, einen Teil der Kreuzfahrer mit sich, zog los und ließ jene Burg zerstören. Doch die Mauern waren so stark, daß sie kaum zerstört werden konnten, denn der Mörtel war so hart wie Stein geworden. Deshalb mußten die Unsrigen viele Tage mit der Zerstörung der Burg zubringen: am Morgen gingen die Kreuzfahrer an die Arbeit und spät abends kehrten sie in das Lager zurück. Das Heer war nämlich noch nicht von Domme losgezogen, weil der Ort geeigneter und günstiger als Lagerplatz für das Heer war.

In Montpellier wird ein Konzil abgehalten

Im Jahr nach der Fleischwerdung des Herrn, 15 Tage nach dem Fest der Geburt des Herrn [8. Januar 1215], kamen die von dem Magister Pierre de Bénévent, dem Legaten des Apostolischen Stuhls, zusammengerufenen Erzbischöfe und Bischöfe in Montpellier zu einem Konzil zusammen. Auf diesem Konzil wollte der Legat zusammen mit den hohen Geistlichen die den Frieden und den Glauben betreffenden Angelegenheiten regeln. Zu diesem Konzil kamen fünf Erzbischöfe, nämlich der von Narbonne, der von Auche, der von Embrun, der von Arles und der von Aix zusammen; außerdem nahmen 28 Bischöfe teil, und auch mehrere Barone und Adlige des Landes waren dort zugegen.
[. . .]

Alle Erzbischöfe und Bischöfe hielten untereinander lange und gründliche Beratungen ab. Außerdem beriet sich jeder einzelne mit den Äbten seiner Diözese und den zu seinem Haushalt gehörenden Geistlichen; und das, was für gut und rechtmäßig befunden wurde, legten sie schriftlich nieder. Doch darin stimmten schließlich die Beschlüsse und Wünsche von allen überein, daß sie den edlen Grafen von Montfort zum Fürsten und Herrscher jenes ganzen Landes wählen wollten. Oh, was für ein Wunder! Wenn es darum geht, einen Bischof oder Abt zu wählen, lassen sich kaum die Stimmen ganz weniger auf eine Person vereinigen.

Doch bei dieser Wahl des Fürsten eines ganzen Landes gaben so viele und so bedeutende Personen ohne Widerspruch und einhellig dem erwähnten Kämpfer Christi ihre Stimme. Das geschah zweifellos durch das Einwirken Gottes und es ist ein Wunder in unseren Augen.

[...]

Ludwig, der Sohn des Königs von Frankreich,
kommt in das Gebiet von Albi

Im Jahr der Fleischwerdung des Wortes 1215 begab sich Ludwig, der Erstgeborene des Königs von Frankreich, nachdem nunmehr die Kriege, die sein Vater und er mit vielen und mächtigen Feinden führten, zum größten Teil aufgehört hatten, in das Gebiet von Albi, um sein Kreuzzugsgelübde zu erfüllen. Er hatte zwar schon zwei Jahre zuvor das Kreuz gegen die Häretiker genommen, war aber durch viele und schwere Kriege zurückgehalten worden.

Mit ihm kamen noch viele Adlige und Mächtige, die sich alle an dem Tag, den er ihnen bestimmt hatte, nämlich am Fest der Auferstehung des Herrn [Ostern, 19. April 1215], in Lyon versammelten. Dort fanden sich bei Ludwig ein: der Bischof von Beauvais, Philippe; der Graf von Saint-Pol, Gaucher; der Graf von Ponthieu; der Graf von Sées und Alençon, Robert; Guichard de Beaujeu; Mathieu de Montmorency; der Vizegraf von Melun und viele andere tapfere, vornehme und mächtige Ritter. Auch der ehrwürdige Bischof von Carcassonne, Guy, war da, der sich auf Ersuchen des edlen Grafen von Montfort vor nicht allzu langer Zeit wegen der Sache des Glaubens nach Frankreich begeben hatte und jetzt mit Ludwig zurückgekommen war. Ludwig und diejenigen, die bei ihm waren, liebten ihn zärtlich und folgten in allem seinen Wünschen und Ratschlägen.

Am Tag nach Ostern verließen Ludwig und die Seinigen Lyon und kamen nach Vienne. Der edle Graf von Montfort zog jedoch seinem Herrn, nämlich Ludwig, frohlockend und fröhlich bis nach Vienne entgegen. Wie groß der Jubel bei dem Zusammentreffen und der Begegnung der beiden war, kann man kaum beschreiben!

Von Vienne zog Ludwig weiter und kam nach Valence. Doch der Legat, den wir schon oben erwähnt
haben, nämlich der Magister Pierre de Bénévent, ging
Ludwig entgegen und kam nach Valence. Der Legat
hatte [...] die Bürger von Toulouse und von Narbonne sowie die anderen, die sich gegen die Christenheit und den Grafen von Montfort gestellt hatten, aufgrund seines geheimen Planes, den nur er kannte, wieder mit der Kirche versöhnt.[64] Da er überdies die
Städte Toulouse und Narbonne sowie die anderen
Orte der Feinde Christi im Gebiet von Albi in Besitz
genommen und seinem Schutz unterstellt hatte, befürchtete er, daß Ludwig als Erstgeborener des Königs
von Frankreich und Oberherr des ganzen Landes, das
der Legat in Besitz hatte, etwas anordnen könnte, was
den Absichten und Regelungen des Legaten zuwider-
lief, sei es die Besetzung der Städte und Burgen, die der
Legat in Besitz hatte, oder gar deren Zerstörung. Deshalb mißfiel dem Legaten, wie es heißt und auch wahrscheinlich ist, die Ankunft und die Anwesenheit Ludwigs. Das ist nicht verwunderlich: Da nämlich das
ganze häufig erwähnte Land seit vielen Jahren durch
das Gift der häretischen Verderbtheit verseucht war,
hatte man den König von Frankreich als Oberherrn
wiederholt ermahnt und oft ersucht, in dieser schweren Krankheit seine Hand zum Heraustreiben zu leihen
und den Unflat der Häresie aus seinem Königreich zu
fegen. Doch dieser wollte hierzu weder seinen Rat

noch seine Hilfe geben, wie er eigentlich sollte. Deshalb, weil nämlich das ganze Land von dem Herrn Papst mit Hilfe der Kreuzfahrer erobert worden war, meinte der Legat, daß Ludwig gegen die von ihm getroffenen Regelungen nichts bestimmen dürfte oder sollte. Außerdem war der Legat der Auffassung, daß Ludwig, der sich mit dem Kreuz gekennzeichnet hatte und gleichsam als Pilger kam, sich in keinem Punkt den von ihm getroffenen Anordnungen widersetzen dürfe. Ludwig, überaus sanftmütig und gütig wie er war, antwortete dem Legaten, daß er sich nach dessen Willen und Rat verhalten wolle.

Ludwig verließ Valence und kam zu dem Ort Saint-Gilles. Als Ludwig mit dem edlen Grafen von Montfort in Saint-Gilles war, kamen die Boten von der Kurie in Rom zurück, die [...] der Legat, die Erzbischöfe und Bischöfe des provenzalischen Vaterlandes zu dem Herrn Papst gesandt hatten, um als ihren Herrn und Herrscher den alleredelsten und allerchristlichsten Grafen von Montfort zu erbitten. Der Herr Papst schickte dem Legaten, der hohen Geistlichkeit und auch dem Grafen von Montfort Schreiben gleichlautenden Inhalts. Diese besagten, daß der Herr Papst das ganze Land, das der Graf von Toulouse besaß, sowie jene Länder, die von den Kreuzfahrern erobert worden waren und die der Legat durch Geiseln oder Besatzungen in Besitz hielt, dem Grafen von Montfort in Gewahrsam gebe, bis in einem Allgemeinen Konzil (das er selbst an den Kalenden des Novembers jenes Jahres in Rom einberufen hatte) eine endgültige Entscheidung über die vorerwähnten Länder getroffen würde.

[…]

Rückkehr zu dem Fortgang der Erzählung

Von Saint-Gilles begab sich Ludwig nach Montpellier und von dort nach Béziers.

[…]

Nachdem Ludwig Béziers verlassen hatte, kam er mit den Seinigen nach Carcassonne. Als er sich dort einige Tage aufgehalten hatte, kam der Legat an. Auf einen bestimmten Tag rief der Legat die anwesenden Bischöfe, Ludwig, den Grafen von Montfort und die Adligen, die Ludwig begleiteten, zu sich in das Haus des Bischofs von Carcassonne. Nachdem sie alle versammelt waren, übertrug der Legat gemäß dem Inhalt des päpstlichen Schreibens dem Grafen das ganze Land bis zu einem Allgemeinen Konzil. Danach verließ Ludwig Carcassonne und begab sich zu dem in der Nähe gelegenen befestigten Ort, der Fanjeaux heißt. Dort blieb er ein paar Tage. In der Zwischenzeit begaben sich der Legat und der edle Graf von Montfort zu dem befestigten Ort Pamiers. Da kam jener überaus schurkische Graf von Foix zu dem Legaten; doch unser Graf wollte ihn nicht sehen. An diesem Ort übergab der Legat unserem Grafen die Burg von Foix, die er lange in seinem Besitz gehalten hatte. Unser Graf schickte sofort Ritter dorthin und ließ die Burg von Foix besetzen.

Wir wollen auch nicht übergehen, daß der edle Graf von Montfort vor der Abreise des Legaten und Ludwigs aus Carcassonne seinen Bruder Guy zusammen mit einigen Rittern lossandte, um in seinem Namen Toulouse in Besitz zu nehmen. Als diese nach Toulouse kamen, begaben sie sich in die Burg der Stadt, die Château Narbonnais heißt. Danach nahmen sie im Namen unseres Grafen den Bürgern den Treueid ab und befahlen ihnen, unverzüglich die Mauern der Stadt niederzulegen. Darin willigten die Bürger ein, wenn auch widerstrebend und äußerst bekümmert, und begannen, mehr aus Furcht als von Liebe angetrieben, ihre Mauern niederzulegen. Von diesem Zeitpunkt an war der Hochmut der Stadt Toulouse vollständig gedemütigt.

Nachdem der Legat unserem Grafen die Burg von Foix übertragen hatte, begaben sich der Graf, Ludwig und alle Kreuzfahrer nach Carcassonne und zogen in diese Stadt ein. Von dort kehrten Ludwig und die Kreuzfahrer, da die Zeit ihres Kreuzzugs, nämlich die Dauer von 40 Tagen, abgelaufen war, nach Frankreich zurück.

[...]

In der Laterankirche in Rom
wird ein Allgemeines Konzil abgehalten

Im Jahr der Fleischwerdung des Wortes 1215, im Monat November, hielt der Herr Papst Innozenz III., nachdem die Patriarchen, Erzbischöfe, Bischöfe, Äbte und die anderen hohen Geistlichen zusammengerufen worden waren, in der Laterankirche in der Stadt Rom ein Allgemeines und feierliches Konzil ab. Neben anderen Angelegenheiten, die auf diesem Konzil geregelt und beschlossen wurden, behandelte man auch die Sache des Glaubens gegen die albigensischen Häretiker.

Zu diesem Konzil waren nämlich Raymond, der frühere Graf von Toulouse, und sein Sohn Raymond sowie der Graf von Foix, alle offenkundige Störer des Friedens und des Glaubens, gekommen, um von dem Konzil die Rückgabe ihrer Länder zu erbitten, die sie durch göttlichen Spruch und durch die Hilfe der Kreuzfahrer verloren hatten. Der edle Graf von Montfort hatte jedoch als Boten seinen leiblichen Bruder Guy von Montfort und einige andere treue und kluge Boten dorthin gesandt. Doch ist es auch wahr, daß einige dort waren (was schlimm ist), die als Gegner des Glaubens gekommen waren und sich um die Wiedereinsetzung der erwähnten Grafen bemühten. Doch der Rat des Ahitofel[65] setzte sich nicht durch, und die Absicht der Bösen wurde durchkreuzt. Der Herr Papst entschied nämlich mit Zustimmung des größeren und vernünftigeren Teils des hochheiligen Konzils in folgender Weise über die Sache des Glaubens: Er bestimmte nämlich und ordnete an, daß die Stadt Toulouse und die anderen von den Kreuzfahrern eroberten Länder dem Grafen von Montfort übergeben werden sollten, der sich mehr als alle anderen in der vielerwähnten Sache des Glaubens tapfer und treu mit aller Kraft eingesetzt hatte.

Dagegen wollte der Herr Papst, daß alles Land, das der Graf von Toulouse in der Provence besaß, in Verwahrung genommen werde, um es zum Teil oder gänzlich zur Versorgung des Sohnes des erwähnten ehemaligen Grafen von Toulouse zu verwenden, falls dieser sich durch sichere Beweise seiner Glaubenstreue und seines guten Verhaltens einer solchen Gnade würdig erweisen sollte. Doch wie übel er sich später verhalten hat, und wie die Gnade sich in ein hartes Urteil verwandelte, werden wir im folgenden aufzeigen.

Nach der Rückkehr seiner Boten von dem Konzil begab sich der Graf von Montfort auf Anraten der hohen Geistlichen des Gebietes von Albi und seiner Barone nach Frankreich zu seinem Herrn, dem König, um von ihm das Land zu empfangen, das von ihm zu Lehen ging.

[…]

Die Belagerung von Beaucaire

Während unser edler Graf [von Montfort] in Frankreich war, begab sich Raymond, der Sohn des ehemaligen Grafen Raymond von Toulouse, in das Gebiet der Provence. Er war ein Jugendlicher[66], der aber nicht aus kindlichem Unverstand, sondern eher aus Torheit den apostolischen Befehlen in allem zuwiderhandelte und auch noch jene große Gnade und überreichliche Barmherzigkeit mißachtete, die ihm der Apostolische Stuhl erwiesen hatte, obwohl er sie nicht verdiente. Mit Unterstützung einiger Adliger der Provence eroberte er das ganze Land, das der Herr Papst dem edlen Grafen von Montfort in Verwahrung gegeben hatte.

Nachdem er das Land jenseits der Rhône erobert hatte, kam er zu einem sehr bedeutenden befestigten Ort diesseits der Rhône, der Beaucaire heißt und im Königreich Frankreich liegt. Jener Ort hatte dem Grafen von Toulouse gehört, war jedoch von der Römischen Kirche dem Grafen von Montfort übertragen worden, und diese Übertragung hatte der König von Frankreich bestätigt. Als der erwähnte Raymond nach Beaucaire kam, wurde er von den Bewohnern des Ortes, die ihn gerufen hatten, in die Vorstadt eingelassen. Sofort stießen mehrere Adlige der Provence, auch die Bürger von Avignon und Marseille sowie die Einwohner von Tarascon und Vallabrègues, alle treulose und boshafte Männer, zu ihm. Daraufhin belagerte

Raymond den Seneschall des Grafen von Montfort und die Ritter und Soldaten, die mit dem Seneschall die Burg schützten, in der Burg und begann, sie heftig anzugreifen.

Als Guy, der Bruder des Grafen von Montfort, und Amaury, der älteste Sohn des Grafen, und die übrigen Barone und Ritter des Grafen, die sich in dem Gebiet von Toulouse befanden, das hörten, eilten sie nach Beaucaire, um ihren Belagerten (wenn sie könnten) zu Hilfe zu kommen. Bei ihnen befand sich auch der ehrwürdige Bischof von Carcassonne, Guy, der, wie schon wiederholt gesagt worden ist, voll glühendem Eifer in der Sache des Glaubens war. In der Zwischenzeit kam der alleredelste Graf von Montfort eiligst aus Frankreich herbei. Er führte auch mehrere Ritter mit sich, die er durch Zahlung eines hohen Solds aus Frankreich fortgebracht hatte. Guy, der Bruder des Grafen, und Amaury, sein Sohn, eilten nach Beaucaire und kamen zu der Stadt Nîmes, die vier Meilen von Beaucaire entfernt ist, und blieben dort eine Nacht.

[. . .]

Am anderen Tag, als es völlig hell geworden war, verließen sie, nachdem sie die Messe gehört hatten, jene Stadt wieder und eilten nach Beaucaire. Die Unsrigen zogen zum Kampf gerüstet in drei Heerhaufen zu Ehren der Heiligen Dreifaltigkeit aufgeteilt. Als wir vor den befestigten Ort Beaucaire kamen, fanden wir dort eine unzählige Menge der Feinde, die unsere Rit-

ter und unsere Soldaten in der Burg des Ortes eingeschlossen hielten. Doch, obwohl die Feinde unzählige
und die Unsrigen im Vergleich zu ihnen nur wenige
waren, wagten jene es doch nicht, aus den Innenmau-
ern des Ortes herauszugehen, obwohl die Unsrigen
sehr lange vor den Mauern standen und sie zum Kampf
aufforderten.

Als die Unsrigen sahen, daß die Feinde nicht herauskommen würden, um gegen sie zu kämpfen, kehrten
sie, nachdem sie lange gewartet und jene zum Herauskommen aufgefordert hatten, nach Bellegarde zurück,
von wo sie gekommen waren, um am nächsten Tag
nach Beaucaire zurückzukehren. Während wir in Bellegarde waren, kam der edle Graf von Montfort, der
sich auf der Rückkehr von Frankreich befand und nach
Beaucaire eilte, in Nîmes an.

Am nächsten Morgen, bei hellem Tageslicht, verließ der Graf Nîmes, und wir zogen von Bellegarde
los. Wir kamen vor Beaucaire an, der Graf von der
einen Seite und wir von der anderen Seite, und schlossen unsererseits die Belagerer ein. Als der Sohn des
einstigen Grafen von Toulouse sah, daß der Graf von
Montfort Beaucaire belagerte, zog er so viele Leute zusammen, wie er nur konnte: aus Avignon, Marseille,
Tarascon, Vallabrègues und vielen anderen befestigten
und unbefestigten Orten, alles ein treuloses und ab-
trünniges Volk. Diese alle zusammen griffen, soviel
sie konnten, Gott und seinen Kämpfer an, nämlich den

Grafen von Montfort, und uns sowie unsere Belagerten, die in der Burg waren: denn wir belagerten nicht
nur Beaucaire, sondern auch die zuvor genannten befestigten Orte und die Städte[67], also fast die gesamte
Provence.

Die Feinde hatten außen um die Burg herum einen
Wall und einen Graben angelegt, damit die Unsrigen
nicht zu der Burg gelangen könnten. Überdies beschossen sie die Burg heftig mit Kriegsmaschinen, die
Steinschleudern genannt werden. Außerdem unternahmen sie mehrere und schwere Sturmangriffe auf
die Unsrigen, die in der Burg waren. Doch die Unsrigen verteidigten sich tapfer und in bewundernswerter
Weise und töteten mehrere von den Angreifern. Auch
verfertigten die Feinde einen «Widder»[68] von ungeheurer Größe, den sie gegen die Mauer der Burg
anwandten und mit dem sie die Mauer heftig erschüt-
terten. Doch die Unsrigen hemmten durch bewundernswerte Tapferkeit und ihren Einfallsreichtum die
Stöße des «Widders» derart, daß er die Mauer überhaupt nicht oder doch nur wenig erschüttern konnte.
Die Feinde richteten auch noch viele andere und ver-
schiedene Kriegsmaschinen her; doch die Unsrigen
steckten sie sämtlich in Brand.

Aber der edle Graf von Montfort hielt unter großer
Gefahr und großen Kosten die Belagerung außerhalb
des Ortes aufrecht, denn das ganze Land in der Umgegend versperrte ihm Mittel und Wege: Er konnte näm-

lich Lebensmittel nur von Saint-Gilles und Nîmes erhalten. Auch mußten wir, wenn wir Lebensmittel aus
den beiden vorerwähnten Orten erhalten wollten, Ritter losschicken, die in voller Kriegsrüstung diejenigen
begleiteten, die unsere Lebensmittel herbeischafften.
Auch mußte ständig ein Drittel der Ritter in dem Heer
gerüstet sein, da man zum einen fürchtete, daß die
Feinde plötzlich und unerwartet das Lager angreifen
könnten (was sie jedoch niemals zu versuchen wagten), und zum anderen, um die Kriegsmaschinen zu
schützen: Der edle Graf hatte nämlich eine Steinschleuder errichten lassen, die gegen die erste Mauer
der Vorstadt schoß. Doch konnte er nicht mehr
Kriegsmaschinen einsetzen, da er kein Fußvolk hatte,
um sie zu bedienen: Er hatte nämlich nur sehr wenig
einheimisches Fußvolk, und das war ebenso lau wie
ängstlich und für das Heer Christi von nur wenig oder
gar keinem Nutzen. Dagegen waren die auf der gegne-
rischen Seite voller Eifer und Kühnheit.

Wir wollen auch nicht übergehen, daß die Feinde,
wenn sie jemand von den Unsrigen gefangennehmen
konnten, sei es ein Geistlicher, sei es ein Laie, die sie zu
einem überaus schändlichen Tod verurteilten: Nachdem sie diese nämlich getötet hatten, hängten sie
einige auf, andere verstümmelten sie. Oh, was für ein
schändlicher Kampf, oh, welch schmachvoller Sieg!
Als sie eines Tages einen von unseren Rittern gefangengenommen hatten, töteten sie den Gefangenen,

hängten den Getöteten auf und schnitten ihm die
Hände und die Füße ab. Oh, was für eine unerhörte
Grausamkeit! Die abgeschnittenen Füße des Ritters
schossen sie mit einer *mangonellus* genannten Stein-
schleuder in die Burg, um bei den Unsrigen Angst und
Schrecken zu verbreiten.

Währenddessen eilte Raymond [VI.], der ehemalige
Graf von Toulouse, durch Katalonien und Aragon und
sammelte so viele Ritter um sich, wie er konnte, um
mit deren Hilfe in unser Land einzufallen und Toulouse einzunehmen: Die Bürger von Toulouse, schur-
kisch und treulos, waren nämlich willens, ihn einzu-
lassen, falls er kommen sollte. Außerdem gingen den
Unsrigen, die sich in Beaucaire befanden, die Lebensmittel aus: Denn niemals hätten die Feinde sie gefangennehmen können, wenn sie genügend Nahrungsmittel zu ihrem Unterhalt gehabt hätten. Die Not
seiner Belagerten zeigte man unserem Grafen an. Der
wurde von großem Kummer ergriffen und wußte
nicht, was er tun sollte: Denn einerseits konnte er seine
Belagerten nicht befreien, andererseits wollte er sie
aber auch auf keinen Fall dem Tod ausgeliefert lassen.
Zudem bestand die höchste Gefahr, daß die Stadt Toulouse und andere Gebiete, die er in Besitz hatte, verlo-
rengehen würden. Nachdem er dies alles sorgfältig erwogen hatte, setzte der edle und getreue Graf alles
daran, einen Weg ausfindig zu machen, um seine Belagerten zu befreien.

Was soll ich mehr sagen? Die Unsrigen nahmen durch Vermittler Verhandlungen mit den Feinden auf. Man traf folgende Abmachung – wir wollen nicht sagen, einen Friedensschluß: Es wurde vereinbart, daß unsere Belagerten den Feinden die Burg von Beaucaire übergäben, die Feinde dagegen sie mit all ihrem Gut abziehen ließen. So geschah es [am 25. August 1216]. Wenn man jedoch die Umstände dieser Belagerung genau bedenkt, trug der edle Graf, wenn er bei der Eroberung von Beaucaire auch nicht den Sieg erlangt hatte, doch das Diadem treuen Edelmuts und edler Treue davon.

Die Stadt Toulouse unterwirft sich

Nachdem der edle Graf [von Montfort] mit den Seinigen die Belagerung von Beaucaire aufgehoben hatte, kam er nach Nîmes. Dort ließ er Ritter zurück, die den Auftrag hatten, die Stadt zu schützen und durch das Land zu streifen. Er selbst eilte nach Toulouse. Als Raymond [VI.], der ehemalige Graf von Toulouse, der selbst heranzog, um Toulouse in Besitz zu nehmen, das hörte, floh er schmählich davon. Als der Graf [von Montfort] sich Toulouse näherte, schickte er einige seiner Ritter in die Stadt voraus.

Doch die treulosen und zum Verrat entschlossenen Bürger ergriffen jene und hielten sie in einem Haus gefangen.[69] Als der Graf [von Montfort] das hörte,

wurde er von großem Zorn und großer Bestürzung
ergriffen. Und als er sah, daß die Tolosaner sich ihm
widersetzen wollten, ließ er Feuer in einem Teil der
Stadt legen [im September 1216]. Die Bürger flüchteten sich jedoch in die Vorstadt und wollten weiter Widerstand leisten. Als sie aber sahen, daß der Graf einen
Sturmangriff auf sie unternehmen wollte, unterwarfen
sie sich und die Stadt in allem seinem Willen. Der Graf
ließ daraufhin die Mauern und die Türme der Stadt bis
auf die Grundmauern zerstören. Außerdem erhielt er
von den Bürgern Geiseln gestellt, die er auf verschie-
dene seiner Burgen verteilen und dort bewachen ließ.

In der Zwischenzeit hatten die Bewohner des Ortes
Saint-Gilles, Abtrünnige und Treulose, den Sohn des
früheren Grafen von Toulouse gegen den Willen des
Abtes und der Mönche in ihren Ort eingelassen. Als
der Abt und die Mönche das sahen, nahmen sie das
Heilige Sakrament aus der Kirche und verließen barfü-
ßig den Ort, über den und dessen Bewohner sie den
Bann und das Anathema [70] verhängten.

Nachdem der edle Graf einige Tage in Toulouse
verbracht hatte, begab er sich in die Gascogne. Dort
wurde die Ehe zwischen Guy, dem zweitältesten Sohn
des Grafen, und der Gräfin [Pétronille] de Bigorre geschlossen. Wenige Tage danach kehrte der Graf nach
Toulouse zurück.

[...]

Die Belagerung von Montgrenier

Im Jahr der Fleischwerdung des Wortes 1216, an dem achten Tag der Iden des Februar [6. Februar 1217], belagerte der überaus tapfere Graf von Montfort Montgrenier. In der Burg befand sich jedoch Roger-Bernard, der Sohn des Grafen von Foix, der seinem Vater in Schlechtigkeit nicht nachstand, zusammen mit mehreren Rittern und Soldaten: Er glaubte nämlich nicht, daß irgendein Sterblicher Montgrenier erobern könnte oder es wagen würde, diesen Ort zu einer solchen Jahreszeit zu belagern. [...] Der Ort liegt nämlich in einem sehr hohen und kalten Gebirge. Außerdem war noch Winter, und der Winter pflegt in dieser Gegend hart zu herrschen.

Doch der überaus tapfere Graf [von Montfort] ließ im Vertrauen auf Ihn, der den Winden und den Wassern befiehlt und durch Prüfungen zum Glück führt, ohne Furcht vor dem Toben der Winde und der Kälte des Schnees und ohne sich durch die den Belagerern so verderblichen gewaltigen Regenmassen abschrecken zu lassen, von seinen Truppen in Schlamm und Schnee die Belagerung aufnehmen und begann, die eingeschlossene Burg unerschrocken anzugreifen. Doch die Insassen der Burg verteidigten sich mit aller Kraft. Da wir nicht alle Beschwerlichkeiten und Bedrängnisse dieser Belagerung der Reihe nach ausführlich schildern können, wollen wir kurz nur sagen, daß man diese

ganze Belagerung nicht eigentlich als eine Plackerei,
sondern richtiger als ein Martyrium bezeichnen
müßte.

Nach vielen Tagen mangelte es den Belagerten an
Wasser. Als es ihnen dann auch noch an Lebensmitteln
fehlte, ging ihnen auch der Widerstandswille aus: Unsere Belagerer versperrten nämlich Tag und Nacht alle
Zugänge, so daß die Belagerten weder Lebensmittel
in die Burg schaffen konnten, noch es wagten, zum
Wasserschöpfen herunterzusteigen. In dieser Notlage
verhandelten sie über eine Kapitulation. Doch da die
Unsrigen deren Lage nicht genau kannten, stimmten
sie ohne langes Zögern dem Verlangen der Feinde zu.
Die Übergabebedingungen, die von den Feinden an-
geboten wurden, waren folgende: Sie boten an, die
Burg dem Grafen auszuliefern, wenn er ihnen erlauben
würde, mit ihren Waffen abzuziehen. Dem stimmte
der edle Graf zu. Daraufhin kam Roger-Bernard mit
den Seinigen aus der Burg heraus. Außerdem schwor
Roger-Bernard dem Grafen, ein volles Jahr lang nicht
gegen ihn zu kämpfen. Wie schlecht er diesen Eid hielt,
wird später noch aufgezeigt. Die Burg wurde dem
Grafen am Vortag des Festes der Auferstehung des
Herrn [Ostern, 25. März 1217] ausgeliefert. Der edle
Graf ließ die Burg sofort von seinen Soldaten besetzen
und begab sich dann nach Carcassonne.

[...]

Die Sendung des Kardinallegaten Bertrand

Zu dieser Zeit kam der Magister Bertrand, Titular-Kardinalpriester von Sankt Johannes und Sankt Paulus und Legat des Apostolischen Stuhls, ein Mann von gewaltiger Gelehrsamkeit und übergroßer Redlichkeit, in die Provence. Dieser war vom Papst geschickt worden, um in der Provinz Narbonne und in der Umgegend die mit dem Frieden und dem Glauben zusammenhängenden Angelegenheiten zu regeln. Er hielt sich jenseits der Rhône in der Stadt Orange auf. Doch die Bürger von Avignon und von Marseille sowie die Einwohner von Saint-Gilles, Beaucaire und Tarascon, die einer schändlichen Gesinnung ergeben und in Untreue gefallen waren, wollten ihm nicht gehorchen.

Währenddessen griff der edle Graf von Montfort heftig jene Burgen und Orte in der Diözese Nîmes an, die im vorausgegangenen Jahr [...] von ihm abgefallen waren. Ihm kamen zu Hilfe Girard, der Erzbischof von Bourges, und Robert, der Bischof von Clermont, die im vorausgegangenen Jahr das Zeichen des Kreuzes gegen die Störer des Friedens und die Verderber des Glaubens genommen hatten. Mit ihnen kamen auch noch zahlreiche Ritter und Soldaten. Mit deren Hilfe belagerte der Graf einen Ort in der Nähe von Saint-Gilles, der Posquières heißt. Nachdem dieser eingenommen worden war, belagerte er den Ort Bernis. Er griff den Ort mutig an, eroberte ihn kraftvoll und hängte viele von den Verteidigern, wie sie es verdienten, am Galgen auf. Das versetzte alle Abtrünnigen jenes Landes in eine derartige Furcht, daß sie von Entsetzen gepackt vor dem Herannahen des Grafen aus allen Burgen, in denen sie lebten, flohen und diese geräumt zurückließen: In dem ganzen Land jenseits der Rhône blieb fast kein Ort mehr übrig, der dem Grafen Widerstand leistete, mit Ausnahme von Saint-Gilles und Beaucaire.

[…]

Schließlich gab der Kardinal [Magister Bertrand] dem Grafen den Rat und die Anweisung, über die Rhône zu setzen und in dem Gebiet der Provence die Störer des Friedens zu unterwerfen, nämlich Raymond, den Sohn des ehemaligen Grafen von Toulouse, und Adhémar von Poitiers und ihre Helfer, die mit allen Kräften die Sache des Friedens und des Glauben in jener Gegend störten. Der Graf befolgte die Anweisung des Legaten.

[…]

Er überquerte die Rhône und kam mit den Seinigen zu dem befestigten Ort, der Montélimar heißt. Der Kardinal, nach dessen Anweisungen und Befehlen der Graf stets handelte, war mit ihm über die Rhône gekommen. Doch Giraud-Adhémar, der Mitherr von Montélimar und Inhaber des größeren Anteils, befand sich bei den Feinden des Grafen. Aber die Leute der Burg ließen den Grafen ein: Ein gewisser Ritter na-

mens Lambert, ein Blutsverwandter des erwähnten
Giraud[-Adhémar] und der andere Mitherr von Montélimar, war ein Anhänger unseres Grafen und ist es
immer gewesen.

Nachdem der Graf einige Tage in Montélimar verweilt hatte, machte er sich auf, um eine Burg in der
Diözese Valence, die Crest heißt und dem Adhémar
von Poitiers gehörte, zu belagern. Adhémar jedoch
kämpfte, wie wir bereits gesagt haben, schon seit langem gegen den Grafen von Montfort und hatte den
Bischof von Valence verfolgt. Dagegen war die Stadt
Valence auf seiten des erwähnten Grafen und ist es immer gewesen.

Als der Graf zu dem befestigten Ort Crest kam, begann er ihn zu belagern. Dieser Ort war jedoch sehr
bedeutend und stark befestigt und wurde von vielen
Rittern und Soldaten verteidigt. Nachdem der Ort
eingeschlossen worden war, begann der Graf, ihn heftig anzugreifen. Doch die Belagerten verteidigten sich
mit aller Kraft. Bei dem Grafen befanden sich mehrere
Bischöfe des Landes und etwa 100 französische Ritter,
die der König von Frankreich, Philipp, für einen Zeitraum von sechs Monaten dem Grafen zu Hilfe geschickt hatte.

Während der Graf sich bei jener Belagerung befand,
verhandelte man über einen Friedensschluß zwischen
dem Grafen und Adhémar von Poitiers. Nach vielen
Besprechungen und langem Verhandeln wurde eine

Übereinkunft zwischen dem Grafen und Adhémar geschlossen. Von beiden Seiten wurde fest zugesagt, daß
der Sohn des Adhémar die Tochter des Grafen zur Gemahlin haben sollte. Außerdem übergab Adhémar
einige Burgen als Sicherheit dafür, daß er zukünftig in
keiner Weise mehr gegen den Grafen kämpfen würde.
Weiterhin unterwarf sich ein Adliger jenes Landes,
Dragonet mit Namen, der im Jahr zuvor von unserem
Grafen abgefallen war, diesem wieder. Auch kamen
eine Einigung und ein Friedensschluß zwischen dem
Bischof von Valence und dem oft erwähnten Adhémar
zustande. Während der Herr Jesus auf so wunderbare
Weise in jener Gegend Seine Sache beförderte, wollte
der Alte Feind [der Teufel], der das sah und dem es
mißfiel, das behindern, was zu fördern ihm zuwider
war.

*Die Stadt Toulouse wird zum
zweiten Mal belagert*

Während dieser Zeit ließen die Tolosaner Bürger, oder
sagen wir richtiger die «Rankevollen» [71], die vom Teufel angestachelt von Gott und der Kirche und dem Grafen von Montfort abgefallen waren, Raymond, den
früheren Grafen und ihren ehemaligen Herrn, dem
kraft der Autorität des Papstes oder vielmehr des Vierten Allgemeinen Laterankonzils sein Besitz entzogen
worden war, in die Stadt ein [13. September 1217].

Doch die edle Gräfin, die Gattin des Grafen von Montfort, und die Gattinnen des Guy, des Bruders des Grafen, sowie des Amaury und des Guy, der Söhne des
Grafen, und noch viele weitere Söhne und Töchter,
sowohl des Grafen als auch seines Bruders, befanden
sich in der Burg von Toulouse, die Château Narbonnais heißt.

Der erwähnte Raymond und Roger-Bernard, Sohn
des Grafen von Foix, und einige andere, die mit ihm
gekommen waren, sowie die Bürger von Toulouse
begannen unverzüglich damit, Tag und Nacht zahlreiche Sperren und Gräben anzulegen, um so die Stadt in
Verteidigungszustand zu versetzen. Als Guy von
Montfort, der Bruder des Grafen, und Guy, der Sohn
des Grafen, von dem Verrat der Stadt Toulouse hörten, eilten sie mit einer Anzahl von Rittern (die der
Graf in dem Gebiet von Carcassonne zurückgelassen
hatte, um das Land zu bewachen) nach Toulouse. Dort
begaben sie sich in die vorerwähnte Burg, wo sich die
Gräfin befand, sowie in die Außengebäude, um zu verhindern, daß die Feinde von außen her die Burg belagerten.

Als der edle Graf [von Montfort] hörte, daß Toulouse abgefallen war, überquerte er die Rhône und
kehrte eilig zurück. Der Kardinal setzte mit ihm über
die Rhône. Als der Kardinal und der Graf Toulouse
erreichten, begannen sie mit der Belagerung der Stadt.

Im Jahre des Herrn 1217, an den Kalenden des Oktobers[72], war die Stadt Toulouse sehr stark bevölkert und voll von Menschen. Alle Mörder, von ihrem Besitz Vertriebene und Geächtete sowie auch viele andere, die zuvor nur insgeheim Feinde des Grafen von Montfort gewesen waren, hatten sich in die Stadt zurückgezogen, um sie gegen den genannten Grafen und die Heilige Kirche zu verteidigen, für die der edle Graf mit allen seinen Kräften arbeitete. An diesem Verrat hatten sich nämlich viele Burgen und Adlige um Toulouse herum beteiligt und der Stadt versprochen, ihr zu helfen, wo und wann es nötig sein würde.

Als der edle Graf mit den Seinen an die Stadtgräben von Toulouse herangekommen war, wollte er die Stadt im Sturm nehmen. Doch wurde er von den Bürgern heftig zurückgeworfen und schlug seine Zelte bei dem Château Narbonnais auf. Da er aber Toulouse nicht wirksam belagern konnte, wenn er nicht auch jenseits des Flusses Garonne, der auf der Seite zur Gascogne hin Toulouse schützt, ein Heer hatte, das den Tolosanern den Weg aus ihrer Stadt versperrte (der hier über zwei den Fluß überspannende Brücken möglich war), setzte der Graf mit vielen über den Fluß, viele ließ er aber auch bei seinem Sohn Amaury zurück. Dort blieb der edle Graf einige Tage in der Vorstadt Saint-Cyprien, die durch die beiden Brücken verbunden war. Als er jedoch erkannte, daß die Truppen des Amaury nicht ausreichen würden, um den Feinden zu widerstehen, setzte er erneut über den Fluß und kehrte zurück, um aus den zwei schwachen Heeren ein starkes und sicheres Heer zu machen.

Doch wollen wir ein Wunder nicht übergehen, das Gott bei diesem neuerlichen Flußübergang bewirkte, damit Gott in allem gepriesen werde! Während nämlich der Graf von Montfort in voller Rüstung und auf seinem gepanzerten Pferd sitzend in den Flußkahn steigen wollte, stürzte er in den Fluß an einer Stelle, wo das Wasser deutlich sichtbar sehr tief ist. Als er nicht wieder auftauchte, ergriffen Furcht und Schrecken und großes Wehklagen alle Unsrigen: Rahel beweinte ihren Sohn[73].

Die tolosanische Hölle brach in ein Freudengeheul aus und nannte die Unsrigen noch zu Lebzeiten ihres Vaters «Waisenkinder». Aber Er, der auf Bitten des Elia wollte, daß ein Beil auf dem Wasser schwimme, hob nach einer langen Zeit aus der Tiefe des Wassers unseren Fürsten empor, der die Hände gefaltet und in tiefer Frömmigkeit zum Himmel gestreckt hielt. Die Unsrigen ergriffen ihn sofort, zogen ihn voller Freude in den Flußkahn und bewahrten ihn unversehrt der Heiligen Mutter Kirche, deren Schutzwall er war.

In der Zwischenzeit hatten die Tolosaner zahlreiche Kriegsmaschinen, Steinschleudern und die *mangonellus* genannten Kriegsmaschinen gebaut, um das Château Narbonnais zu zertrümmern und den Kardinal Bertrand, den Legaten des Apostolischen Stuhls, wie auch seine Begleiter mit Steinwürfen zu töten und in deren

Person die Römische Kirche zu steinigen. Oh, wie oft befürchtete der erwähnte Kardinal, dort den Tod zu finden. Doch als vorausschauender Mann war er völlig bereit, sein Leben für die Sache Christi zu geben!

Zu dieser Zeit ließ der edle Graf die Bewohner von Montpellier Geiseln stellen, weil er fürchtete, daß sie heimlich mit den Tolosanern gemeinsame Sache machen und den Frieden brechen würden. Sie führten nämlich Honig im Mund, doch in ihrem Herzen trugen sie Gedanken von Galle[74].

[…]

Zu dieser Zeit [April 1218] geschah es, daß die Tolosaner, sowohl das Fußvolk als auch die Berittenen, sämtlich einen plötzlichen Ausfall unternahmen, um unser Lager zu erobern (denn in dem Lager waren nur sehr wenige). Pierre de Voisins, ein tatkräftiger Ritter, war bereit, sich mit nur einem Gefährten den vielen entgegenzustellen. Als die Tolosaner ihn eingeschlossen hatten, stürzte sich der edle Graf von Montfort, der keinen von den Seinigen zugrundegehen lassen wollte und bereit war, sein Leben für seine Freunde einzusetzen, mit einem einzigen Gefährten in die Feinde, um den erwähnten Pierre zu befreien. Diesen griffen alle Feinde heftig an, gegen ihn wandten sich alle; von allen Seiten hieb man auf ihn ein, von allen Seiten wurde auf ihn eingestochen.

Doch der Mann Gottes blieb unter den Feinden ohne Furcht und hieb seinerseits zusammen mit dem er-

wähnten Ritter Pierre, der sich in diesem Kampf
mannhaft für seinen Herrn abmühte, die Feinde nieder. Die Unsrigen jedoch, die von diesem Geschehen
überhaupt nichts bemerkten, bewaffneten sich währenddessen. Als die Unsrigen aus ihren Zelten herauskamen, wurden die Feinde von Furcht gepackt und ergriffen alle sofort die Flucht.

Nachdem seit Beginn der Belagerung von Toulouse
schon sechs Monate vergangen waren [im Mai 1218],
und der erwähnte Kardinal sowie der Graf unter vielen
Gefahren und Mühen ausgeharrt hatten, da kamen
plötzlich die Gräfin, die ihrem Gatten, dem Grafen
von Montfort, wesensgleich war, und der Bischof von
Toulouse mit einer großen Menge von Kreuzfahrern
aus Frankreich an. Unter diesen befand sich Michel de
Harnes und etwas später kam noch Amaury de Craon,
alle mächtige und vornehme Männer.

Als der edle Graf sie jenseits des Flusses Garonne geführt hatte, um Toulouse diesseits und jenseits einzuschließen, gelangten sie zu der Vorstadt Saint-Cyprien, wo das Heer lagern sollte. Doch die Tolosaner
kamen mit einer großen Schar heraus und verwehrten
dem Heer den Zutritt: Die Unsrigen konnten nämlich
wegen der unzähligen Gräben, die von den Tolosanern
angelegt worden waren, mit ihren gewappneten Pferden nicht herankommen. So zogen sich die Unsrigen,
obwohl sie viele waren, mit Schamesröte und
Schmach wieder zurück und schlugen ihre Zelte am

Ufer der Garonne in einiger Entfernung von der erwähnten Vorstadt auf.

Während die Unsrigen niedergeschlagen waren, jubelten die Feinde; die Unsrigen trauerten, die Feinde
stießen Freudenrufe aus; von den Unsrigen wurden
die Banner niedergelegt, aber von den Feinden wurden
nicht nur die Banner, sondern auch die Hörner hoch-
gehoben. Die Unsrigen waren verzweifelt, da sie nicht
ohne gewaltige Menschenverluste in die erwähnte
Vorstadt eindringen und die Tolosaner daran hindern
konnten, über die beiden Brücken hinein- und herauszugehen. Das hatte der Allerhöchste so eingerichtet,
damit nicht gesagt würde, daß Er allein durch Seine
Gnade und ohne die Hilfe von Dingen und Menschen
alles bewirken wolle: Plötzlich tauchten, obwohl den
ganzen Tag über schönes Wetter gewesen war, mächtige Wolken auf und es regnete in Strömen. Die Feinde
frohlockten, weil sie glaubten, daß die Unsrigen wegen der vielen Widrigkeiten aus ihrem Lager flüchten
müßten. Der Fluß Garonne stieg langsam höher, und
als die Nacht hereinbrach, bewirkte die Rechte des
Herrn eine große und wunderbare Tat: Durch die unerwartete Gewalt des Flusses wurden nämlich beide
Brücken in der Mitte fortgerissen und auch die Befesti-
gungswerke der Vorstadt zum größten Teil zerstört
sowie die Gräben und übrigen Hindernisse auf wunderbare Weise weggespült. Oh, was für eine göttliche
Beharrlichkeit des Schöpfers! Die Unsrigen drangen

ungehindert und ohne Furcht in die Vorstadt ein und versperrten durch Gott den Tolosanern den Ausgang.

Wir wollen auch nicht die Grausamkeit der Tolosaner mit Schweigen übergehen, damit die Zuhörer erfahren, welche Strafe diejenigen verdient hatten, die sich nicht scheuten, so zu wüten. Wenn sie nämlich einige von den Unsrigen gefangennehmen konnten, hingen sie ihnen eine Geldtasche um den Hals, banden ihnen die Hände zusammen und führten sie durch die Straßen von Toulouse, damit jeder einen oder mehrere Pfennige in die Geldtasche zur Belohnung derjenigen hineinlege, die sie gefangengenommen hatten. Anschließend rissen die Schinderknechte einigen die Augen, anderen die Zunge heraus. Einige wiederum schleiften sie am Schwanz eines Pferds und warfen sie dann den Raben und den Hunden hin.

Andere zerstückelten sie und schleuderten die Stücke mit einer *trabucium* genannten Wurfmaschine zu den Unsrigen hinüber. Einige verbrannten sie, andere hängten sie am Galgen auf. Einen Akoluthen[75] von Toulouse, Bernard Escrivan mit Namen, gruben sie, nur weil er, wie es seine Pflicht war, der Heiligen Kirche folgte, lebend mit gefesselten Händen bis zu den Achseln ein. Dann benutzten sie ihn als Zielscheibe für das Bogenschießen und schossen mit Pfeilen und Steinen auf ihn. Schließlich schichteten sie einen riesigen Feuerbrand über ihm auf und warfen ihn dann, nachdem er so geröstet worden war, den Hunden vor. Welche Quälerei blieb ihm erspart? Einige steinigten sie, anderen banden sie einen Mühlstein um den Hals und ertränkten sie im Wasser; wieder andere stürzten sie von der Höhe der Mauern hinab.

Mit ihren *trabucium* genannten Wurfmaschinen und den Wurfmaschinen, die *mangonellus* heißen, schossen sie, wenn sie wußten, daß in der Kapelle des Château Narbonnais die Messe gefeiert wurde, riesige Steine, um den Kardinal und seine Gefährten wie auch die anderen, so viele dabei waren, mitsamt dem Heiligen Sakrament völlig zu zermalmen. Einen Priester töteten sie auch mit einem *trabucium*: Sie handelten nämlich wie die Söhne des Belial[76], wie die Söhne des Kain, wie die verfluchten Söhne.

Zu derselben Zeit ging durch die Unvorsichtigkeit des Abtes von Saint-Thibéry die Burg von Foix verloren, die der neue Kain und neue Judas, der Graf von Foix, besetzte und dazu benutzte, um die Heilige Kirche zu bekriegen. Außerdem sagte die Burg Najac unserem Grafen die Lehnstreue und die Gefolgschaft auf und ließ Raymond, den Sohn des ehemaligen Grafen von Toulouse, ein, der voller Hingabe gegen den Frieden und die Kirche wirkte.

Als der edle Graf [von Montfort] etwa neun Monate mit der Belagerung von Toulouse zugebracht hatte, rüsteten sich eines Tages, es war der Tag nach dem Fest der Geburt des heiligen Johannes des Täufers [25. Juni 1218], die Bewohner von Toulouse bei Tages-

anbruch, um – während einige von den Unsrigen
noch schliefen, andere dabei waren, die Messe zu hören – mit ihrer gewohnten Hinterhältigkeit und einge-
fleischten Boshaftigkeit einen Überraschungsangriff
gegen uns zu unternehmen. Um noch wirksamer die
Ahnungslosen angreifen und die Unbewaffneten noch
grausamer heimsuchen zu können, vereinbarten sie,
daß ein Teil von ihnen unsere Wachen bei den Kriegsmaschinen angreifen, die übrigen sich aber von der anderen Seite auf das Lager stürzen sollten. Da die Unsrigen, wie wir schon gesagt haben, unbewaffnet waren
und sich einem von zwei Seiten geführten Angriff ausgesetzt sahen, waren sie deshalb auch weniger im-
stande, sich den Feinden zu widersetzen, und hatten
weniger Kraft, dem doppelten Angriff standzuhalten.

Dem edlen Grafen wurde gemeldet, daß seine
Feinde sich bewaffneten und sich unterhalb seiner
Burg neben dem Graben sammelten, wo sie sich versteckt hielten. Der Graf wohnte jedoch der Frühmesse
bei. Als er die erwähnte Nachricht vernommen hatte,
befahl er, ihm seine Waffen und seine Rüstung bereit
zu machen. Nachdem er damit angetan war, begab
sich dieser allerchristlichste Mann eilig zu der Kirche,
um die Messe zu hören.

Als er in der Kirche war und nachdem die Messe
schon begonnen hatte und der fromme Mann inbrünstig betete, geschah es, daß eine gewaltige Menge von
Tolosanern auf einem geheimen Weg aus ihren Gräben

stieg und sich mit erhobenen Bannern und unter großem Geschrei ungestüm auf die Unsrigen stürzte, die in
der Nähe des Grabens die Kriegsmaschinen bewachten.
Andere aber, die an einer anderen Stelle herausgekommen waren, griffen das Lager an. Im Lager wurde
Alarm geschlagen und die Unsrigen bewaffneten sich
so schnell sie konnten. Doch bevor die Unsrigen sich
bewaffnet hatten, machten die im Vergleich zu den
zahllosen Kämpfenden wenigen von den Unsrigen,
die, wie wir gesagt haben, zur Bewachung der Kriegsmaschinen und des Lagers abgestellt waren, so viele
und so große Gefahren durch, getötet und verwundet
zu werden, daß man es sich kaum vorstellen kann.

Als die Feinde ihren Angriff begonnen hatten, kam
ein Bote zu dem Grafen, der, wie wir schon gesagt
haben, die Messe hörte, und bat ihn inständig, den Seinigen unverzüglich zu Hilfe zu kommen. Ihm antwortete der fromme Mann: «Laß mich zuerst die heilige
Messe hören und das Sakrament meiner Erlösung sehen.» Während er noch redete, kam ein zweiter Bote
und sagte: «Beeilt euch! Der Kampf hat an Heftigkeit
zugenommen und die Unsrigen können nicht länger
standhalten.» Dem entgegnete der allerchristlichste
Mann: «Ich werde nicht eher hinausgehen, bis daß ich
meinen Erlöser gesehen habe.» Als dann der Priester,
wie es Brauch ist, die heilige Hostie der Wandlung
hochhielt, beugte der überaus fromme Mann die Knie
zur Erde, erhob aber seine Hände zum Himmel. «Nun

laß», so sprach er, «o Herr, Deinen Diener nach Deinem Wort in Frieden hingehen, da meine Augen Dich
haben grüßen sehen.» Und er fügte hinzu: «Laßt uns
gehen und, wenn es nötig sein sollte, wollen wir für
Den sterben, Der sich herabließ, für uns zu sterben.»
Nach diesen Worten eilte der unbesiegbare Mann zum
Kampf.

Der Kampf wurde auf beiden Seiten immer heftiger
und mehrere waren auf beiden Seiten verletzt und
einige getötet worden. Als aber der Ritter Jesu Christi
ankam, verdoppelten die Unsrigen ihren Mut und ihre
Anstrengungen und sämtliche Feinde wurden mit gro
ßer Tapferkeit zurückgetrieben und von den Unsrigen
bis an den Stadtgraben verfolgt.

Dann zogen sich der Graf und die bei ihm waren
wegen des Niederhagelns der Steine und des Herunterprasselns der Pfeile ein wenig zurück und nahmen
vor den Kriegsmaschinen Aufstellung; ihre Schilde
stellten sie vor sich, um sich vor den Steinen und den
Pfeilen zu schützen: Die Feinde schleuderten nämlich
in sehr dichter Folge mit einem *trabucium*, einem *mangonellus* und mehreren *machafunda*[77] Steine auf die Unsrigen.

Doch wer könnte das, was folgte, schreiben oder
hören, ohne zu weinen? Wer, sage ich, könnte das
ohne Schmerz schreiben, wer es ohne Tränen berichten, wer es ohne Schluchzen hören? Wer, sage ich,
würde nicht in Tränen aufgelöst sein und völlig zerflie-

ßen, wenn er von dem erloschenen Leben der Armen
hört? Alles erlosch, als jener niedersank, mit seinem
Tod starb alles mit: Denn er war der Trost der Trau-
ernden, er war die Kraft der Schwachen, war die Tröstung der Betrübten, er war die Zuflucht der Elenden.
Bringen wir daher unter Tränen den Bericht.

Während der überaus tapfere Graf mit den Seinigen,
wie schon gesagt wurde, in der Nähe des Stadtgrabens
vor den Kriegsmaschinen stand, um die Feinde daran
zu hindern, herauszukommen und die oft erwähnten
Kriegsmaschinen zu zerstören, da traf ein von einem
mangonellus der Feinde geschleuderter Stein den Ritter
Jesu Christi am Haupt. Als er den tödlichen Schlag erhalten hatte, schlug er sich zweimal auf die Brust und
empfahl sich Gott und der Heiligen Jungfrau. In seinem Sterben glich er dem heiligen Stephan: Wie dieser
wurde auch er in seiner Stadt zu Tode gesteinigt und
wie dieser entschlief auch er im Herrn.

Es soll auch nicht verschwiegen werden, daß der
überaus tapfere Ritter des Herrn, oder vielmehr, wenn
wir uns nicht täuschen, der überaus ruhmreiche Märtyrer, bevor er durch den Aufschlag des Steins die töd-
liche Wunde erhielt, an fünf Stellen durch Pfeilschüsse
verwundet wurde. Darin glich er dem Erlöser, für den
er geduldig den Tod erlitt und bei dem er, wie wir
glauben, in der Glückseligkeit und Herrlichkeit lebt.

Ihm folgte sein erstgeborener Sohn, Amaury, ein
Jugendlicher von guten Anlagen und Tatkraft, der sei-

nem Vater in allem hinsichtlich der edlen Gesinnung
wie auch der Tatkraft nacheiferte. Ihm leisteten alle
französischen Ritter, denen sein Vater Ländereien gegeben hatte, den Treu- und Vasalleneid.

Wenige Tage später, als der neue Graf sah, daß er die
Belagerung von Toulouse nicht länger aufrechterhal-
ten konnte (zum einen fielen, als der Tod des Grafen
bekannt wurde, viele Einheimische, ganz schlimme
Abtrünnige und üble Verräter, von ihm und der Kirche oder vielmehr von Gott ab und schlossen sich den
Feinden an; zum anderen kehrten einige der französischen Ritter, die bei ihm waren, nach Hause zurück),
hob er – wenn auch bekümmert und widerwillig – die
Belagerung auf.

Den Leichnam seines Vaters rühmlichen Angedenkens ließ er nach Carcassonne bringen und dort in der
Kathedralkirche Saint-Nazaire beisetzen.

Der neue Graf verteidigt sein Land

Er selbst ritt durch sein Land, um seinen Besitz zu
schützen und seine Feinde, so viel wie möglich zu bedrängen.

Unter denen, die damals Verrat gegen die Kirche
begingen und sich den Feinden Christi anschlossen,
befanden sich auch der bedeutende und im Gebiet von
Toulouse gelegene Ort, der Pamiers heißt, und der
Ort Lombers in der Diözese von Albi.

Wir wollen auch nicht verschweigen, daß der Herr Kardinal und der neue Graf sofort nach dem Tod des Grafen die Bischöfe von Toulouse, von Bigorre und von Comminges zusammen mit der edlen Gräfin nach Frankreich schickten, um von dem König und dem Königreich inständig Hilfe für die Kirche Gottes zu erbitten. Auch der Herr Papst Honorius[78] schrieb an den König von Frankreich und bat und mahnte ihn eindringlich und gütig und legte es ihm zur Vergebung seiner Sünden auf, die Sache des Glaubens gegen die tolosanischen Häretiker zur Ehre Gottes und zur Erhöhung der Kirche zu Ende zu bringen. Allen, die für diese Sache in den Kampf zogen, gewährte er einen ebensolchen Ablaß wie denjenigen, die in das Land jenseits des Meeres[79] zogen.

Etwa um das Fest der Geburt des Herrn [Weihnachten 1218] verließ die edle Gräfin Frankreich und kehrte in das Gebiet von Albi zurück. Sie brachte Bouchard de Marly[80] mit sich, einen vornehmen Mann, und noch etwa 60 weitere Ritter.

Im Jahr der Fleischwerdung des Wortes 1218, an dem zwölften Tag der Kalenden des Dezembers [20. November 1218], empfing der berühmte Ludwig, der erstgeborene Sohn des Königs von Frankreich, mit Willen und Zustimmung seines Vaters das Zeichen des Kreuzes auf seiner Brust zum Lobe Gottes und zur Unterdrückung der Seuche der Häresie in dem Gebiet von Toulouse. Durch dessen Beispiel wurden viele Mächtige und Adlige in Frankreich veranlaßt, ebenfalls das Kreuz zu nehmen.

Etwa um dieselbe Zeit ritt der edle Graf von Montfort, Amaury, mit den Seinigen in die entlegensten Gebiete der Ländereien des Grafen von Foix und verwüstete sie zum größten Teil. Danach griff er einige Burgen an, die von ihm abgefallen waren, und eroberte sie. Anschließend begab er sich in die Gascogne und drang in das Land des Grafen von Comminges ein. Er belagerte einen befestigten Ort, der Cazères heißt, nahm ihn nach wenigen Tagen ein, brannte den Ort nieder und tötete die Bewohner. Von dort zog er weiter und verfolgte hartnäckig seine Feinde, indem er ihre Burgen zerstörte und die Ruch- und Gottlosen tötete.

Erläuterungen

1 *Tolosaner*: die Bürger von Toulouse
2 Offenbarung 11,3–6. Die in dieser Bibelstelle erwähnten und mit zwei Ölbäumen bzw. zwei Leuchtern verglichenen beiden prophetischen Zeugen des Herrn sind Mose und Elia, die Vorboten des Messias.
3 Horaz, Episteln, I, xvi, 52f.
4 Lateinisches Wortspiel: *Tolosa – dolosa*
5 Alarich I., König der Westgoten, gest. 410. Bei dem hier von Pierre des Vaux-de-Cernay Berichteten handelt es sich aber um eine Legende, die vermutlich auf einer mißverstandenen Textstelle in der ab 551 verfaßten lateinischen Geschichte der Römer (De summa temporum vel origine actibusque gentis Romanorum) des Jordanis beruht (MGH Auctores antiquissimi, Bd. 5, T. 1, Berlin 1882, S. 41).
6 Der Zweizack stammt aus der griechisch-römischen Mythologie, wo er das Attribut des Hades (Pluto), des Gottes der Unterwelt, ist und die Macht über Leben und Tod symbolisiert.
7 Johannes 8,3
8 Hesekiel (Ezechiel) 23,4
9 Johannes 16,1 und ff.
10 Johannes 17,1–18
11 Interdikt: lat. *interdictum* = Einspruch, Untersagung. Im katholischen Kirchenrecht das als Strafe angeordnete Verbot, den Gottesdienst abzuhalten und die Sakramente zu spenden.
12 Erneut das lateinische Wortspiel: *Tolosanus – dolosanus*

13 Bernard VI., Erzbischof von Auch seit 1201, wurde
    1211 vom Papst zum Amtsverzicht aufgefordert.

14 Raymond de Rabastens, Bischof von Toulouse
    1201–1205

15 Otto IV. von Braunschweig, 1198–1218

16 sich mit dem Kreuz bewaffnen, das Kreuz nehmen: ein
    Kreuzzugsgelübde ablegen, als dessen äußeres Zeichen
    man sich ein Kreuz an die Kleidung heftete oder heften
    ließ.

17 Die Unvergänglichkeit der irdischen Körper der Heili-
    gen, von denen, ganz anders als bei der Verwesung der
    Leichen «normaler» Menschen, ein Wohlgeruch aus-
    geht, ist ein Merkmal der Heiligkeit und ein gängiger
    Topos der mittelalterlichen Hagiographie.

18 Bei dem Bischof handelt es sich um Bernard IV., der
    von 1167 bis 1184 amtierte.

19 Es handelt sich hierbei um Söldnertrupps, die von
    Heerführern angemietet wurden und für ihre Rück-
    sichtslosigkeit und Grausamkeit bekannt waren. Als
    sengende und mordende Räuberbanden waren diese
    Horden (hier «Routiers» genannt) bereits im 12. Jahr-
    hundert in Frankreich zu einer schweren Landplage ge-
    worden. Vom 3. Laterankonzil 1179 wurde über sie zu-
    sammen mit den Ketzern der Kirchenbann verhängt.

20 Die Eroberung und vollständige Zerstörung von Jeru-
    salem durch römische Truppen unter dem Befehl des
    Kaisers Titus, des Nachfolgers Vespasians, erfolgte im
    Jahr 70 n. Chr. Vespasian hatte, als er 69 n. Chr. zum
    Kaiser ausgerufen worden war, die Weiterführung des
    Krieges gegen die Juden, die sich drei Jahre zuvor gegen
    die römische Herrschaft erhoben hatten, seinem Sohn
    Titus überlassen und war nach Rom zurückgekehrt.

21 Regularkanoniker: Mitglieder des Kapitels einer Kathedrale oder Kollegiatskirche, die einem Orden angehö-
ren, im Gegensatz zu den Säkularkanonikern (weltliche
Kanoniker).

22 Es handelt sich um die in zeitgenössischen Quellen
zumeist aber als «Katze» (*catta*) oder auch als «Kater»
(*cattus*) bezeichnete Belagerungsmaschine (möglicherweise liegt hier aber auch bloß ein [Ab-]Schreib- bzw.
Lesefehler vor: *carrus* statt *cat[t]us*.) Sie war eine fahr-
bare, auf Rädern, häufiger jedoch auf Walzen voranbe-
wegte Schutzhütte, die als Deckung für Rammböcke
(Mauerbrecher, «Widder») und für Minierarbeiten,
zum Faschinenlegen und zum Zuschütten von Wehr-
gräben oder zur Anlage eines Fahrwegs für einen Belagerungsturm diente.

23 des oben genannten Landes: die Vizegrafschaft Albi,
Béziers und Carcassonne

24 der Alte Feind: der Teufel

25 Meile: *leuga* = keltische Meile; sie entspricht 2,2 Kilo-
metern.

26 Der Grund war, daß ihr vierzigtägiger Kreuzzugs-
dienst, den man mindestens absolvieren mußte, um die
allen Kreuzfahrern gewährten Vergünstigungen (unter
anderem auch den Ablaß) zu erhalten, abgelaufen war.
Mit dem dadurch bedingten Problem einer ständig fluk-
tuierenden und stets ungewissen Heeresstärke hatte
Simon von Montfort während des gesamten Kreuzzugs
zu kämpfen.

27 bis zur neunten Stunde: 3 Uhr nachmittags

28 Aimery III., 1194–1239

29 Bernard-Raymond de Roquefort war im Februar 1209
zum neuen Bischof von Carcassonne gewählt worden.

30 Ovid, Ex Ponto, I, ii, 123 f. Ovid war im mittelalter-
    lichen westlichen Abendland seit dem 11. Jh. ein – nicht
    unumstrittener – Schulautor ersten Ranges.

31 Psalm 126,3: Der Herr hat Großes an uns getan; des
    sind wir fröhlich.

32 Mangonellus: eine kleinere Form des Mange oder
    Manganum genannten Wurfgeschützes, das Steinku-
    geln u. a. durch die Spannkraft einer Torsionswicklung
    am unteren Ende eines Wurfarms (gelegentlich noch
    durch die Spannkraft eines Bogens verstärkt) schleu-
    derte. Diese Kriegsmaschine wird in den Quellen ver-
    schiedentlich aber auch als Ballista bezeichnet.

33 Vermutlich handelte es sich um eine Blide (*Blida*) oder
    einen Tribok (*Trabucium*). Die Blide oder Tribok ge-
    nannten Wurfmaschinen waren massive Balkenkon-
    struktionen, auf deren hoch angebrachter Querachse ein
    langer, sich am Ende verjüngender Balken so gelagert
    war, daß er einen zweiarmigen Wurfhebel bildete. Am
    Ende des hinteren, längeren Hebelarms befand sich eine
    Schlinge zur Aufnahme des Geschosses. Am vorderen
    Ende dieses Hebelarms waren bei den bis in das
    13. Jahrhundert üblichen Konstruktionen Seile für die
    Bedienungsmannschaft befestigt. Das ruckartige Her-
    unterziehen des vorderen Teils des Hebelarms bewirkte
    den Schleudereffekt auf das Geschoß am Ende des län-
    geren Hebelarms.

34 Guy des Vaux-de-Cernay, der Onkel des Chronisten

35 Vesper hieß im Mittelalter die vorletzte der auch die
    bürgerliche Tageseinteilung bestimmenden kanoni-
    schen Stunden. Sie fiel ursprünglich auf die Zeit etwa
    eine Stunde vor Sonnenuntergang. Später gelangte sie
    infolge der mit dem 13. Jahrhundert abschließenden

Verschiebung des Zeitwerts der kanonischen Stunden auf die Mitte des Nachmittags.

36 Bischof von Carcassonne war seinerzeit Bernard-Raymond de Roquefort.

37 Mittfasten fiel in diesem Jahr auf den 13. März.

38 das Zeichen seiner Priesterwürde: die Tonsur

39 Auferstehung des Herrn: Ostern fiel 1211 a. d. 3. April.

40 Thibaud I., Graf von Bar(-le-Duc)

41 Die Kölner Königschronik berichtet zum Jahr 1211: «In diesem Jahr zogen viele hohe Adlige aus verschiedenen Gegenden […] und eine unzählige Menge aus Schwaben und Deutschland gegen die Ketzer. Sie eroberten sehr viele Städte und Burgen und töteten eine große Anzahl von ihnen durch Verbrennen und Hängen. Sie wollten auch erneut Toulouse belagern. Doch da sie dort nichts erreichen konnten, kehrten sie wieder zurück»; Chronica regia Coloniensis, in: Annales maximi Colonienses, hrsg. von Georg Waitz. Hannover 1880, S. 231 (Scriptores rerum Germanicarum in usum scholarum): «Ipso anno multitudo nobilium ex diversis partibus […] et innumerabilis turba ex Suevia et Alemannia diversis partibus cum turba innumerabili ad Begginos iterum profecta, plurimas civitates et castra ceperunt et magnam multitudinem eorum incendio et suspendia necaverunt. Tolosam etiam civitatem rursum obsiderent. Set cum ibidem nichil proficerent, recesserunt.» – Der Ausdruck «Beggini» (Beg[lı]aıden) wird hier synonym für «Ketzer» gebraucht.)

42 Jesaja 42,8

43 Lateinisches Wortspiel: *vir – virus*

44 gepanzerte Pferde: mit einer aus Eisenringen gefertigten oder mit Eisenringen besetzten Schutzdecke behängt.

45 2. Makkabäer 10, 38

46 Elekt: lat. *electus*, hier der gewählte, aber noch nicht in sein Amt eingesetzte Bischof

47 Engelbert von Berg, der spätere Erzbischof Engelbert I. von Köln und Reichsverweser; er wurde am 7. 11. 1225 im Zusammenhang mit einer gegen ihn gerichteten Adelsverschwörung bei einem Überfall zwischen Hagen in Westfalen und Gevelsberg erschlagen.

48 Richard I., König von England 1189–1199

49 Das geschah im Jahr 1196.

50 Barbakane: im mittelalterlichen Befestigungswesen Bezeichnung für ein zum Schutz des Burg- oder Stadttores bestimmtes Außenwerk

51 Der römische Kaiser Domitian (81–96 n. Chr.) wütete in seinen letzten Regierungsjahren nicht nur gegen die Senatsopposition, sondern es kam unter ihm auch zur zweiten Christenverfolgung. Diokletian, römischer Kaiser von 284 bis 305 n. Chr., verfügte 303 eine neuerliche – die zehnte – Christenverfolgung.

52 Die am 1. 12. 1212 verkündeten Statuten von Pamiers verlangten neben der Stärkung der politischen Rechte und der Sicherung des materiellen Besitzstandes der Kirche in der politischen Zielsetzung praktisch die Kolonisierung des eroberten Landes: Die einheimische Adelsschicht wurde durch eine (nord-)französische bzw. durch Gefolgsleute Simon von Montforts ersetzt, und an die Stelle der okzitanischen Rechtsbräuche traten (nord-)französische Gesetze. Nicht zuletzt wurde statt des Okzitanischen hier das (Nord-)Französische die offizielle Landessprache.

53 Pierre des Vaux-de-Cernay verwendet in seiner Chronik entsprechend dem in Frankreich bis ins 16. Jahrhun-

dert üblichen Brauch die Jahreszählung mit dem Jahresbeginn zu Ostern nach unserem heutigen Jahresanfang (1. Januar); demgemäß ist der Februar 1212 der Februar des Jahres 1213 nach unserer heutigen Zählung.

54 Jeremia 31,13

55 Vorbereitung des Kriegszugs gegen den englischen König Johann ohne Land im April 1213.

56 Die Entfernung zwischen Fanjeaux und Muret beträgt tatsächlich jedoch 65 km.

57 Wie alle größeren Zahlenangaben mittelalterlicher Chronisten ist auch diese keine exakte Bestimmung, sondern bestenfalls eine grobe Schätzung bzw. symbolisch gemeint und zweifellos stark übertrieben.

58 durch Ertrinken: auf der Flucht durch die Garonne nordöstlich von Muret

59 Das lateinische Wortspiel des Originals: *malicia – milicia* läßt sich im Deutschen nicht nachbilden.

60 mich dem Priester zu zeigen: zu beichten

61 Nachdem dies geschehen war: nach der Eroberung von Casseneuil am 18. August 1214

62 Die im Alten Testament (1. Könige 16,31; 19,1–2; 21,4–15, 23–25; 2. Könige 9,30–37) erwähnte Isebel war die Tochter des tyrischen Königs Etbaal und Gattin des israelischen Königs Ahab. Als Verehrerin ihres heimischen Gottes Baal von Tyrus geriet sie mit der an der Alleinverehrung des Jahwe und dem alten sozialen Recht Israels hängenden prophetischen Partei in Konflikt und wurde bei der nationalreligiösen Revolution des Jehu ermordet. Ihr Name ist später zur symbolischen Bezeichnung einer abgöttischen Frau geworden.

63 Schwarze Mönche: Benediktiner

64 Das war im Jahr zuvor (1214) geschehen.

65 Ahitofel: der Ratgeber Davids in Gilo (2. Samuel 15,12; 16,23). Er fiel später von David ab und unterstützte die Verschwörung und Erhebung Absaloms gegen David (2. Samuel 15,31; 16,15).

66 Raymond (VII.) war damals 19 Jahre alt.

67 Gemeint sind jene Orte, die Raymond (VII.) militärische Unterstützung geschickt hatten.

68 Widder: Rammbock bzw. Mauerbrecher.

69 Bei dem Haus handelte es sich um das Stadtpalais des Grafen von Comminges.

70 Anathema: die lateinische feierliche Formel für die Verbannung von Ketzern

71 Erneut das lateinische Wortspiel *Tolosani – dolosani*

72 Diese zweite Belagerung von Toulouse begann am Sonntag, dem 1. Oktober 1217, und dauerte mehr als neun Monate.

73 Jeremia 31,15

74 Plautus, Truculentes, I,ii, 76 und ff.

75 Akoluth: Kleriker im vierten Weihegrad

76 Belial, auch Beliar: hebräisch «Verderbtheit»; in der spätjüdischen Literatur Name des Teufels; bei Paulus (2 Korinther 6,15) bezeichnet dieser Ausdruck wohl den Antichristen.

77 Machafunda: Handschleuder (Schlinge)

78 Honorius III. (1216–1227), anstelle des am 16. Juli 1216 verstorbenen Innozenz III. zum Papst gewählt.

79 das Land jenseits des Meeres: *outremer*. Hier ist das Gebiet der Kreuzfahrerstaaten in Palästina-Syrien gemeint: das lateinische Königreich Jerusalem und die lateinischen Fürstentümer von Edessa und Antiochia.

80 Bouchard de Marly war der Vetter der Gräfin Alice von Montfort.

Nachwort

von Gerhard E. Sollbach

Der Katharismus

Zwei Prinzipien

Die Katharer, die auch Albigenser genannt werden – vermutlich, weil sich in der südfranzösischen Stadt Albi einer ihrer ersten Bischofssitze befand – waren die größte Sektenbewegung der mittelalterlichen Christenheit, und ihre Lehre zählt zu den bedeutendsten spirituellen Strömungen des Mittelalters in Westeuropa. Die Lehre der Katharer stammt vom Balkan und ist die westliche Ausprägung des hier – vermutlich in Mazedonien – und angeblich von einem Dorfpriester namens Bogomil («Gottlieb») geschaffenen Bogomilismus. Vom Balkan wurde der Bogomilismus auf nicht näher bekannten Wegen (wahrscheinlich auch von Konstantinopel aus) durch bogomilische Missionare in Westeuropa verbreitet.

Doch der religiöse dualistische Kerngedanke des Bogomilismus, der auch im Katharismus die zentrale Stellung einnahm, ist älter als die bogomilisch-katharische Lehre. Er reicht zurück über den Manichäismus, der sich seit dem 4. Jahrhundert n. Chr. von Persien aus nach Syrien, Kleinasien, Nordafrika und Italien ausbreitete, über die antike griechische Philosophie und den spätantiken Gnostizismus bis hin zu der bald

nach dem Jahr 1000 v. Chr. im Iran entstandenen
Weltanschauung des halb mythischen Religionsstifters
Zarathustra. Das junge Christentum hatte sich in
einem erbitterten Kampf vor allem der Vereinnah-
mung durch den Manichäismus, der strengsten Form
des dualistischen Gnostizismus, zu erwehren – der
spätere Kirchenlehrer und Bischof von Hippo Regius,
der heilige Augustinus, war in seiner Jugend selbst ein
Anhänger des Manichäismus gewesen. Die energische
Bekämpfung der manichäischen Lehre durch das
Christentum und den römischen Staat führte dazu,
daß der Manichäismus während des 6. Jahrhunderts
im Okzident verschwand.

In einem gewissen Maß hat aber auch das Christentum dualistische Vorstellungen aufgenommen und in
seine Lehre integriert. Doch vertrat es andererseits
stets die Vorstellung von der prinzipiellen Einheit
Gottes und der Welt. Mit dieser Lehrmeinung war
jedoch die dualistische Weltanschauung, wie sie die Katharer propagierten, absolut unvereinbar. Sie ging von
einer vollständigen Scheidung von Geist (oder der reinen Seele bzw. dem guten Gott) und Materie (oder der
bösen Welt bzw. dem bösen Gott) aus. Dementsprechend glaubten die Katharer an die Existenz von zwei
gegensätzlichen und sich unversöhnlich gegenüberste-
henden Prinzipien, einem guten und einem bösen.

Allerdings muß in diesem Zusammenhang auch
darauf hingewiesen werden, daß der Katharismus nie

ein in sich geschlossenes, logisches System gewesen
ist – das war er nur in den Augen der Verfasser antihä-
retischer Schriften und der Inquisitoren. So gab es von
Anfang an im Katharismus zwei Schulen, eine gemäßigte und eine radikale. Die Radikalen vertraten einen
absoluten Dualismus, wozu unter anderem die Vorstellung gehörte, daß dem guten Gott von Anfang an
ein böser Gott (Satan) gegenüberstehe und daß deren
Gegensatz auch zwei völlig voneinander getrennte
Schöpfungen, *dua principia*, entsprechen. Dagegen
glaubten die Gemäßigten an einen einzigen Gott und
sahen Satan als einen Engel an, der ursprünglich Gottes Untertan und gut gewesen war, später aber untreu
wurde, von Gott abfiel und die Herrschaft über die irdische Schöpfung an sich riß.

Auf dem 1167 in St.-Félix-de-Caraman in der Nähe
von Toulouse abgehaltenen Katharerkonzil wurden
die südfranzösischen wie schon zuvor die (nord-)italie-
nischen Katharer von einem gewissen Niketas, vermutlich ein bogomilischer Bischof aus Konstantinopel, jedoch auf die radikal-dualistische Richtung
festgelegt. So glaubte man, daß der gute Gott alles
Bleibende und Unsichtbare, Satan dagegen alles Sichtbare und Vergängliche und somit auch die irdische
Welt geschaffen habe.

Schöpfung des Satans

Auch der Mensch ist insofern, als er einen materiellen Körper besitzt, nach katharischer Lehre eine Schöpfung Satans. Nach der sehr komplizierten katharischen Kosmogonie bat Satan, als er den Körper des Menschen aus Lehm gebildet hatte, aber kein Leben erschaffen konnte, den guten Gott, diesem Körper eine Seele einzuhauchen. Der gute Gott erklärte sich aufgrund seiner Güte auch hierzu bereit. Doch das kleine Teilchen des göttlichen Geistes, das er dem Körper einhauchte, entwich immer wieder daraus. Erst nachdem Satan eine Reihe von Listen angewandt hatte, gelang es ihm schließlich, den göttlichen Geist in dem menschlichen Körper einzuschließen. Die beiden ersten Menschen, Adam und Eva, wurden daraufhin von Satan verleitet, sich fleischlich zu vereinigen, was ihre Verhaftung in der Materie besiegelte.

Eine Richtung der Katharer lehrte, daß der dem menschlichen Körper eingehauchte Geist durch den Akt der Fortpflanzung von Mensch zu Mensch weitergegeben und wie eine Flamme immer wieder geteilt und so unendlich vermehrt werden könne. Doch die vorherrschende Meinung besagte, daß der Dämon (Satan, Luzifer) bei seinem Sturz aus dem Himmel eine Vielzahl von durch den guten Gott geschaffenen und bei ihm in Glückseligkeit lebenden Engeln bzw. Seelen entweder mit sich gerissen oder aus dem Himmel gelockt habe. Es ist dieser unerschöpfliche Vorrat an gefallenen und vom Satan gefangenen Engel-Seelen, aus dem die menschlichen Seelen kommen und durch die Einschließung in einen fleischlichen Körper in einen noch elenderen Zustand geraten.

Die Katharer vertraten auch die Vorstellung der Seelenwanderung und glaubten, daß es von dem Verhalten des Menschen im jetzigen Leben abhänge, in welchen Leib seine Seele im nächsten Dasein eintreten werde: der Gute werde das nächste Mal ein Kaiser oder König, der Schlechte ein Armer oder gar ein Tier sein. Während die gemäßigte katharische Richtung eine Kette von Wiedergeburten annahm, die erst am Jüngsten Tag enden würde, brauchten die Radikalen kein Ende: für sie war mit dem Tod des in die katharische Kirche Eingetretenen alles entschieden. Eine Auferstehung des Fleisches war aber für beide Richtungen undenkbar.

Die Katharer kannten auch keine jenseitige Hölle, denn die Hölle ist nach katharischer Vorstellung nichts anderes als die Wiedergeburt in einem neuen Körper. Doch kann eine lange Folge von «bosen» irdischen Leben dazu führen, daß diese Seele jegliche Möglichkeit der Rettung verliert. Das gilt vor allem für die von dem bösen Gott bzw. Satan geschaffenen Seelen, was nach der Vorstellung der Katharer auch der Grund dafür ist, daß gewisse Menschen von vornherein zu den Verdammten gehören. Obwohl man sie nur schwer

von den anderen unterscheiden kann, nahmen die Katharer allgemein an, daß die Seelen der Kaiser, Könige
und der höheren Geistlichen in der römisch-katholischen Kirche auf jeden Fall zu diesen Verdammten
zählten. Alle anderen Seelen könnten jedoch gerettet
werden.

Das Leiden der irdischen Wiedergeburten dauert
aber so lange an, bis alle himmlischen Seelen den Weg
zum Heil bzw. zurück in den Himmel gefunden haben. Dementsprechend ist das Heil der katharischen
Lehre im Gegensatz zum römisch-katholischen Christentum nicht individuell durch Sündenvergebung
und Erlösung zu erlangen; vielmehr kann es nur die
Gesamtheit der (himmlischen) Seelen erreichen, nämlich dann, wenn die Seelenwanderung zum Stillstand
kommt. Die ganze Menschheit muß daher zum katharischen Glauben und zur katharischen Lebensweise
übergehen, damit die Macht Satans endlich gebrochen
wird. Christus kann dabei nicht helfen; seine Erlöser-
macht ist auf den Menschen selbst übergegangen. Am
Ende vergeht nach der katharischen Kosmogonie die
sinnlich wahrnehmbare Welt, der Himmel und die
Sterne erlöschen, das Feuer verschlingt die Wasser und
die Wasser löschen das Feuer aus. Die teuflischen Seelen gehen in der Glut zugrunde, und danach herrscht
nur noch Freude bei Gott.

Heil allein durch die Katharerkirche

Der Mensch, der durch seinen Körper teilhat an der materiellen / bösen und durch seine Seele an der geistigen / guten Welt, kann nach der katharischen Lehre das Heil nur dadurch erlangen, daß er sich bzw. seine Seele von allem Leiblichen / Irdischen befreit und so zum Übergang in das himmlische Geistesreich bereitmacht. Dementsprechend muß der katharische Gläubige auf Erden Buße tun für seine Sünden, nämlich für den Abfall von Gott, den seine Seele vor Beginn der Zeit als Engel begangen hat. So ist die Befreiung von allem Weltlichen und die Rückkehr der menschlichen Seele aus dem irdischen Jammertal in das himmlische Geistesreich der Zielpunkt allen Denkens und Handelns des Katharers in dieser Welt.

Die katharische Weltenthaltung kennt im Grunde nur eine einzige Sünde, nämlich die Unterwerfung unter diese Welt, das heißt konkret unter das Fleisch. Eine Ergebung in die Welt stellen vor allem der Geschlechtsverkehr und der Fleischgenuß dar. So sind ein zölibatäres Leben und häufiges Fasten die an den katharischen Gläubigen gestellten Grundforderungen. Jeglichem Geschlechtsverkehr hat er zu entsagen. Dabei macht die katharische Lehre keinen Unterschied: Alle sexuelle Betätigung, ob Ehe, Hurerei, Blutschande oder irgendeine Art sexueller Perversion, ist gleichermaßen Sünde; die Ehe als *jurata fornicatio* (geschworene Unzucht) ist sogar noch eine schlimmere Sünde, da sie in der Öffentlichkeit geschieht. Die Fortpflanzung gilt genauso als ein Teufelswerk wie die Wollust, zumal Satan dabei auch noch neue Untertanen zugeführt werden.

Das Abstinenzgebot legte dem Katharer die Enthaltung nicht nur vom Fleischgenuß, sondern auch von sämtlichen Speisen auf, die durch Zeugung entstehen; dazu gehören auch Eier, Milch und Käse, nicht dagegen jedoch Fische, da diese nach katharischer Auffassung nicht aus der Zeugung, sondern aus dem Wasser entstehen. Auch Fische und ebenso der Wein wurden – in Anlehnung an die christlichen Fastensitten – an den drei wöchentlichen Fasttagen der Katharer, nämlich am Montag, Mittwoch und Freitag, gemieden und an diesen Tagen zur Abtötung des Fleisches nur Wasser und Brot genossen. Darüber hinaus gab es noch drei jährliche Fastenzeiten von jeweils sechs Wochen Dauer, und zwar vor Weihnachten, vor Ostern und nach Pfingsten. In der ersten und letzten Woche der einzelnen Fastenzeiten nahmen die Katharer nur Wasser und Brot zu sich, in den anderen Wochen taten sie das lediglich an den drei üblichen wöchentlichen Fasttagen.

Ein wesentlicher Bestandteil des katharischen Frömmigkeitsideals war auch das Armutsgebot; jeglicher private Besitz von Eigentum war den Gläubigen verboten.

Zu den katharischen Verboten gehörten weiterhin das Schwur- und das Tötungsverbot. Diese beiden Vorschriften sind dem Katharismus von den ketzerischen Reformbewegungen des frühen 12. Jahrhunderts mitgegeben worden. Im Okzident wurden schon früh unter Berufung auf das im Matthäusevangelium 5,34 *(Du sollt keinen Meineid schwören,* und*: Du sollst halten, was du dem Herrn geschworen hast)* und im Brief des Jakobus 5,12 *(Vor allem, meine Brüder, schwört nicht, weder beim Himmel noch bei der Erde, noch irgendeinen anderen Eid. Euer Ja soll ein Ja sein und euer Nein ein Nein, damit ihr nicht dem Gericht verfallt)* enthaltene Bedenken gegen die Eidesleistung geäußert. Die Katharer lehnten die Leistung des Eids aber prinzipiell ab. Ihrer Auffassung nach war es Satan, der Gott des Alten Testaments, der den Eid erfunden hatte.

Auch das fünfte Gebot *(Du sollst nicht töten)* wurde vom Katharismus absolut gesetzt: Nicht nur der Kriegsdienst, sondern selbst die Notwehr, durch die ein Angreifer verletzt werden könnte, war dem Katharer strikt untersagt. Jedes Töten galt als ein Verbrechen, da dadurch einer Seele die Chance genommen wurde, sich mit dem Geist wieder zu vereinen, und ihr Bußverlauf somit in ungehöriger Weise unterbrochen wurde. Nach Auffassung der radikalen Richtung des Katharismus darf man auch diejenigen Tiere nicht töten, durch die Seelen wandern können, also alle Vierfüßler und Vögel. Dagegen ist es vollkommen statthaft, Sechsfüßler, Fische, Flöhe, Mäuse und vor allem Kröten, Frösche, Eidechsen und Schlangen zu vernichten, da diese nach katharischer Lehre Satanstiere und Trabanten des Bösen sind.

Zu den katharischen Geboten gehörte vor allem auch die Verpflichtung zum häufigen Beten. Die Hochschätzung der Gebete teilten die Katharer ebenfalls mit den abendländischen Ketzern des 11. und 12. Jahrhunderts. Doch wurde von ihnen ein noch strengerer Gebetsrhythmus eingeführt. Der Katharer mußte siebenmal am Tag und zudem siebenmal in der Nacht beten. In diesen Gebetszeiten wurde das Vaterunser – ähnlich wie von den frommen römisch-katholischen Christen der Zeit – in ganzen Ketten gebetet. Allerdings wich der Text des katharischen Vaterunsers von dem im lateinischen Westen damals üblichen ab: In der vierten Bitte wurde, weil Gott kein aus Materie bestehendes, eßbares Brot geben kann, der Ausdruck *panis quotidianus* (tägliches Brot – Lukas 11,3), durch den Begriff *panis substantialis* (Matthäus 6,11), geistliches Brot der göttlichen Lehre, ersetzt. Nur die «Vollendeten», die Initiierten der Katharerkirche, durften übrigens das Vaterunser beten, denn es war der Lobgesang der Engel im Himmel gewesen.

Vollkommene und Gläubige

Doch selbst wenn ein Mensch alle katharischen Gebote und Verbote peinlich genau beachtete, konnte er nicht das ewige Heil erlangen – das garantierte ihm nur der Eintritt in die katharische Kirche.

Die Aufnahme in die Katharerkirche geschah durch die Geisttaufe, die nach dem Fachausdruck der provenzalischen Katharer *Consolamentum* («Tröstung») genannt wird. Das *Consolamentum* war der eigentliche Initiationsritus der katharischen Kirche und stellte eine Kombination aus christlicher Taufe, Firmung, Priesterweihe, Beichte, Buße und Absolution dar. Sowohl Frauen als auch Männer konnten das *Consolamentum* erhalten. Als «Vollkommene» (*perfecti* bzw. *perfectae*) bildeten sie die eigentliche Katharerkirche, und auch nur sie waren zur strikten Befolgung der katharischen Gebote und Verbote verpflichtet. Dem *Consolamentum* ging eine lange, oft mehrjährige Probezeit des Kandidaten bzw. der Kandidatin voraus.

Im Zuge der Verkirchlichung des Katharismus kam aber auch das Kranken-*Consolamentum* auf, das der christlichen Krankentaufe und letzten Ölung (Krankensalbung) nachgebildet ist. Da ein Sterbenskranker die normalerweise für die Aufnahme in die katharische Kirche erforderliche Prüfungszeit nicht ableisten konnte, mußte die «Reinheit» dieser Person auf andere Weise gesichert werden. Das geschah dadurch, daß der bzw. die Betreffende nach dem Erhalt des *Consolamentum* keine Nahrung mehr zu sich nahm und infolge des – *Endura* genannten – freiwilligen Nahrungsverzichts verhungerte. Auf diesem Weg wurde aber die Seele gerettet und verhindert, daß der Kranke bei einer Wiedergenesung die strengen asketischen Vorschriften für die «Vollendeten» nicht einhalten konnte oder wollte und durch den Abfall sein bzw. ihr Heil wieder verlor. Doch ist die *Endura* offensichtlich eine Erscheinung erst der Spätzeit des Katharismus gewesen und wohl immer eine Ausnahme geblieben.

Möglicherweise ebenfalls erst in der Spätzeit des Katharismus wurde auch die *Convenentia* oder *Convenenza / Covenesa* allgemein praktiziert. Es handelte sich hierbei um einen Pakt, den der Gläubige mit der katharischen Kirche schloß und durch den er sich die Aufnahme in diese Kirche bzw. die Vollziehung des *Consolamentum* an ihm am Ende seines Lebens auch für den Fall sicherte, daß er nicht mehr in der Lage sein würde, diesen Wunsch noch einmal zu äußern.

Mit der Verkirchlichung des Katharismus bildete sich auch eine katharische Hierarchie aus. An ihrer Spitze standen die Bischöfe, die von den «Vollkommenen» einer Gemeinde aus ihrer Mitte gewählt wurden. Doch war der katharische Bischof kein Kirchenfürst, sondern nur Erster unter Gleichen, und seine Hauptaufgabe bestand darin, die Gemeinden seines Amtsbereichs zu besuchen. Dem Bischof standen zwei Stellvertreter zur Seite, der *filius maior* und der *filius minor*. Beim Tod des Bischofs übernahm der *filius maior* automatisch dessen Amt, und der bisherige *filius minor* trat an die Stelle des bisherigen *filius maior*; von der Gemeinde wurde dann ein neuer *filius minor* aus der Gruppe der «Vollkommenen» gewählt.

Die eigentliche Pfarrseelsorge oblag jedoch den unter den «Vollkommenen» ausgewählten Diakonen, die sich bald in jedem größeren Ort und bedeutenderen Dorf in Okzitanien[1] befanden.

Daneben gab es die Masse der «Gläubigen» (*credentes*). Hierzu gehörte einmal die Gruppe der vertrauten Schüler und Jünger der «Vollkommenen», die sich in Askese und Gebet auf den Empfang des *Consolamentum* und den Beruf als «Vollkommene» vorbereiteten.

Zu den «Gläubigen» zählte vor allem aber auch die große Menge derjenigen katharischen Anhänger, die

---

1 Okzitanien bezeichnet das etwa das südliche Drittel des heutigen französischen Staatsgebiets umfassende Verbreitungsgebiet der zu den romanischen Sprachen gehörenden und in mehreren Dialekten gesprochenen okzitanischen bzw. provenzalischen Sprache (nach der Bejahungspartikel *oc = ja* auch Langue d'oc genannt). Es hat nie eine selbständige politische Einheit gebildet. Doch entwickelte sich hier im Mittelalter eine eigene hochstehende Kultur sowohl auf politischem Gebiet (starke kommunale Selbstverwaltung) als auch im künstlerischen Bereich (Troubadourdichtung).

zwar den religiösen Ernst der «Vollkommenen» bewunderten und das *Consolamentum* bzw. die katharische Lebensführung für prinzipiell erstrebenswert hielten, aber doch der Alltagswelt verhaftet blieben und es auch bleiben durften. Für sie galten nämlich die strengen Vorschriften des katharischen Weltverzichts nicht, weshalb sie z. B. auch nicht der Ehe und dem Fleischgenuß entsagen mußten und sogar weiter an dem Kultus der katholischen Kirche teilnehmen durften. Andererseits war ihnen aber gestattet, an dem etwa allmonatlichen katharischen Gottesdienst teilzunehmen, wo sie das Evangelium und die Predigt eines «Vollkommenen» anhörten (die sich zumeist eng an den Bibeltext anschloß) und vor allem auch an dem Kernstück des katharischen Gottesdienstes, der sogenannten Brotbrechung, teilhatten. Ansonsten bestand ihre Funktion innerhalb der katharischen Kirche vornehmlich darin, für die Verpflegung, Unterkunft und Kleidung der «Vollkommenen» zu sorgen, für sie Botengänge zu erledigen sowie die Katharer auf jede Weise zu schützen. Nicht zuletzt hatten sie die «Vollkommenen» zu ehren.

Die von dem katharischen Gläubigen gegenüber den «Vollkommenen» erwiesene Ehrenbezeugung, das *Melioramentum*, galt diesen als den Trägern des Heiligen Geistes und drückte den Wunsch der Gläubigen aus, selbst bald zu den Auserwählten zu gehören. Dieser katharische Gruß bestand in einem dreimaligen

Benedicite, parcite nobis («Seid gegrüßt, gewährt uns Verschonung»), wobei sich der Gläubige jedesmal tief verneigte oder das Knie beugte. Der «Vollkommene» antwortete dagegen jedesmal «Gott segne dich». Beim dritten Mal fügte der Gläubige seinem Gruß lateinisch oder in der Landessprache hinzu: «Bitte Gott für mich Sünder, daß er mich zu einem guten Christen mache und mich zu einem guten Ende führe!» Hierauf erwiderte der «Vollkommene»: «Gott sei gebeten, daß er euch zu einem guten Christen mache!»

Natürlich konnte ein «Gläubiger» seine Seele nicht retten. Doch durfte er zumindest in der Zuversicht leben, irgendwann doch noch das Heil bzw. das *Consolamentum* zu erhalten, und sei es auf seinem Totenbett aufgrund der *Convenentia*.

Hure Babylon

Die feudale römisch-katholische Kirche, wie sie sich in rund einem Jahrtausend herausgebildet hatte, und deren Verweltlichung und moralischer Verfall vor allem unter der höheren Geistlichkeit und in den Orden gerade auch in Okzitanien angeprangert wurde, war für die Katharer die «falsche» Kirche. Sie hatte sich nach katharischer Vorstellung mit Hilfe Satans an die Stelle der «wahren», von Jesus nach seiner Rückkehr in den Himmel auf der Erde zurückgelassenen und mit dem Besitz des Heiligen Geistes ausgestatteten Kirche gesetzt; die Bezeichnung «christlich» war von ihr zu Unrecht angenommen worden.

Die «wahre» christliche Kirche, diejenige, die den Heiligen Geist tatsächlich besitzt, ist die katharische Kirche der Armen. Nur sie kann auch die Menschen retten. Die römische Kirche ist dagegen in Wirklichkeit das Ungeheuer, die große Hure Babylon der Apokalypse, die Satanskirche und die Kirche der Übelwollenden. Die ihr folgen, sind daher unrettbar verdammt, denn ihre Sakramente sind nicht nur völlig wert- und nutzlos, sondern sogar ausgesprochen schädlich und Schlingen des Satans, da sie die Gläubigen in einer falschen Sicherheit wiegen.

Im reichen Besitz der katholischen Kirche, ihrem Pomp und dem luxuriösen Leben des verweltlichten höheren Klerus wie der Ordensleute sahen die Katharer eine Manifestation des Satans in dieser Welt. Daher wurden von ihnen auch alle äußeren Kultformen dieser Kirche wie die Kreuzes-, Reliquien- und Heiligenverehrung, die Totenfürbitten und Kirchengesänge samt und sonders als wirkungslos und reines Satanswerk verworfen. Alle diese äußeren Kultformen nützen entweder dem Menschen nichts, wie z. B. die Taufe oder die heilige Kommunion, weil weder das Wasser der Taufe noch das Brot der Hostie Vermittler des Heiligen Geistes sein können, da sie aus irdischer Materie bestehen, oder schaden ihm sogar, wie die Ehe, die ein Verbrechen gegen den Geist ist, da sie den

Menschen noch fester an das Fleisch bzw. an das irdische Leben bindet und das Verderben neuer Seelen verursacht, indem sie diese in die Materie stürzen läßt.

Auch die Menschwerdung Christi wurde von den Katharern ebenso zwangsläufig wie entschieden geleugnet. Gerade bei der Bewertung der Person Jesu Christi zeigt sich der unüberbrückbare Gegensatz zwischen der katholischen und der katharischen Lehre. Für die Katharer ist Christus nicht Gottes Sohn, sondern lediglich Gottes Bote; auch hat er bei seiner Herabkunft auf die Erde keine körperliche Gestalt angenommen, da das Reine keinen wirklichen Kontakt mit dem Unreinen haben kann. Jesus besaß daher während seines Aufenthalts auf der Erde nur die äußere Erscheinung eines Körpers, denn er ist nicht «Fleisch geworden», er war vielmehr eine Art Vision. Der immaterielle Körper Jesu Christi hat daher auch nicht wirklich auf Erden gelitten, er ist in Wirklichkeit auch nicht am Kreuz gestorben oder in den Himmel aufgefahren.

Ebensowenig war die Jungfrau Maria die Mutter Jesu, da Jesus keine wirkliche Körpergestalt angenommen hatte. Auch bei Maria handelt es sich tatsächlich um ein immaterielles Wesen, einen Engel, der bloß in der äußeren Gestalt einer Frau aufgetreten war.

Da Satan nach der katharischen Lehre die sichtbare Welt geschaffen hat, ist er der Gott der Genesis und folglich das Alte Testament das Vermächtnis und die Offenbarung des Bösen; es wird daher von den Katharern abgelehnt. Allerdings haben die Radikalen spätestens seit dem 12. Jahrhundert zumindest die Psalmen und die Schriften der 16 Propheten als Ausfluß göttlicher Weisheit angesehen. Dagegen wurde das Neue Testament von allen katharischen Richtungen zu allen Zeiten in vollem Umfang anerkannt.

Verbreitung in Westeuropa

Erstmals ist das Auftreten der Katharer in Westeuropa 1143 in Köln bezeugt. Diese Häretiker nannten sich selbst die «Armen Christi» (*pauperes Christi*) und führten ein apostolisches Leben, ohne Besitz, ständig wandernd, in Fasten, Gebet und Handarbeit. 1144/1145 traten die Katharer auch in der Diözese Lüttich in Erscheinung. Dem diesbezüglichen Schreiben des Klerus von Lüttich an Papst Lucius II. zufolge war damals schon ganz Frankreich von dieser Häresie erfaßt. Spätestens 1147 erreichten diese «neuen Häretiker» (*novi haeretici*) auch den französischen Südwesten (Périgord), und zwischen 1144 und 1147 stellte Bernhard von Clairvaux mit Erschrecken ihre Verbreitung auch im Süden Frankreichs fest.

Innerhalb weniger Jahre hatte demnach die katharische Bewegung den gesamten Raum zwischen dem Rhein und den Pyrenäen ergriffen. Gegen 1160 ist ihre (Missions-)Tätigkeit auch in Oberitalien bezeugt, das neben Südfrankreich eines der Hauptverbreitungsgebiete der Katharer war. Um das Jahr 1162 unternahmen katharische Missionare einen Versuch, ihren Glauben auch nach England zu bringen. Doch die etwa 30 «deutschen» – wahrscheinlich aus der Rheingegend stammenden – Männer und Frauen unter der Führung eines «etwas gebildeten» Gerhard hatten mit ihren Bekehrungsversuchen nur wenig Erfolg; sie wurden bald ergriffen, als Ketzer verurteilt und hingerichtet.

Die um 1200 verfaßte Kölner Königschronik berichtet zum Jahr 1163, daß damals einige Anhänger der katharischen Sekte aus Flandern nach Köln gekommen seien. Sie wurden jedoch entdeckt, eingehend verhört und, da sie von ihrem (Irr-)Glauben nicht lassen wollten, am 5. August desselben Jahres außerhalb der Stadt verbrannt.

Der Name «Katharer» (nach dem griechischen Wort *katharoi* = die Reinen) für die Ketzer tauchte erstmals 1163 im Abendland auf. In seinen damals gegen diese neuen Häretiker verfaßten Predigten führt der Benediktinermönch und spätere Abt von Schönau (Trier), Ekbert, unter anderem aus, daß die Anhänger dieser Sekte sich allgemein als «Katharer» bezeichneten bzw. so genannt würden (*vulgo Catharos vocant* bzw. *Germania nostra Catharos appellat*). Ihr Name ist im Deutschen als «Ketzer» schließlich zum Gattungsbegriff für dogmatische Abweichler geworden. Die Katharer selbst nannten sich, entsprechend ihrer Überzeugung, die wahre Kirche Christi zu sein, meistens einfach *christiani* bzw. *veri* (oder *boni*) *christiani* (wahre/gute Christen) oder nur *boni homines* (gute Leute).

Auf dem bereits erwähnten Katharerkonzil von 1167 (oder 1172) in St.-Félix-de-Caraman wurde der Katharismus in Okzitanien nicht nur auf die radikal-dualistische bogomilische Richtung festgelegt, sondern auch die Organisation der Katharerkirche im Gebiet der Langue d'oc zum Abschluß gebracht. In diesem damals noch nicht zum französischen Königreich gehörenden Land, das von der mächtigen Grafschaft Toulouse beherrscht wurde, hatte bald jede größere Stadt ihren eigenen katharischen Bischof und jedes bedeutendere Dorf zumindest einen katharischen Diakon.

Die ständige Ausbreitung der katharischen Kirche beunruhigte gegen Ende der 1170er Jahre auch die oberste katholische Kirchenleitung, zumal deutlich wurde, daß man es hier nicht mit einer bloßen Sektenbewegung, sondern mit einer wahrhaftigen Gegenkirche zu tun hatte. In einem seiner Beschlüsse (*canon 27*) sprach das Dritte Laterankonzil 1179 dann den Bann über die Katharer sowie deren Helfer aus und sicherte allen, die gegen diese Ketzer kämpfen würden, einen Ablaß zu. Zwei Jahre später, im Frühjahr 1181, wurde unter Leitung des Kardinallegaten und Abtes von Clairvaux, Heinrich, ein erster Kreuzzug gegen die katharische Kirche und ihre Freunde in Okzitanien unternommen. Dieser Kreuzzug war vor allem gegen den Vizegrafen Roger II. von Albi, Béziers und Carcassonne gerichtet, blieb jedoch infolge nur geringer Beteiligung ohne Erfolg und verlief bald im Sand.

Vielfältige Anziehungskraft

Die rasche Ausbreitung des Katharismus in Okzitanien hatte eine Reihe von Ursachen. Ein wesentlicher Faktor war zweifellos das vorbildliche Verhalten der katharischen «Vollkommenen», die so eindrucksvoll nach den apostolischen christlichen Forderungen lebten und handelten, während die moralische Autorität der feudalen und verweltlichten katholischen Kirche bei den Gläubigen immer mehr dahinschwand. Der Katharismus profitierte daher auch von der herrschenden antiklerikalen Stimmung im Land.

Eine nicht zu unterschätzende Attraktivität besaß er gerade für die Masse der Gläubigen aber auch darum, weil er sie von der Morallehre der römisch-katholischen Kirche entband und ihnen durch die Möglichkeit, das *Consolamentum* eventuell erst am Lebensende zu erhalten, eine Art von individuellem Recht auf «Sünde» zu Lebzeiten gewährte.

Für die weitere Entwicklung der katharischen Bewegung in Okzitanien war jedoch vor allem auch die Haltung des dortigen Adels von entscheidender Bedeutung. Fürsten und Ritter hatten zwar mit ihrer traditionellen Lebensauffassung nichts mit der katharischen Lehre gemein, doch bot sich ihnen diese Religion der Opposition als natürlicher Bundesgenosse bei der Verteidigung ihrer politischen Macht und ihrer materiellen Interessen gegen die etablierte katholische Kirche an. Tatsächlich war diese, und das schon seit Jahrhunderten, die Rivalin und häufig auch die offene Gegnerin des Adels, nicht zuletzt bei der Erhebung von Steuern und dem Erwerb von Grundbesitz. Der Reichtum der Kirche weckte immer wieder die Begehrlichkeit der Grafen von Toulouse wie auch von Foix und der Vizegrafen von Albi, Béziers und Carcassonne, die sich gewaltsam Kirchengüter aneigneten. Aber auch viele Angehörige des niederen Adels, die durch die ständigen Erbteilungen und vor allem durch den damaligen Strukturwandel der Wirtschaft (mit zunehmender Bedeutung der städtischen Warenproduktion, des Handels und des Geldverkehrs) in Schwierigkeiten geraten oder verarmt waren, suchten ihre schwindende ökonomische Basis durch die (rechtswidrige) Aneignung von kirchlichen Ländereien und Einkünften zu verbessern.

Diese Adelskreise, in denen zumindest latent eine antiklerikale Einstellung schon Tradition war, hatten daher ein Interesse daran, daß die katharische Kirche, die materiellen Besitz prinzipiell ablehnte und deren Lehre außerdem noch zur Rechtfertigung des adligen Kirchenraubs dienen konnte, sich auf Kosten der katholischen Kirche im Land etablierte. Der Adel unterstützte daher die Katharer vielfach oder ließ sie zumindest gewähren. Andererseits sind auch eine ganze Reihe vor allem weiblicher Angehöriger der Adelsschicht auch aus zweifellos innerer Überzeugung Anhänger des Katharismus geworden. Zu ihnen gehörte z. B. Esclarmonde von Foix, die Schwester des Grafen Raymond-Roger von Foix, die nach dem Tod ihres Gatten 1206 das *Consolamentum* erlangte und als «Vollkommene» in die katharische Kirche aufgenommen wurde.

Für die «kleinen» Leute, die in ihrem katholischen Glauben vielfach unwissend oder nur lau waren, zählte aber vor allem die von den Katharern verkündete einfache Botschaft, daß die Gläubigen die – grundsätzlich nur gegen entsprechende Zahlungen zu erhaltenden – Sakramente und sonstigen geistlichen Leistungen der römischen Kirche überhaupt nicht zu erwerben brauchten, da diese völlig nutz- und wertlos seien, und daß eine solche Kirche keine Daseinsberechtigung und folglich auch keinen Anspruch auf die Leistung des Kirchenzehnten und sonstiger Abgaben habe. Die Folge stellte Bernhard von Clairvaux, der 1145 nach Okzitanien kam, um gegen die Ketzer zu predigen, sicherlich etwas übertrieben und zu sehr verallgemeinernd so dar: «Die Kirchen sind ohne Gläubige, die Gläubigen ohne Priester, [...] Es gibt nur noch Christen ohne Christus. Die Sakramente werden verhöhnt, die Kirchenfeste werden nicht mehr gefeiert».

Konflikt mit der römischen Kirche

Doch der Katharismus war nicht nur dadurch zu einer tödlichen Gefahr für die katholische Kirche geworden, daß er ihre materielle Basis und damit auch die auf dem Feudalismus beruhende politische und soziale Ordnung in Frage stellte. Was den Katharismus für die etablierte Kirche so gefährlich machte und sie herausfordern mußte, war die Tatsache, daß die katharische Lehre nicht bloß die heiligsten Traditionen der katholischen Kirche ablehnte, sondern auch ihre wesentlichsten Dogmen verwarf. Ein Zustand friedlicher Koexistenz dieser beiden Glaubenslehren oder Kirchen, von denen jede für sich beanspruchte, im Besitz der Wahrheit zu sein, war undenkbar in einem Zeitalter, in dem es für den Menschen nur eine einzige Wahrheit geben konnte.

Mit diesem drängenden Problem sah sich auch Papst Innozenz III. nach seiner Wahl 1198 zum Oberhaupt der lateinischen Christenheit konfrontiert. Innozenz III. (1198–1216), der sich anders als seine Vorgänger nicht nur als Stellvertreter Petri, sondern als Stellvertreter Gottes auf Erden betrachtete, zählte zu den Päpsten des Mittelalters, die das Postulat der kirchlichen Suprematie mit allen zur Verfügung stehenden Mitteln durchzusetzen versuchten. Doch hat sich dieser Papst sehr bald nach seinem Amtsantritt auch intensiv mit dem Problem der um sich greifenden katharischen

Häresie befaßt, deren ursächlichen Zusammenhang mit einer überfälligen Kirchenreform er sehr genau sah.

Bei der Lösung dieses Problems ging er zwar mit Energie, doch keineswegs blindwütig-fanatisch, sondern mit Umsicht und in sehr differenzierter Weise vor. Wie seine pastoralen Schreiben bezeugen, war dieser Papst, der schließlich zum Kreuzzug gegen die Katharer aufrief, beim Vorgehen gegen die Ketzer wenigstens in den ersten Jahren seines Pontifikats ernsthaft um Mäßigung und Gerechtigkeit bemüht. Rund ein Jahrzehnt versuchte er, die südfranzösische Häresie, Katharer ebenso wie die von Petrus Waldus (gest. 1206 in Lyon) gestiftete religiöse Laienbewegung der Waldenser, auch durch friedliche bzw. geistlich-kirchliche Mittel zu besiegen und die Abtrünnigen wieder in den Schoß der katholischen Kirche zurückzuführen.

So schickte er einerseits einen päpstlichen Legaten nach Okzitanien, der dort eine Reform der Kirche – vor allem durch die Absetzung der unwürdigen Bischöfe und deren Ersetzung durch untadelige Kirchenmänner – durchführen sollte. Andererseits veranlaßte er eine Predigtkampagne gegen die okzitanischen Häretiker. Diese Aufgabe übertrug er Angehörigen des Reformordens der Zisterzienser, in erster Linie den päpstlichen Legaten aus diesem Orden. 1204 wurde mit einer solchen Mission der Legat des Languedoc, Pierre de Castelnau, Erzdiakon von Maguelonne und

Mönch der Zisterzienserabtei Fontfroide (Aude), betraut. Ihm gab Innozenz III. außer einem weiteren Mönch von Fontfroide zur Erhöhung seiner Autorität noch den Abt von Cîteaux[1] selbst, Arnaud-Amaury, Vetter des Vizegrafen von Narbonne, bei.

Die weitgehend erfolglos verlaufende Predigt- und Bekehrungstätigkeit dieser päpstlichen Legation erhielt 1205 unerwartete Unterstützung durch den Subprior Dominikus von Guzman des Kapitels von Osma (Spanien). Der von brennendem apostolischem Eifer erfüllte, damals etwa 35jährige Spanier hatte in Rom vergeblich den Papst gebeten, nach Zentralrußland gehen zu dürfen, um dort die heidnischen Kumanen zu bekehren, war aber stattdessen von Innozenz III. ins Languedoc geschickt worden. Der spätere (1216) Begründer des (Bettel-)Ordens der Dominikaner oder Predigermönche, den die katholische Kirche 13 Jahre nach seinem Tod heiligsprach (1234), unternahm ab 1205, anfänglich noch in Begleitung des Bischofs von Osma, seinen bis zum Beginn des Kreuzzugs im

---

1 Cîteaux in Burgund war das Mutterkloster des nach ihm benannten, um 1120 gegründeten benediktinischen Reformordens der Zisterzienser. Die Zisterzienser (Weiße Väter) repräsentierten den streng asketischen Zweig des Mönchtums und erreichten während der Zeit des Bernhard von Clairvaux in der Mitte des 12. Jahrhunderts ihren größten Einfluß.

Languedoc im Juni 1209 dauernden Predigt- und Bekehrungsfeldzug unter den okzitanischen Katharern. Dabei suchte er durch ein streng apostolisches Wanderleben in Armut und Demut die Katharer auf ihrem eigenen Terrain und mit ihren eigenen Waffen zu besiegen.

Doch trotz seines bis zur völligen Selbstaufopferung gehenden Einsatzes vermochte Dominikus nur wenig auszurichten. In Prouilhe, unweit des «Ketzernestes» Fanjeaux, richtete er eine kleine Gemeinschaft für die durch ihn vom Katharertum bekehrten Frauen ein. Doch selbst seine wohlwollendsten Biographen wissen nur von wenigen Häretikern zu berichten, die er für die katholische Kirche zurückgewinnen konnte (13 sind namentlich bekannt, darunter acht Frauen), und erzählen dafür besonders ausführlich die vielen von ihm bewirkten Wunder. Die weitgehend fruchtlose Predigt- und Bekehrungstätigkeit unter den Katharern hat aber offensichtlich auch die Geduld dieses seiner Aufgabe und dem Gebot der christlichen Nächstenliebe so unbedingt verpflichteten heiligen Mannes arg strapaziert. Wie Etienne de Salagnac, ein Dominikaner zur Zeit Ludwigs des Heiligen (1226–1270), von dem Gründer seines Ordens berichtet, habe dieser, als die Entscheidung für eine militärische Lösung des Ketzerproblems in Okzitanien gefallen war, einer bei Prouilhe versammelten Menschenmenge zugerufen: «Jahrelang [...] habe ich euch Worte des Friedens hö-

ren lassen. Ich habe gebeten, gebettelt, geweint. Aber
wie die Leute in Spanien sagen, wo fromme Worte
nichts nützen, muß der Knüppel her.»

In der Zwischenzeit hatte aber der päpstliche Legat
Pierre de Castelnau nach langen Bemühungen 1207
eine Liga großer provenzalischer Adliger und Bischöfe
zum Kampf gegen die Katharer zusammenbringen
können. Der ebenfalls zum Beitritt aufgeforderte Graf
Raymond VI. von Toulouse lehnte dieses Ersuchen jedoch ab. Er wußte sehr wohl, daß er angesichts der
Durchdringung aller Bevölkerungsschichten mit der
Häresie und der antiklerikalen Stimmung in seinem
Land bei einem energischen Vorgehen gegen die Katharer, die zwar nicht die Mehrheit, aber doch einen
gewichtigen Teil der Bevölkerung ausmachten, einen
Bürgerkrieg provozieren würde. Für seine Weigerung
wurde Raymond VI. wegen Begünstigung der Ketzerei exkommuniziert und diese Exkommunikation später auch von Papst Innozenz III. ausdrücklich bestätigt.

Der Kreuzzug

Gerechter Krieg

Auslösendes Ereignis für den Kreuzzug gegen die okzitanischen Katharer – es war der erste und einzige, der
von Christen gegen ein christliches Land geführt

wurde – war die Ermordung des beim Adel und der sonstigen Bevölkerung Okzitaniens verhaßten päpstlichen Legaten Pierre de Castelnau durch einen Gefolgsmann des Grafen von Toulouse am 14. Januar 1208. Die Tötung eines päpstlichen Legaten, eines Generalbevollmächtigten des Papsts, stellte ein schweres Verbrechen dar, das eine harte Bestrafung erforderte. Für Papst Innozenz III. bot es jedoch auch den Rechtfertigungsgrund für die Durchführung des schon länger gefaßten Entschlusses, angesichts der erfolglosen Bekehrungsversuche den Katharismus in Okzitanien mit Gewalt, durch einen Kreuzzug, auszurotten. Diese Entscheidung wie auch das spätere Vorgehen der Kreuzfahrer und die Schilderung und Beurteilung durch den zeitgenössischen Chronisten Pierre des Vaux-de-Cernay werden jedoch nur richtig verständlich, wenn man die christlich-abendländische Lehre vom gerechten Krieg berücksichtigt.

Die von christlichen Denkern des 4. und 5. Jahrhunderts entwickelte, seit dem hohen Mittelalter in Sammlungen theologischer Texte verbreitete und von Thomas von Aquin (*Summa Theologiae* II/II, *quaestio* 40 a. 1) zu einem autoritativen Abschluß gebrachte Theorie vom gerechten Krieg (*bellum iustum*) ging von dem Grundgedanken aus, daß Gewalt an sich nicht böse, sondern neutral sei. Ihre moralische Qualität erhalte sie erst durch die Absicht desjenigen, der sie anwende. Da Gewaltanwendung auch aus Liebe heraus erfolgen kann, ist sie in diesem Fall auch moralisch gut. Allerdings müssen (außer in dem grundsätzlich gerechtfertigten Fall der Verteidigung gegen einen feindlichen Angriff) für die Berechtigung eines Krieges drei Voraussetzungen erfüllt sein. Erstens muß ein gerechter Grund (*causa iusta*) für eine Gewaltanwendung vorliegen, da Gewalt nach dieser Lehre nur als Entgegnung auf vorausgegangenes Unrecht zulässig ist. Zweitens darf die Gewalt nur in «rechter Absicht» (*intentio recta*), als letztes noch mögliches Mittel zur Wiedergutmachung geschehenen Unrechts, um einer guten und damit gerechten Sache willen und nicht aus profanen Motiven, wie Eroberungssucht und dem Wunsch nach persönlicher Bereicherung, angewandt werden. Schließlich bedarf die Anwendung von militärischer Gewalt noch der Sanktionierung durch eine legitime Autorität (*auctoritas principis*). Eine solche legitime Autorität war in erster Linie Gott, konnte aber auch ein Diener Gottes sein, voran der Papst und der Kaiser.

In diesem Zusammenhang spielte auch eine Rolle, daß eine bestimmte irdische Ordnung oder ein Ereignisablauf als von Gott gewollt und seinen Absichten gemäß angesehen wurden. Kam es zu einer Störung dieser Ordnung oder des betreffenden Vorgangs, so sah man darin auch eine Bedrohung der Absicht Gottes hinsichtlich der Menschheit. Wenn nun Maßnahmen dagegen ergriffen wurden, z. B. in Form eines

Krieges, so glaubte man, daß diese auch Gottes Wohlwollen und sogar Unterstützung hätten.

Obwohl es nie erwiesen wurde und auch nicht sehr
wahrscheinlich ist, stand für die Kirche fest, daß die
Ermordung des Legaten durch Raymond VI. veranlaßt worden war und Pierre de Castelnau als Märtyrer
für die Sache der Kirche sein Leben gelassen hatte. Nur
rund sieben Wochen nach seinem Tod wurde Pierre de
Castelnau am 10. März 1208 von der Kirche heiliggesprochen, Graf Raymond VI. aber erneut exkommuniziert. An demselben Tag erging der feierliche Aufruf
Papst Innozenz' III. zum Kreuzzug gegen die okzitanischen Katharer und den Grafen von Toulouse an die
gesamte abendländische Christenheit.

Mit den Worten: «Voran Soldaten Christi! [...] Ihr
sollt danach trachten, den ketzerischen Unglauben auf
jede Art und Weise und mit allen Mitteln, die Gott
euch offenbaren wird, zu vernichten. Und ihre Anhänger sollt ihr mit kraftvoller Hand und starkem Arm
und auch mit noch größerer Unbesorgtheit bekämpfen als die Sarazenen, denn sie sind noch schlimmer als
die Sarazenen!» forderte der Papst die Christen zur
Teilnahme an diesem Kreuzzug auf. Das ihm gesetzte
Ziel war die Ausrottung der Katharer – *extirpare* heißt
es wörtlich in der päpstlichen Bulle. Von dem Versprechen eines die Vergebung aller Sünden (*remissio-
nem peccaminum*, so wird ausdrücklich, wenn auch
theologisch nicht ganz korrekt in dem Kreuzzugsauf-

ruf des Papstes gesagt) bewirkenden Kreuzzugsablasses, dessen Bedeutung für die um ihr Seelenheil tief besorgten mittelalterlichen Christen nicht unterschätzt werden darf, und der Aussicht auf materiellen Gewinn angelockt, sammelten sich Kreuzfahrer vor allem aus der Normandie und der Champagne, aus dem Anjou und aus Flandern, aus der Picardie und dem Limousin, Adlige und Ritter ebenso wie Bürger und Bauern.

Allerdings hatte sich Innozenz III. vergeblich bemüht, den französischen König Philipp II. August zu bewegen, entweder selbst die Führung des Kreuzzugs zu übernehmen oder wenigstens die Teilnahme seines Sohnes, des Thronfolgers Ludwig, zu gestatten oder einen Mann seiner Wahl mit dessen Führung zu beauftragen. Doch Philipp II. August, der im Krieg mit dem englischen König Johann ohne Land stand und auch in die deutschen Thronkämpfe verwickelt war, wollte nichts mit diesem Kreuzzug zu tun haben.

Darauf übernahm der päpstliche Legat und Abt von Cîteaux, Arnaud-Amaury, die Leitung des Kreuzzugs.

Zu den (nord-)französischen Baronen, die sich dem Unternehmen anschlossen, gehörten unter anderen Eudes II., Herzog von Burgund, und Hervé IV., Graf von Nevers. Es beteiligte sich aber auch der Ritter Simon von Montfort-en-Iveline et d'Epernon aus der Île-de-France, ein erfahrener Kriegsmann mit anerkannten militärischen Führungseigenschaften, der sich bereits 1194 im Heer Philipps II. August ausgezeichnet und auch am 4. Kreuzzug (1202–1204) teilgenommen hatte, wo er allerdings zu den Kreuzfahrern gehörte, die sich und den Kreuzzug nicht von den Venetianern zum Kampf gegen das christliche Byzanz mißbrauchen lassen wollten.

Wie Simon von Montfort hatten sich auch viele andere dem Kreuzzug gegen die okzitanischen Katharer aus der festen Überzeugung angeschlossen, hier für eine gerechte, nämlich die Sache Gottes zu kämpfen.

«Schlagt sie alle tot!»

Raymond VI. suchte das über sein Territorium hereinbrechende Unheil durch seine Unterwerfung unter die Kirche und die Lösung des über ihn verhängten Kirchenbanns im Juni 1209 in Saint-Gilles (Provence) noch in letzter Minute abzuwenden. Doch es war vergeblich; die Kirche konnte und wollte die von ihr in Gang gesetzte Kriegsmaschinerie nicht mehr anhalten. Der gegen ein christliches Land und seinen christlichen und inzwischen auch formal wieder in die Kirche aufgenommenen Herrscher ausgerufene Kreuzzug mußte nach Auffassung der Kirche geführt werden, um endlich die Häresie in Okzitanien zu überwinden. Zu den Kriegszielen gehörte aber auch, wie der Papst in seinem Kreuzzugsaufruf wissen ließ, die Vertrei-

bung des Grafen Raymond VI. von Toulouse, unge-
achtet der Tatsache, daß dieser nicht nur ein christlicher Herrscher, sondern auch Vetter des Königs von
Frankreich, Schwager des Königs von England und
des Königs von Aragon sowie Lehnsmann aller dieser
drei christlichen Könige und auch des Kaisers war.

Anfang Juli 1209 rückte das bei Lyon versammelte
Kreuzfahrerheer zunächst gegen das Territorium des
Vizegrafen Raymond-Trencavel I. von Albi, Béziers
und Carcassonne vor, das als eines der Zentren der katharischen Häresie galt. Am 21. Juli 1209 kamen die
Kreuzfahrer vor Béziers an. Das Angebot, die Stadt –
eine der bedeutendsten der Vizegrafschaft – zu ver-
schonen, wenn sie die Ketzer ausliefere, lehnten die
städtischen Konsuln (Ratsherren) entrüstet ab.

Vermutlich durch einen unvorsichtigen Ausfall eines
Teils der Miliz oder Garnison von Béziers am folgenden
Tag gelang es jedoch einer zum Kreuzfahrerheer gehörenden Söldnertruppe, mit in die Stadt einzudringen
und den übrigen Kreuzfahrern die Eroberung der Stadt
zu ermöglichen. Nach der Eroberung richteten die
Kreuzfahrer unter den Bewohnern der Stadt ein fürch-
terliches Blutbad an. Wie der Zisterziensermönch
Caesarius von Heisterbach (um 1180 – um 1240) in seinen «Wundergeschichten» berichtet, habe der päpstliche Legat und spätere Erzbischof von Narbonne, Arnaud-Amaury, auf die Frage der Kreuzfahrer, wie man
die Katholiken von den Ketzern in der Stadt unterschei-

den könne, geantwortet: «Schlagt sie [alle] tot, der
Herr erkennt schon die Seinen!» (s. u., S. 370 ff.)

Wenn diese Äußerung auch nicht historisch sein
mag, so gibt sie doch recht eindrucksvoll die von abso-
luter Selbstgewißheit und Fanatismus gekennzeich-
nete Haltung der Kreuzfahrer wieder. Béziers wurde
geplündert (vermutlich von Söldnern, die sich um ihren Beuteanteil durch die Adligen im Kreuzfahrerheer
betrogen fühlten), in Brand gesteckt und eingeäschert.

Die Kunde vom Massaker in Béziers und der völligen Zerstörung der Stadt verbreitete lähmendes Entsetzen im Land und führte dazu, daß sich zahlreiche
Städte (darunter auch das mächtige Narbonne), Orte
und Burgen den Kreuzfahrern kampflos öffneten; eine
große Zahl von Burgherren flüchtete aber auch mit ihren Familien und Lehnsleuten und brachten sich vor
dem Kreuzfahrerheer in Sicherheit.

Am 1. August 1209 erschien das Kreuzfahrerheer
vor der mächtigen und stark befestigten Stadt Carcassonne, dem «Wunder des Südens». Hierher hatte sich
der Vizegraf Raymond-Trencavel I. schon vor Beginn
der Kämpfe um Béziers mit seinen besten Truppen zurückgezogen. Hinter den Mauern der Stadt hatten aber
auch zahlreiche Flüchtlinge aus der Umgebung mit ihrer Habe und ihrem Vieh Schutz gesucht. Zwei Wochen lang hielten die Eingeschlossenen der Belagerung
stand. Doch der akute Wasser- und Nahrungsmangel
sowie die Tatsache, daß die Verteidiger ihres Anfüh-

rers beraubt worden waren (Raymond-Trencavel I.
war vermutlich bei Übergabeverhandlungen von den
Belagerern entgegen gemachten Zusicherungen festgehalten worden und starb knapp vier Monate später
unter mysteriösen Umständen im Kerker in Carcassonne), zwang die Belagerten schließlich zur Kapitulation.

Die von den Kreuzfahrern diktierten Übergabebedingungen ließen den Belagerten lediglich das Leben;
sie mußten die Stadt verlassen und alles Gut zurücklassen. Carcassonne machten die Kreuzfahrer anschließend zu ihrem Hauptquartier; die Vizegrafschaft
wurde Simon von Montfort, der sich auch in diesen
Kämpfen hervorgetan hatte, von dem Legaten im
Namen der Kirche als päpstliches Lehen übergeben.

Eroberungskrieg

Die folgenden Jahre brachte Simon von Montfort, auf
die stets unsichere Zuführung neuer Kreuzfahrerkon-
tingente angewiesen und zeitweilig nur auf eine Hand-
voll ihm unbedingt ergebener (nord-)französischer
Ritter gestützt, damit zu, sich sein Herrschaftsgebiet
botmäßig zu machen. Ständig hatte er gegen Abtrünnige und Aufständische zu kämpfen. Der Kreuzzug,
der schließlich auch das Territorium der Grafschaft
Toulouse ergriff, wurde immer mehr zu einem Eroberungskrieg.

Dagegen kämpften die okzitanischen Adligen und sonstigen Bewohner zunehmend in der Überzeugung, die politische und kulturelle Eigenständigkeit ihres Landes zu verteidigen; Nationalismus und Katharertum wurden zunehmend identisch. Den Kampf führte man auf beiden Seiten mit einer kaum vorstellbaren Brutalität und Grausamkeit.

Die Katharer, deren die Kreuzfahrer habhaft werden konnten, endeten auf dem Scheiterhaufen. So wurden nach der Kapitulation der Stadt Minerve am 22. Juli 1210 rund 400 «Vollkommene» vor der Stadt verbrannt, nach der Eroberung von Lavaur erlitten am 3. Mai 1211 etwa 300 Katharer dasselbe Schicksal.

Ende Juni desselben Jahres belagerten die Kreuzfahrer erstmals die Stadt Toulouse, im folgenden Frühjahr erschien ein neues Kreuzfahrerheer in Okzitanien. Ein Großteil dieser Kreuzfahrer kam übrigens aus Deutschland: aus Friesland, Sachsen und Westfalen; dazu gehörten unter anderen auch Engelbert von Berg, damals Dompropst der Kölner Kirche und später Erzbischof von Köln und Reichsverweser (er wurde am 7. November 1225 am Gevelsberg im Kirchspiel Schwelm von Leuten des Grafen Friedrich von Isenberg erschlagen und von der Kirche heiliggesprochen), der Bruder dieses Engelbert, Graf Adolf III. von Berg, sowie Herzog Leopold VI. von Österreich.

Der Versuch Raymonds VI., mit Hilfe einer militärischen Koalition okzitanischer Barone und des Kö-

nigs Peter II. von Aragon Simon von Montfort und die
Kreuzfahrer aus Okzitanien zu vertreiben, scheiterte
jedoch; in der Schlacht von Muret (Haute-Garonne)
am 12. September 1213 erlitt das gewaltige Heer der
Verbündeten eine vernichtende Niederlage; auch Peter II. fand dabei den Tod.

Nach seinem entscheidenden Sieg über Otto IV. und
den mit ihm verbündeten englischen König in der
Schlacht von Bouvines am 2. Juli 1214 begann aber
auch der französische König Philipp II. August sein
Interesse auf die Vorgänge in Okzitanien zu lenken.
Bereits im folgenden Jahr ließ er seinen Sohn Ludwig
an dem Kreuzzug gegen die Katharer teilnehmen
(April–Oktober).

In demselben Jahr, am 11. November 1215, trat das
4. Laterankonzil zusammen. Einer seiner Beschlüsse
betraf die Regelung der Verhältnisse in Okzitanien:
Graf Raymond VI. von Toulouse und seine Vasallen
wurden wegen Ketzerei oder Begünstigung der Ketzerei sowie der Unterhaltung von Söldnertruppen für
abgesetzt erklärt, aller ihrer Rechte entkleidet und die
Grafschaft und übrigen Besitzungen, soweit sie Häretikern gehört hatten, Simon von Montfort übertragen.
Raymond VI. mußte ins Exil gehen. Doch im Mai
1216 begann er zusammen mit seinem Sohn die Rückeroberung seines Herrschaftsgebietes. Am 13. September 1217 zog er, der alle seine Vasallen, darunter
auch den Grafen von Foix, für diesen Kampf versam-

melt hatte, unter dem Jubel der Einwohner in Toulouse ein.

Daraufhin rückte Simon von Montfort unverzüglich gegen die Stadt vor und schloß sie ein. Fast ein Dreivierteljahr dauerte die mit Hilfe neuer Kreuzfahrertruppen aufrechterhaltene, aber erfolglose Belagerung. Bei diesen Belagerungskämpfen wurde Simon von Montfort am 25. Juli 1218 durch ein von den Verteidigern abgefeuertes Geschoß einer Steinschleuder tödlich getroffen. Einen Monat später brach sein Sohn Amaury, der sich nach dem Tod seines Vaters dessen Herrschaftsrechte und Titel von dem päpstlichen Legaten hatte übertragen lassen, die Belagerung ab.

Ende des selbständigen Okzitanien

Auf den Hilferuf Amaury von Montforts hin, der um sein Erbe kämpfte, schickte Philipp II. August seinen Sohn Ludwig mit einem großen Kreuzfahrerheer nach Okzitanien. Von diesen Truppen wurde Toulouse erneut und ebenfalls erfolglos belagert. Nach sechs Wochen (1. August 1219) hob Prinz Ludwig, kaum daß seine 40tägige Kreuzzugszeit abgelaufen war, die Belagerung auf und kehrte nach Nordfrankreich zurück.

Gleichzeitig begann der junge Graf Raymond (VII.) die Rückeroberung seines Landes fortzusetzen. Amaury von Montfort sah sich bald auf den südlichen

Zipfel Okzitaniens zurückgedrängt, wo vor allem
Narbonne und Carcassonne ihm die Treue hielten.
Anfang 1224 gab er, dem es zunehmend an Soldaten
und vor allem auch an Geld zur Fortführung des Krieges mangelte, die Partie endgültig für verloren und
verließ Okzitanien.

Für einige Zeit schien es nun, als ob das Land seine
Freiheit und Unabhängigkeit wiedergewonnen habe.
1225 konnten die Katharer im Languedoc sogar ein
Konzil in Pieusse abhalten, obwohl Raymond VII. sich
auf einem Konzil in Montpellier im August 1224 gegenüber dem Heiligen Stuhl eidlich verpflichtet hatte,
die Ketzer in seinem Herrschaftsgebiet energisch zu
verfolgen.

Tatsächlich erfreuten sich die Bewohner Okzitaniens aber einer trügerischen Ruhe; denn weder die
Kirche noch die französische Krone waren gewillt, die
Verhältnisse dort so zu belassen, wie sie waren. Auf
dem von König Ludwig VIII. am 28. Januar 1226 in
Paris versammelten Parlament wurden von dem Kardinallegaten und dem dort erschienenen französischen
Episkopat erneut Raymond VII., der die Nachfolge
seines 1222 verstorbenen Vaters angetreten hatte, sowie der Graf Roger-Bernard II. von Foix und der Vizegraf Raymond-Trencavel I. von Albi, Béziers und
Carcassonne wegen der Begünstigung der Ketzerei
exkommuniziert. Zur selben Zeit verkaufte Amaury
von Montfort alle seine Herrschafts- und Besitzrechte

im Languedoc an den französischen König Ludwig VIII.

Der von diesem darauf vom Mai bis November 1226 in Okzitanien geführte Krieg war ein Kreuzzug nur noch dem Namen nach, in Wirklichkeit handelte es sich um einen reinen Eroberungsfeldzug des französischen Königs. Das Kriegsziel war aber erst zum Teil erreicht, als Ludwig VIII. am 8. November 1226 starb und der Großteil des Heeres in den Norden Frankreichs zurückkehrte. Doch im folgenden Frühjahr setzte der französische Seneschall Humbert de Beaujeu mit neuen Truppen den Eroberungs- und Unterwerfungskrieg unter systematischer Anwendung der Taktik der verbrannten Erde fort. Im Sommer 1227 wurde Toulouse erneut belagert.

Angesichts der fortschreitenden physischen Zerstörung und wirtschaftlichen Ruinierung des Landes sowie der Erschöpfung und wachsenden Kriegsmüdigkeit seiner Bewohner nach fast 20 Jahren Krieg sah sich Raymond VII. Ende 1228 / Anfang 1229 zur Aufgabe seines letztlich aussichtslos gewordenen Kampfes genötigt. In dem am 12. April 1229 mit der französischen Krone abgeschlossenen Friedensvertrag von Meaux (Seine-et-Marne) mußte er das Ende des freien Okzitanien und dessen Eingliederung in den entstehenden französischen Zentralstaat besiegeln. Die Raymond VII. aufgezwungenen Vertragsbestimmungen verpflichteten ihn unter anderem, zwei Drittel des Territoriums der Grafschaft Toulouse an die französische Krone abzutreten sowie seine Tochter Jeanne, die einzige Erbin der ihm verbliebenen Kernländer der Grafschaft, mit einem Bruder des französischen Königs zu verheiraten.

Die französische Krone hatte somit ihr Ziel erreicht: Okzitanien war ein Bestandteil des französischen Königreichs geworden. Als Jeanne von Toulouse und ihr Gemahl Alphonse von Poitiers 1271 kinderlos starben, fiel auch der letzte Rest der Grafschaft Toulouse an die französische Krone.

Wirken der Inquisition

Doch das Katharertum war durch diesen sich fast zwei Jahrzehnte hinziehenden – wenn auch zuletzt nur noch nominellen – Kreuzzug nicht ausgerottet worden. Dieser Aufgabe nahm sich ab 1233 die von Papst Gregor IX. eingerichtete und dem neuen – 1216 durch Papst Honorius III. anerkannten – Dominikanerorden anvertraute päpstliche Inquisition, die sogenannte *Inquisitio haereticae pravitatis*, an.

Die viel energischer und planmäßiger als die bisherigen bischöflichen Inquisitionsbehörden vorgehenden päpstlichen Inquisitionstribunale wie auch das durch sie geschaffene Klima des Mißtrauens und der Unsicherheit lichteten zwar die Reihen der Katharer und trieben sie zunehmend in den Untergrund, führten ih-

nen andererseits aber auch neue Anhänger zu. Okzita-
nisches Unabhängigkeitsstreben bzw. Adelsopposition und Katharertum verbanden sich noch stärker als
bisher miteinander.

Burgen wurden nunmehr in erster Linie die Stütz-
punkte und Zufluchtsorte der Katharer. Eine Vor-
rangstellung nahm dabei die am Nordabhang der Pyrenäen auf einem 1207 m hohen schroffen Bergkegel
gelegene Burg Montségur (Ariège) ein. Seit Beginn
der 1230er Jahre war diese Burg zu einer Art offiziellem Sitz der Katharerkirche Okzitaniens wie auch das
Zentrum des okzitanischen Widerstandes geworden.
Hier hielten sich nicht nur mehr oder weniger ständig
ein Teil der Katharerhierarchie und eine große Zahl
von «Vollkommenen» auf. Hierhin hatten sich auch
viele durch die (nord-)französische Eroberungspolitik
und die konfiskatorischen Urteile der Inquisition be-
sitz- und rechtlos gewordene, aber zum Widerstand
entschlossene Adlige und Ritter geflüchtet.

Montségur und Montaillou

Im Frühjahr 1242 kam es zu einer letzten okzitanischen
Erhebung gegen die (nord-)französische Herrschaft,
die jedoch erfolglos war und im Oktober des Jahres
mit der Unterwerfung Raymonds VII. unter die französische Krone im Vertrag von Lorris (Loiret) am
30. Oktober 1242 endete.

Das Signal zu diesem Aufstand hatte die von der Adelsopposition auf Montségur organisierte, aber von der Katharerführung zumindest gebilligte und wahrscheinlich auch finanzierte Ermordung des päpstlichen Inquisitors von Toulouse und seines Personals in Avignonet (Haute-Garonne) in der Nacht des 28. Mai 1242 gegeben.

Ein im April 1243 in Béziers abgehaltenes neuerliches Konzil beschloß, nunmehr auch das «Ketzernest» Montségur auszuheben und das «Drachenhaupt» (*caput draconis*) abzuschlagen. Auch diese Militäraktion sollte wiederum in Form eines Kreuzzuges durchgeführt werden. Zehn Monate hielt die nur 120–150 Mann zählende Burggarnison dem von dem französischen Seneschall von Carcassonne geführten und zeitweilig 10000 Soldaten starken Kreuzfahrerheer stand. Am 1. März 1244 mußte Montségur aber kapitulieren.

Die merkwürdigen Umstände der Kapitulation wie auch bauliche Eigentümlichkeiten von Montségur haben zu allerhand Spekulationen, manche auch phantastischer Art, Anlaß gegeben. Die rund 200 «Vollkommenen», die von den Siegern vergeblich zum Abschwören ihres Glaubens aufgefordert worden waren, wurden dem Scheiterhaufen überantwortet.

Der Fall von Montségur erwies sich zwar nicht als der erhoffte endgültige Schlag gegen das Katharertum in Okzitanien. Doch ging von ihm eine starke psychologische Wirkung aus, indem viele Sympathisanten und Anhänger des Katharismus nunmehr ernsthaft an der Zukunft dieser Kirche zu zweifeln begannen. Hinzu kam das Wirken der immer engmaschiger und systematischer arbeitenden Inquisition. Nicht zuletzt war es das Aufkommen der neuen Bettelorden der Dominikaner und Franziskaner und deren offizielle Anerkennung durch die katholische Kirche, wodurch die christliche Armutsbewegung in die Orthodoxie integriert wurde, die dem Katharertum viel von seiner ursprünglichen kirchenreformerischen Attraktivität für die Bevölkerung nahm.

Nur in abgelegenen Rückzugsgebieten, wie z. B. in der Pyrenäenregion, vermochte sich ein allerdings immer mehr verflachendes Katharertum noch über das Ende des 13. Jahrhunderts hinaus einige Jahrzehnte zu halten. Das bezeugen unter anderem die Protokolle über Inquisitionsverhöre in der Diözese Pamiers, die von dem zuständigen Bischof Jacques Fournier zwischen 1318 und 1325 durchgeführt wurden. Sie betrafen vor allem die Bewohner des Pyrenäen-Bergdorfs Montaillou. Auf der Grundlage der erhalten gebliebenen Verhörprotokolle veröffentlichte Emmanuel Le Roy Ladurie 1975 eine ethnographische Mikrostudie. Die darin gegebene Darstellung der mittelalterlichen dörflichen Lebensverhältnisse wurde zu einem großen Bucherfolg und machte das auf einem abgeschiedenen Hochplateau im heutigen Département Ariège unweit des Städtchens Axles-Thermes gelegene Montaillou weltweit bekannt.

Doch es war nur ein letztes Aufflackern des Katharismus, das der Bischof Jacques Fournier damals verfolgte. 1321 starb der letzte bekannte – wenn auch nicht der würdigste – okzitanische «Vollkommene», Guillaume Bélibaste, auf dem Scheiterhaufen im Burghof von Villerouge-Thermenès.

Bis in die ersten beiden Jahrzehnte des 14. Jahrhunderts fand der Katharismus ein, wenn auch zuletzt immer unsicherer werdendes, Refugium in Norditalien, vor allem in den dortigen Städten. Doch gegen Ende des 14. Jahrhunderts waren die Katharer endgültig aus der Geschichte verschwunden.

Dagegen vermochten die Waldenser vor allem in den Alpengebieten von Savoyen und Piemont, wenn auch vielfach bedrängt, zu überleben. Heute zählt die Waldenserkirche etwa 50 000 Mitglieder.

Die Historia Albigensis

Mönch und Augenzeuge

Der Zisterziensermönch Pierre des Vaux-de-Cernay, der Verfasser der bis zum Ende des Jahres 1218 reichenden Geschichte des Kreuzzugs gegen die Katharer (Albigenser) in Okzitanien (*Historia Albigensis*), wurde

1194 oder kurz vorher geboren. Er stammte zweifellos aus einer vornehmen Familie, doch ist über diese wie auch über seine Jugendzeit nichts bekannt.

Wohl noch im Kindesalter trat Pierre in die acht Wegstunden südwestlich von Paris gelegene Zisterzienserabtei Vaux-de-Cernay ein, wo sein Onkel Guy seit 1184 Abt war. Hier erhielt er eine solide gelehrte Ausbildung, die zwangsläufig aber auch von dem geistigen Klima der Ordenswelt geprägt war. Für seine wissenschaftlichen Studien stand ihm die Klosterbibliothek zur Verfügung, die nach einem im 12. Jahrhundert erstellten Bücherkatalog bereits damals die beachtliche Zahl von 78 Handschriften besaß. Zum größten Teil handelte es sich dabei um Schriften der Kirchenväter, unter anderem auch des heiligen Augustinus.

Aus ihnen erfuhr Pierre des Vaux-de-Cernay auch von den frühen häretischen Bewegungen, ihren doketistischen[1] und dualistischen Lehren sowie von ihrer Gefährlichkeit für die Kirche. Es ist anzunehmen, daß er bereits durch die Lektüre der patristischen Schriften einen heiligen Schrecken vor den Häretikern eingeimpft bekam und entsprechend der Geisteshaltung

---

1 Der Doketismus ist eine bereits in den ersten frühchristlichen Jahrhunderten aufgetretene (Irr-)Lehre, die eine nur scheinbare Menschwerdung und Passion Christi behauptet.

und Tradition seines Ordens ihnen gegenüber eine
fromme Abscheu empfand. Diese Einstellung wurde
noch verstärkt durch die Schriften neuerer kirchlicher
Autoren in seiner Klosterbibliothek, darunter vor allem die Kommentare und Predigten Bernhards von
Clairvaux, die ebenfalls Ausführungen über die Ketzer, insbesondere die Katharer enthalten.

1202 erfuhr der Horizont des jungen Zisterziensermönchs eine enorme Erweiterung, als er seinen Onkel, dem Papst Innozenz III. eine besondere Mission
übertragen hatte, auf dem 4. Kreuzzug begleitete. Hier
lernte er unter anderem auch die Brüder Guy und Simon von Montfort kennen und erlebte, wie sein Onkel, Simon von Montfort und eine Minderheit der
Kreuzfahrer sich entschieden weigerten, eine Abkehr
des Kreuzzugs von seinem eigentlichen Ziel mitzuma-
chen, und das Kreuzfahrerheer vor Zara (Zadar / Kro-
atien) an der dalmatinischen Küste verließen.

Zehn Jahre später, 1212, kam er, wiederum als
Begleiter seines Onkels Guy, nach Okzitanien. Der
Anlaß für diese Reise war die Wahl seines Onkels zum
Bischof von Carcassonne. Ende März 1212 gelangten
die beiden nach Albi und verbrachten anschließend
einige Tage in Castres; im April nahmen sie an der Belagerung der Burg Hautpoul teil und begaben sich
dann nach Narbonne.

Nach drei Wochen kehrten Guy und Pierre des
Vaux-de-Cernay zu dem Kreuzfahrerheer zurück und

begleiteten es dann während der folgenden Monate auf seinen Kriegszügen. Im Januar des nächsten Jahres nahmen die beiden am Konzil von Lavaur (Tarn) teil und kehrten bald darauf nach Nordfrankreich zurück. Wahrscheinlich begab sich Pierre des Vaux-de-Cernay anschließend wieder in sein Kloster.

Zwei Jahre später, 1214, unternahm er seine zweite – und letzte – Reise nach Okzitanien. Auch dieses Mal begleitete er wieder seinen Onkel, für den er möglicherweise als eine Art Privatsekretär tätig war. Im April stießen Pierre und sein Onkel in Nevers (Nièvre) zu dem neuen Kreuzfahrerheer und zogen mit diesem über Montpellier nach Carcassonne. Sie nahmen unter anderem an der Belagerung der Burg Morlhon und – im Juni – an der von Casseneuil teil und begleiteten auch das Heer auf dem Feldzug im Périgord.

Während Guy des Vaux-de-Cernay Anfang 1215 in den Norden Frankreichs abreiste, blieb Pierre weiter im Süden. So zog er vom April bis zum Oktober 1215 mit dem Kreuzfahrerheer des Prinzen Ludwig von Lyon bis nach Toulouse. Im folgenden Jahr, 1216, war er im Juni-Juli in Nîmes, Bellegarde und vor Beaucaire und nahm danach, wie einige offensichtlich auf eigener Beobachtung beruhende Angaben in seiner Kreuzzugsgeschichte bezeugen, wohl an der zweiten Belagerung von Toulouse (Oktober 1217 bis Juli 1218) teil. Er ist dann in den Norden Frank-

reichs bzw. sein Kloster zurückgekehrt und anschei-
nend bald nach 1218 gestorben.

Chronist mit vielen Quellen

Pierre des Vaux-de-Cernay war somit nur etwa 20
Monate lang Augenzeuge der Ereignisse in Okzitanien, von denen er in seinem Werk berichtet. Doch hat
er, wie seine Schilderungen bezeugen, sehr aufmerk-
sam und genau beobachtet. Darüber hinaus sind von
ihm mündliche Berichte der an dem jeweiligen Geschehen direkt Beteiligten als Quelle benutzt worden.

Wie er in dem an Papst Innozenz III. gerichteten
Widmungsschreiben seiner Kreuzzugsgeschichte be-
tont, ist von ihm nur das niedergeschrieben worden,
was er entweder mit eigenen Augen gesehen oder von
hochgestellten und absolut glaubwürdigen Gewährs-
leuten erfahren hatte. Zu diesen Informanten gehörte
in erster Linie sein Onkel Guy, der Bischof von Carcassonne und päpstliche Vizelegat. Dazu zählten aber
auch die anderen geistlichen und militärischen Führer
des Kreuzzugs, mit denen Pierre des Vaux-de-Cernay
ständig in Kontakt kam. Neben diesen stets auch namentlich genannten Zeugen stehen die anonym blei-
benden aus dem einfachen Volk, denen er vor allem die
vielen Anekdoten in seinem Werk verdankt.

Schließlich standen ihm als dritte Quelle noch die
Archive des Kreuzzugs zur Verfügung. So fügte er

z. B. in seine Kreuzzugsgeschichte den Text von drei
päpstlichen Bullen und fünf Konzilsbeschlüssen ein.
Darüber hinaus erwähnt er an verschiedenen Stellen
noch weitere ihm bekannt gewordene offizielle und
mit dem Kreuzzug im Zusammenhang stehende
Schriftstücke.

Möglicherweise verdankte dieser junge Mönch die
Auskunftsbereitschaft der geistlichen und militärischen Führer des Kreuzzugs wie auch den Zugang zu
deren offizieller Korrespondenz und den sonstigen
Dokumenten der Tatsache, daß er der offizielle Histo-
riograph des Kreuzzugs war. Dazu würde auch pas-
sen, daß er sein Werk dem Papst selbst widmen
konnte, was er sicherlich nicht ohne die ausdrückliche
Genehmigung seitens seiner geistlichen Oberen und
der militärischen Anführer getan hat.

Pierre des Vaux-de-Cernay schrieb seine Kreuzzugsgeschichte sehr wahrscheinlich aber weder fort-
laufend noch gleichzeitig mit dem Ablauf der Ereignisse und auch nicht nachträglich als Ganzes auf einmal
nieder. Ein erster, bis Ende 1212 reichender Teil
wurde offensichtlich zusammen mit dem Vorwort
Anfang 1213 verfaßt. Danach schrieb er offenbar eine
erste Fortsetzung, die den Zeitraum von Anfang 1213
bis Oktober 1217 behandelt, und später noch eine
zweite – kürzere – Fortsetzung für die Zeit vom Oktober 1217 bis zum Dezember 1218.

Den ersten – größeren – Teil seiner Kreuzzugsgeschichte hat er vermutlich zu einem politischen Zweck und, wie bereits erwähnt, auch in offiziellem Auftrag verfaßt. 1213 war das Kreuzzugsunternehmen in Okzitanien nämlich in eine ernste Krise geraten. Papst Innozenz III. ließ im Abendland einen neuerlichen Kreuzzug zur Befreiung des Heiligen Grabes predigen, und gleichzeitig verwandte König Peter II. von Aragon sein großes Prestige beim Papst zugunsten des Grafen Raymond VI. von Toulouse. Vielleicht sollte das von Pierre des Vaux-de-Cernay geschriebene und dem Papst gewidmete Werk mit dazu beitragen, die Aufmerksamkeit des Oberhauptes der lateinischen Christenheit wieder auf den Kreuzzug in Okzitanien zu lenken und ihn für dieses Unternehmen günstig stimmen.

Die Kreuzzugsgeschichte des Pierre des-Vaux-de-Cernay ist in drei Teile gegliedert: der erste befaßt sich mit der Häresie, der zweite mit dem Predigt- und Bekehrungsfeldzug und der dritte mit dem militärischen Kreuzzug; dabei wird die chronologische Reihenfolge weitgehend eingehalten. Im allgemeinen, vor allem bei der Darstellung des von dem Autor selbst Gesehenen oder Erlebten, ist der Stil klar und ohne rhetorisches Beiwerk; die Sätze sind kurz. Dort aber, wo er sich tiefsinnigen Betrachtungen widmet, wird auch die einfache äußere Form aufgegeben: endlos lange Sätze mit einer verwickelten Konstruktion und stereotype Formulierungen treten hervor.

Allerdings bedient der Autor sich bei der Beschrei-

bung häufig vorkommender Vorgänge auch fester
Muster. So schildert er Belagerungen zumeist in der
Form, daß zunächst die Geländeverhältnisse, dann
die Vorbereitungen der Verteidiger, anschließend die
Aufstellung und die Kämpfe der Belagerer, danach
(bei erfolgreichem Ausgang) der Fall der Burg oder
des Ortes und das Schicksal der Besiegten beschrieben
werden; zum Schluß folgt dann noch die Erwähnung
einer oder mehrerer merkwürdiger Begebenheiten.

Wie allgemein bei mittelalterlichen Autoren üblich,
hat auch Pierre des Vaux-de-Cernay Formulierungen
in direkter oder – zumeist – indirekter Form aus anderen Werken entnommen, vor allem aus der Bibel, den
Werken der Kirchenväter, einige auch aus den Schriften Bernhards von Clairvaux, eine größere Zahl aber
auch aus den Darstellungen der Kreuzzüge in das Heilige Land.

Wunderbares Wirken Gottes

Die Auswahl dessen, was Pierre des Vaux-de-Cernay
in seiner Geschichte des Kreuzzugs gegen die Katharer
berichtet bzw. für berichtenswert hält, wird von der
zentralen Idee seines Werkes bestimmt.

Diese Idee ist seine feste Überzeugung, daß der
Kreuzzug gegen die Ketzer zugleich ein göttliches und
menschliches Werk ist. So gibt er in seinem Widmungsschreiben als den Zweck und das einzige Motiv

für die Abfassung seiner Kreuzzugsgeschichte an, der
Welt das wunderbare Wirken Gottes zeigen zu wollen.
Nach seiner Überzeugung kämpfen bei diesem Kreuzzug Gott, unterstützt von seinen Helfern, und Satan,
ebenfalls unterstützt von seinen Dienern, miteinander.

Es entbehrt nicht einer gewissen Ironie, wenn man
feststellt, daß der Dualismus, den Pierre des Vaux-de-
Cernay in der Glaubenslehre der Katharer so verab-
scheut und bekämpft, in seinem eigenen Werk als ein
prägendes Element wirkt. Gott selbst greift mehrfach
sogar direkt in das Geschehen, vor allem in das militärische, zugunsten seiner Partei ein. Auch in den Wun-
dern zeigt sich seine Teilnahme, so z. B. bei der wunderbaren Brotvermehrung während der Belagerung
von Carcassonne im August 1209 und dem Feuer- und
Wasserwunder bei der Belagerung und Eroberung
von Minerve im Juli des folgenden Jahres.

Auf seiten Gottes kämpfen der Papst, die Geistlichen und die Kreuzfahrer. Zu den letzteren zählt vor
allem Simon von Montfort. Die Lobpreisungen, mit
denen Pierre des Vaux-de-Cernay die Person und die
Taten Simons von Montfort bedenkt, sind teilweise
derart übertrieben, daß sie den Charakter von Schmei-
cheleien haben.

Auch Satan greift mindestens dreimal zugunsten
seiner Anhänger in das Geschehen ein, um den Unter-
nehmungen der Kreuzfahrer entgegenzuwirken: Nach
den ersten Eroberungen sät er Zwietracht unter den

Kreuzfahrern und veranlaßt einige zur Abreise, wodurch die militärische Kraft des Heeres stark geschwächt wird; später, als Prinz Ludwig an dem Kreuzzug teilnehmen will, verursacht Satan dem französischen König so viele Bedrängnisse, daß dieser den
Kreuzzug seines Sohnes aufschieben muß, und schließlich ist es ebenfalls Satan, der Raymond VI. nach Toulouse zurückführt und die Bürger der Stadt zur Revolte
treibt, in deren Verlauf Simon von Montfort den Tod
findet.

Die Helfer des Satans sind unzählig. An erster Stelle
gehören dazu die Häretiker, das Gefolge des Antichristen und die Erstgeborenen Satans, wie Pierre
des Vaux-de-Cernay sie bevorzugt nennt. Bundesge-
nossen des Satans sind aber auch die «Freunde und
Förderer der Ketzerei», an erster Stelle die großen
okzitanischen Herren wie Graf Raymond VI. von
Toulouse, Graf Raymond-Roger von Foix oder Vizegraf Raymond-Trencavel I. von Albi, Béziers und
Carcassonne, aber auch die vielen anderen Bewohner
des Landes, die sich den Kreuzfahrern widersetzten,
sowie die auf ihrer Seite kämpfenden Söldner.

Wahrheitsgetreuer Bericht

In seinem an Papst Innozenz III. gerichteten Widmungsschreiben versichert Pierre des Vaux-de-Cernay unter anderem, daß alles, was er in seiner Kreuz-

zugsgeschichte geschrieben habe, wahr sei. Davon, daß er die reine Wahrheit berichte, war dieser Mann zweifellos überzeugt. Allerdings ist sein Werk mit den Maßstäben der modernen, auf Objektivität verpflichteten Geschichtswissenschaft gemessen, eindeutig subjektiv-parteiliche Geschichtsschreibung. Eine andere Art von Geschichtsschreibung war für einen Ordensmann und einen Menschen des Mittelalters aber gar nicht möglich.

Doch beeinträchtigt dieser Mangel nicht den Wert seines Werkes als einer einzigartigen historischen Quelle für den Kreuzzug gegen die Katharer, zumal sich der subjektiv-parteiliche Aspekt der Darstellung im wesentlichen auf die Deutung und Wertung der geschilderten Ereignisse beschränkt. Was dieses Werk aber zu einer so wertvollen Quelle macht, ist vor allem die große Erzählkunst des Autors. Seine Schilderung von Landschaften und Örtlichkeiten, von Städten, Burgen und Menschen und vor allem des Kriegsgeschehens sind von einprägsamer Anschaulichkeit, Genauigkeit und praller Lebens- und Detailfülle. Gerade die Schilderungen der mit dem Kreuzzug in direktem Zusammenhang stehenden Vorgänge, die bei der hier veröffentlichten Auswahl in erster Linie berücksichtigt wurden, sind über das konkrete Ereignis hinausgehende bedeutende geschichtliche Quellen.

Die teils auf eigenem Erleben und eigener Anschauung, teils auf zuverlässigen Berichten aus erster Hand beruhende genaue Beschreibung der Umstände und Ereignisse des Kreuzzugs mit ihren zahlreichen auch alltäglichen Einzelheiten ist zunächst einmal aufschlußreich für die Technik des mittelalterlichen Kriegswesens und die Realität des Kriegslebens im Mittelalter. Krieg war für die Menschen im mittelalterlichen Europa aber ein Teil der Alltagswirklichkeit: gleichgültig, ob es sich um die lokalen Fehden kleiner Herren oder die großen Kriege der Fürsten handelte, die Bewohner des betreffenden Landes waren stets direkt und indirekt die Leidtragenden.

Darüber hinaus stellt diese Kreuzzugsgeschichte ein ebenso schonungslos-offenes wie brutal-erschreckendes Zeugnis dafür dar, zu welchen Exzessen Menschen gegenüber ihren Mitmenschen fähig sind, wenn sie von weltanschaulicher Unduldsamkeit und Fanatismus angetrieben werden. Die Verteufelung des anderen, die in dieser mittelalterlichen Geschichtsdarstellung noch im ursprünglichen Wortsinn geschieht, ist als Phänomen aber weder auf das Mittelalter noch auf Europa beschränkt. In dieser Hinsicht stellt die Kreuzzugsgeschichte des Pierre des Vaux-de-Cernay vielmehr ein zeitloses und an keine Landschaft gebundenes Dokument menschlichen Denkens und Handelns dar.

Editorische Notiz

Dieser deutschen Übersetzung der Geschichte des Albigenserkreuzzugs von Pierre des Vaux-de-Cernay liegt die von Pascal Guébin und Ernest Lyon besorgte kritische Ausgabe des lateinischen Originals zugrunde: Petri Vallium Sarnaii Monachi Hystoria Albigensis. 2 Bände. Paris 1926–1939. Die deutsche Übersetzung folgt dem lateinischen Original so eng wie möglich. Die Frankreich betreffenden Eigen- und Ortsnamen sind grundsätzlich in der modernen französischen Form wiedergegeben. Für die biblischen Namen und Zitate wurde die Bibel nach der Übersetzung Martin Luthers in der revidierten Fassung von 1984 benutzt. Der erste, bis Ende des Jahres 1212 reichende und auch ausführlichste Teil der Kreuzzugschronik ist weitgehend unverkürzt wiedergegeben worden. Bei den restlichen beiden Teilen sind vor allem die über das eigentliche Kreuzzugsgeschehen berichtenden Abschnitte ausgewählt worden. Auslassungen wurden durch [...] gekennzeichnet. Hinzufügungen des Herausgebers und Übersetzers sind in eckige Klammern gesetzt.

Literatur

LOTHAR BAIER, Die große Ketzerei. Verfolgung und Ausrottung der Katharer durch Kirche und Wissenschaft.
Berlin 1991

PIERRE BELPERRON, La croisade contre les Albigeois et
l'union du Languedoc à la France (1209–1249). Paris 1942.
Nachdruck 1967

ARNO BORST, Die Katharer. Stuttgart 1953. (Teil-)Neuaus-
gabe mit einem Nachwort von Alexander Patschovsky:
Freiburg 1991

ANNE BRENON, Le vrai visage du Catharisme. Neue, durch-
gesehene und erweiterte Ausgabe Portet-sur-Garonne
1994

ANNE BRENON, Les Cathares. Vie et mort d'une Église
chrétienne. Paris 1996

HANS GEORG DEGGAU, Befreite Seelen. Die Katharer in
Südfrankreich. Köln 1995

JEAN DUVERNOY, La religion des Cathares. 3. Nachdruck
der Ausgabe 1976: Toulouse 1989

Derselbe, L'histoire des Cathares. 2. Nachdruck der Ausgabe
1979: Toulouse 1989

MARTIN ERBSTÖSSER, Ketzerei im Mittelalter. Darmstadt
1984

ADOLF HOLL (Hg.), Die Ketzer. Hamburg 1994

MALCOLM D. LAMBERT, Medieval Heresy – Popular Move-
ments from the Gregorian Reform to the Reformation.
2. Auflage Oxford 1992, deutsch: Ketzerei im Mittelalter.
München 1981

Emmanuel Le roy ladurie, Montaillou, village occitan de 1294 à 1324. Paris 1975, deutsch: Montaillou – Ein Dorf vor dem Inquisitor 1294 bis 1324. Frankfurt a. M., Berlin, Wien 1980

Jacques Madaule, Das Drama von Albi. Der Kreuzzug gegen die Albigenser und das Schicksal Frankreichs. Olten 1964

Daniela Müller, Albigenser – die wahre Kirche? Eine Untersuchung zum Kirchenverständnis der «ecclesia Dei». Gerbrunn 1986

Déodat Roché, Die Katharerbewegung. Ursprung und Wesen. Stuttgart 1992

Michel Roquebert, L'Épopée cathare. Bd. 1–4. Toulouse 1978–1989

Gerhard Rottenwöhrer, Der Katharismus. Bd. I.1–II.2. Bad Honnef 1982

Lothar Struss, Epische Idealität und historische Realität. Der Albigenserkreuzzug und die Krise der Zeitgeschichtsdarstellung in der occitanischen, altfranzösischen und lateinischen Historiographie. München 1980

Walter L. Wakefield, Heresy, Crusade and Inquisition in Southern France. London 1974

Monique Zerner-Chardavoine, La croisade albigeoise. Paris 1979

Glossar

Consolamentum: der Initiationsritus der Katharerkirche

Convenentia, *Convenenza*, *Convenensa*: der freiwillige Nahrungsverzicht nach dem Erhalt des Kranken-*Consolamentum*

Endura: weiterer Ausdruck für freiwilligen Nahrungsverzicht

Filius maior, *filius minor*: die beiden Stellvertreter eines katharischen Bischofs. Beim Tod des Bischofs trat sein *filius maior* automatisch in dessen Stelle ein, während der *filius minor* das Amt des bisherigen *filius maior* übernahm. Von der Gemeinde wurde dann ein neuer *filius minor* aus der Gruppe der «Vollkommenen» gewählt.

Gläubige, *credentes*: Anhänger des Katharismus, die aber das *consolamentum* (noch) nicht erhalten haben. Sie blieben weiter ihrer nicht-katharischen Alltagswelt verhaftet.

Melioramentum, der katharische Gruß: die von den katharischen Gläubigen den «Vollkommenen» gegenüber erwiesene Ehrenbezeugung

Vollkommene: Männer und Frauen, die das *Consolamentum* erhalten haben; sie bildeten die eigentliche Katharerkirche.

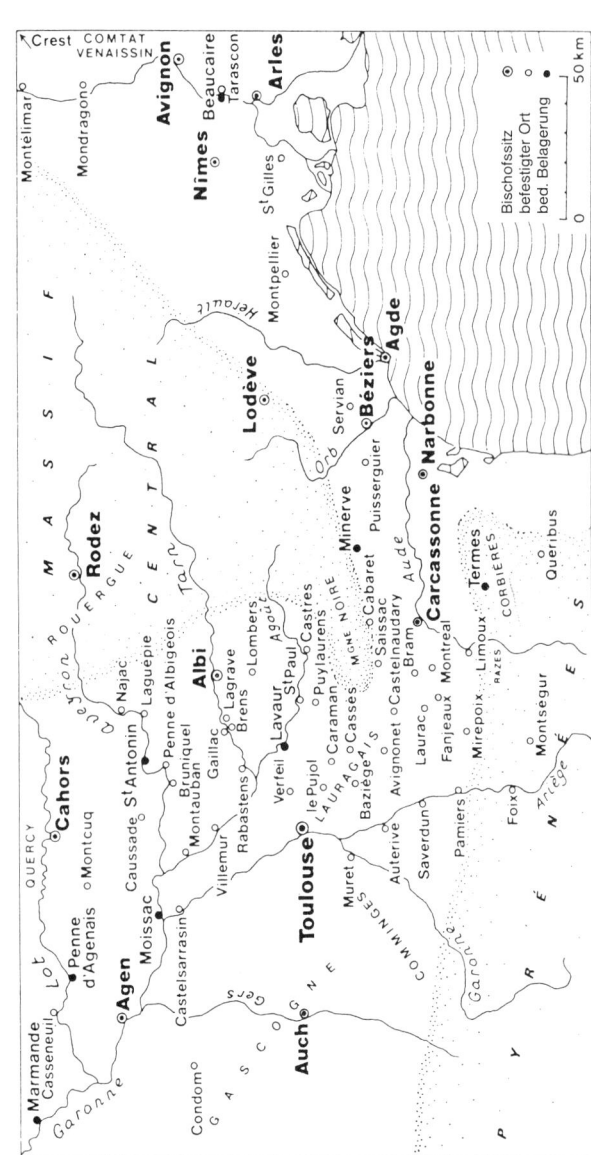

Die Kreuzfahrer und ihre Parteigänger

Adolf (III.), Graf von Berg
Aimery (III.), Vizegraf
 von Narbonne
Alain de Roucy
Alard de Strépy
Amaury de Craon
Amaury, Sohn des Grafen
 Simon von Montfort
Arnaud-Amaury, Abt
 von Cîteaux
Aubry, Erzbischof von Reims
Baudouin, Bruder des
 Grafen Raymond VI.
 von Toulouse
Bertrand, päpstlicher Legat
Bouchard de Marly
Dreux de Compans
Engelbert (II.), Graf von Berg
 und später Erzbischof
 (Engelbert I.) von Köln
Enguerrand de Boves
Enguerrand de Coucy
Eudes (II.), Herzog von
 Burgund
Eustache de Cayeux
Foulques, Bischof von
 Toulouse

Gaubert d'Essigny
Gaucher de Châtillon, Graf
 von Saint-Pol
Gaucher de Joigny
Gauthier de Langton
Girard, Erzbischof von
 Bourges
Guichard de Beaujeu
Guillaume (III.), Graf von
 Ponthieu
Guillaume, Bischof von Albi
Guillaume d'Aure
Guillaume, Bischof von
 Auxerre
Guillaume de Cayeux
Guillaume de Contres
Guillaume de l'Ecureuil
Guillaume des Roches
Guillaume, Archidiakon
 von Paris
Guy de Levis, Marschall des
 Simon von Montfort
Guy de Lucy
Guy, Abt von Vaux-de-
 Cernay, später Bischof
 von Carcassonne,
 päpstlicher Vizelegat

Guy, Bruder des Grafen
  Simon von Montfort
Guy, Sohn des Grafen
  Simon von Montfort
Hervé (IV.), Graf von Nevers
Juhel de Mayenne
Lambert de Thury
Lambert, Mitherr von
  Montélimar
Leopold (VI.), Herzog von
  Österreich
Ludwig (VIII.), König von
  Frankreich
Manassé von Orléans
Mathieu de Marly
Mathieu de Montmorency
Michel de Harnes
Milon, päpstlicher Legat
Philippe, Bischof von
  Beauvais
Pierre de Bénévent,
  päpstlicher Legat
Pierre de Castelnau,
  päpstlicher Legat
Pierre de Voisins
Pierre, Bischof von Paris
Pierre-Marc, Kleriker und
  ehemaliger Beamter in
  der päpstlichen Kanzlei

Radulphus, päpstlicher
  Legat
Raymond, Bischof von
  Uzès und päpstlicher
  Legat
Raymond-Roger, Graf von
  Foix
Renaud, Bischof von
  Chartres
Renaud de Montpellier,
  Bischof von Béziers
Renaud, Bischof von Toul
Robert, Bischof von
  Clermont
Robert (II.), Graf von Dreux
Robert, erwählter Bischof
  von Laon
Robert, Erzbischof von
  Rouen
Robert de Courçon,
  päpstlicher Legat
Robert de Courtenay
Robert Mauvoisin
Robert, Graf von Sées und
  Alençon
Simon, Graf von Montfort
Simon, Kastellan von
  Neauphle
Thédise, päpstlicher Legat

Die Ketzer und ihre Parteigänger

Adhémar (II.) von Poitiers,
    Graf von Valentinois
Aimery, Herr von Montréal
Bernard (IV.), Graf von
    Comminges
Bernard de Cazenac
Bernard de Portella
Dragonet, provenzalischer
    Adliger
Gaston de Béarn
Giraud de Pépieux
Giraud-Adhémar, Mitherr
    von Montélimar
Giraude, Herrin von Lavaur
Guillaume Cat
Guillaume, Herr von
    Minerve
Guillaume de Roquefort
Hugues d'Alfaro, Seneschall
    des Grafen Ramond VI.
    von Toulouse
Jourdain de Saissac
Martin Algai
Peter (II.), König von
    Aragon
Pierre de Saint-Michel
Pierre Mire

Pierre-Roger, Herr von
    Cabaret
Ratier de Castelnau
Raymond (VI.), Graf
    von Toulouse
Raymond (VII.), Sohn des
    Grafen Raymond VI.
    von Toulouse
Raymond de Rabastens,
    früherer Bischof von
    Toulouse
Raymond, Herr von
    Termes
Raymond-Roger (II.), Sohn
    des Vizegrafen
    Raymond-Trencavel (I.)
Raymond-Roger, Graf
    von Foix
Raymond-Trencavel (I.),
    Vizegraf von Béziers
Roger de Comminges,
    Vizegraf von Couserans
Roger-Bernard (II.), Sohn
    des Grafen Raymond-
    Roger von Foix
Savary de Mauléon
Sicard, Herr von Puylaurens

Caesarius von Heisterbach (um 1180 – nach 1240):

Von der Ketzerei der Albigenser

Aus den um 1220 verfaßten «Wundergeschichten» (Dialogus
miraculorum), 5. Buch, Kapitel 21, des Zisterziensermönchs
und Novizenmeisters sowie späteren Priors Caesarius im
Kloster Heisterbach bei Königswinter.[1]

Zur Zeit des Papstes Innozenz [III.], des Vorgängers
des Honorius [III.], der jetzt die Papstwürde innehat,
und während noch der Streit zwischen den römischen
Königen Philipp [von Schwaben] und Otto [IV., von
Braunschweig] anhielt, begann durch die Mißgunst
des Teufels die Häresie der Albigenser zu wuchern,
oder richtiger gesagt, zu reifen. Deren Kraft war so
stark, daß sie allen Weizen des Glaubens jenes Volkes
in den Lolch des Irrtums zu verwandeln schien. Äbte
unseres Ordens wurden mit einigen Bischöfen ent-

---

1 Diese deutsche Übersetzung beruht auf der von Joseph
  Strange besorgten Ausgabe: Heisterbacensis monachi ordi-
  nis cisterciensis dialogus miraculorum. Köln, Bonn, Brüs-
  sel 1851 (Nachdr. Ridgewood, N. J., 1966). Herangezogen
  wurde auch die deutsche (Teil-)Übersetzung von Ernst
  Müller-Holm: Caesarius von Heisterbach. Berlin 1910.

sandt, um das Unkraut mit der Harke der katholischen Predigt auszureißen. Doch durch den Widerstand des Menschenfeindes, der jenes gesät hatte, konnten sie dort nur wenig erreichen.

Novize: Was war ihr Irrtum?

Mönch: Einige ihrer Irrlehrer suchten sich etwas aus der Glaubenslehre des Mani zusammen, andere etwas aus den Irrlehren, die Origines in dem Periarchon geschrieben haben soll. Das meiste jedoch ersannen sie selbst und fügten es hinzu. Sie glauben mit Mani, daß es zwei Prinzipien gibt: einen guten Gott und einen bösen Gott, nämlich den Teufel, der nach ihrer Meinung alle Körper erschafft, wie der gute Gott alle Seelen.

Novize: Mose [I. Mose 2,7] bestätigt aber, daß Gott die Körper und die Seelen erschaffen hat, indem er sagt: Gott formte den Menschen, das heißt seinen Körper, aus dem Schlamm der Erde und hauchte in sein Gesicht den Atem des Lebens, das heißt die Seele.

Mönch: Wenn sie Mose und die Propheten anerkennen würden, wären sie keine Häretiker. Die Auferstehung der Körper leugnen sie; daß den Toten von den Lebenden etwas Gutes getan werden könne, darüber lachen sie; in die Kirche zu gehen oder darin zu beten, nutze gar nichts, sagen sie. Darin sind sie noch schlimmer als die Juden und die Heiden, denn die glauben daran. Die Taufe lehnen sie ab; das Sakrament des Leibes und Blutes Christi lästern sie.

Novize: Warum erdulden sie von den Gläubigen so große Verfolgungen, wenn sie dafür nicht einen jenseitigen Lohn erwarten?

Mönch: Sie sagen, sie erwarteten die Herrlichkeit des Geistes. Ein Mönch der oben genannten Äbte, der einen auf dem Pferd sitzenden Ritter mit seinem Bauern sprechen sah und den Ritter für einen Häretiker hielt, was er auch war, trat näher an ihn heran und sagte zu ihm: Sagt mir, ehrbarer Mann, wessen Acker ist das? Jener antwortete: Es ist meiner. Und der Mönch fragte weiter: Was macht Ihr mit seiner Frucht? Ich und meine Familie, sagte der Ritter, leben davon, und einiges geben wir auch den Armen. Darauf sagte der Mönch: Was für einen Nutzen erhofft Ihr Euch von einem solchen Almosen? Der Ritter antwortete wie folgt: Daß mein Geist nach meinem Tod herrlich weitergeht. Darauf der Mönch: Wohin weitergeht? Der Ritter antwortete: Je nach seinem Verdienst. Wenn ich gut gelebt und es bei Gott verdient habe, geht er aus meinem Körper in den Körper eines zukünftigen Kaisers oder Königs oder irgendeiner anderen hochgestellten Person, in dem sie Freude hat. Habe ich aber schlecht gelebt, wird die Seele in den Körper eines Elenden und Armen gehen, wo sie leidet. Es glaubte dieser Tor ebenso wie es auch die anderen Albigenser tun, daß die Seele entsprechend ihren Verdiensten durch andere Körper hindurchgeht, auch durch die von Tieren und Schlangen.

Novize: Was für eine abscheuliche Ketzerei.

Mönch: Der Irrglaube der Albigenser erstarkte aber so sehr, daß er innerhalb kurzer Zeit an die 1000 Städte angesteckt hatte, und wenn er nicht mit dem Schwert der Gläubigen unterdrückt worden wäre, so glaube ich, hätte er ganz Europa zugrunde gerichtet. Im Jahr des Herrn 1212 [1208–1209] ist dann in ganz Deutschland und Frankreich der Kreuzzug gegen die Albigenser gepredigt worden. Im folgenden Jahr erhoben sich darauf der Herzog Leopold [VI.] von Österreich; Engelbert, damals Propst und später Erzbischof [Engelbert I.] von Köln; sein Bruder Adolf [III.], Graf von der Mark; Graf Wilhelm [III.] von Jülich und viele andere verschiedensten Ansehens und Standes. Ähnliches geschah auch in Frankreich, in der Normandie und im Poitou. Ihr aller Prediger und Führer war der Abt Arnold [Arnaud-Amaury] von Cîteaux und spätere Erzbischof von Narbonne.

Sie gelangten zu einer großen Stadt, die Béziers heißt und in der 100000 Menschen gewesen sein sollen. Die belagerten sie. Die Häretiker urinierten vor ihren Augen auf einen Band des heiligen Evangeliums und warfen ihn von der Mauer den Christen entgegen. Nachdem sie mit Pfeilen darauf geschossen hatten, riefen sie: Seht da, das ist euer Gesetz, ihr Armseligen. Doch Gott, der Schöpfer des Evangeliums, ließ die ihm zugefügte Schmach nicht ungerächt. Einige vom Glaubenseifer entflammte Kriegsleute legten nämlich

Löwen gleich nach dem Beispiel derer, von denen man im Buch der Makkabäer liest, Leitern an die Mauern und stiegen furchtlos hinauf. Während die Häretiker durch Gottes Fügung vor Schreck zurückwichen, öffneten diese den Nachfolgenden die Tore und nahmen so die Stadt ein.

Als sie aus den Geständnissen aber ersahen, daß Katholiken und Ketzer durcheinandergemischt waren, sagten sie zu dem Abt: Herr, was sollen wir tun? Wir können die Guten nicht von den Bösen unterscheiden. Da der Abt wie die übrigen jedoch befürchtete, daß sie [= die Häretiker] nur aus Furcht vor dem Tod heucheln möchten, Katholiken zu sein, aber nach ihrem [= der Kreuzfahrer] Abzug wieder zu ihrem Unglauben zurückkehren würden, soll er gesagt haben: Schlagt sie [alle] tot, der Herr erkennt schon die Seinen. So wurden unzählige in dieser Stadt getötet.

Ebenso nahmen sie durch Gottes Hilfe eine andere, in der Nähe von Toulouse gelegene und nach der Gegebenheit Pulchravallis [Lavaur] genannte Stadt ein. Nachdem das Volk dort verhört worden war, versprachen alle, zum Glauben zurückzukehren. Doch 450, vom Teufel bestärkt, verharrten in ihrer Verstocktheit. Von diesen wurden 400 im Feuer verbrannt, die übrigen sind am Galgen aufgehängt worden. Dasselbe geschah in den übrigen Städten und befestigten Orten, wobei sich die Elenden freiwillig in den Tod stürzten. Die bedrängten Tolosaner versprachen aber, vollständige Buße zu tun. Doch versprachen sie das, wie sich später zeigte, nicht aufrichtig. Denn der ungläubige Graf von Saint Gilles [= der Graf von Toulouse], der Fürst und das Oberhaupt aller Häretiker, dem im [IV.] Laterankonzil alles, die Lehen und sein Eigengut, Städte und Burgen, abgesprochen worden war und dessen größten Teil der Graf von Montfort kraft des Kriegsrechtes in Besitz genommen hatte, begab sich nach Toulouse. Von dort aus hört er bis auf den heutigen Tag nicht auf, die Gläubigen zu bedrücken und zu bekämpfen.

Wie in diesem Jahr der Herr Kardinalbischof Konrad von [St. Rufina und] Porto[1], der als Legat gegen die Albigenser geschickt worden ist, dem Kapitel in Cîteaux schrieb, hat einer von den Mächtigen in Toulouse aus Haß gegen Christus und um unseren Glauben zu verhöhnen, eine derartige Scheußlichkeit begangen, daß darüber sogar die Feinde Christi zu Recht empört sind. Er entleerte neben dem Hochaltar der Kirche seinen Bauch und wischte mit der Palla[2] seine Unreinlichkeit ab. Die anderen setzten, indem sie dem Wahnsinn weiteren Wahnsinn hinzufügten, eine Hure auf den heiligen Altar und mißbrauchten sie da im Angesicht des Kruzifixes. Später rissen sie sogar das hei-

---

1 Konrad von Urach
2 Palla: das weiße Leinentüchlein, mit dem während der Messe der Kelch bedeckt wird

lige Bildnis herunter und schlimmer als die Soldaten des Herodes, die es unterließen, dem Toten die Unterschenkel zu zerbrechen, schlugen sie ihm die Arme ab.

Novize: Wer könnte nicht über eine so große Geduld Gottes staunen?

Mönch: Langmütig und geduldig ist der Rächer. Er hat die Bewohner von Damiette [Dumyât, Ägypten] nach dem Sieg aus dem Grund, weil sie das Kruzifix mit einem um den Hals gebundenen Strick durch die Straßen gezogen haben, am Hals und an der Kehle so schrecklich gestraft,[1] weil er, wie ich glaube, solche Lästerungen auf keinen Fall ungestraft läßt.

Bevor das Heer des Herrn gegen sie zog, wie oben gesagt worden ist, riefen die Albigenser den König Miralimomelinus von Marokko[2] zu Hilfe. Der kam mit einer so unglaublich großen Menge an Leuten, daß er glaubte, ganz Europa in seinen Besitz bringen zu können. Er schrieb auch dem Papst Innozenz [III.], daß

1 Diese Begebenheit berichtet Caesarius von Heisterbach im 8. Buch, Kapitel 27 seiner «Wundergeschichten». Danach bestrafte Gott die Bewohner von Damiette für ihre blasphemische Tat mit Geschwüren an der Kehle, so daß sie keine Speisen mehr hinunterschlucken konnten.

2 Es handelt sich um den Almohadenherrscher Mohammed Al-Nasir (1199–1213), der 1212 in Spanien eindrang. Er wurde in der Schlacht von Las Navas de Tolosa am 16. Juli 1212 von einer gemeinsamen Streitmacht der katholischen Könige von Aragon, Navarra und León geschlagen.

er seine Pferde im Inneren der Peterskirche einstellen und darüber sein Banner aufstecken werde. Das ging zum Teil auch in Erfüllung, wenn auch anders, als er es sich gedacht hatte. Da Gott allen Hochmut bricht, wurden zu eben dieser Zeit, nämlich im Jahr des Heils 1212, am 14. Juli, 40000 Kämpfer seines Heeres getötet. Er selbst begab sich nach Sevilla und starb aus Gram. Sein im Kampf erbeutetes Hauptbanner wurde Innozenz [III.] übersandt und in der genannten Kirche zur Ehre Gottes aufgestellt.

Novize: Wenn sich unter ihnen gebildete Leute befunden hätten, wären sie vielleicht nicht in den Irrglauben verfallen.

Mönch: Wenn die Gebildeten vom Glauben abzuirren beginnen, dann verfallen die Ungebildeten durch Eingebung des Teufels noch mehr und noch schlimmer dem Wahn.

Inhaltsverzeichnis

Nachwort von Gerhard E. Sollbach

Der Katharismus

Die Deutsche Bibliothek – CIP-Einheitsaufnahme

Petrus ‹de Valle Sernaio›:
Kreuzzug gegen gegen die Albingenser:
die «Historia Albigensis»
(1212–1216) / Pierre des Vaux-De-Cernay.
Erstmals aus dem Lat. ins Dt. übertr., hrsg.
und mit einem Nachw. vers. von Gerhard E. Sollbach. –
Zürich: Manesse Verlag, 1997
(Manesse Bibliothek der Weltgeschichte)
Einheitssacht.: Historia Albigensis
ISBN 3-7175-8228-3 Gewebe
ISBN 3-7175-8229-1 Ldr.
NE: Sollbach, Gerhard E. [Hrsg.]

Umschlag und typographisches Konzept:
Hans Peter Willberg, Eppstein